I0880158

ÉTUDES MONTAIGNISTES
27

Montaigne et Sebond
L'art de la traduction

Cet ouvrage a été publié pour la première fois en 1996 dans la collection *Études montaignistes* dirigée par Claude Blum.

Philip Hendrick

Montaigne et Sebond

L'art de la traduction

PARIS
CLASSIQUES GARNIER

Philip Hendrick, professeur de français à l'université d'Ulster (Londonderry), est spécialiste de la littérature du XVIe siècle. Il étudie plus particulièrement les enjeux de la traduction chez Michel de Montaigne. Outre son étude sur la traduction de Raimond Sebond, ses travaux s'intéressent aux traductions anglaises des *Essais*, de celle de John Florio à celle de Michael A. Screech.

© 2022. Classiques Garnier, Paris.
Reproduction et traduction, même partielles, interdites.
Tous droits réservés pour tous les pays.

Réimpression de l'édition de Paris, 1996.

ISBN 978-2-406-14314-7 (livre broché)
ISBN 978-2-8124-5840-8 (livre relié)
ISSN 0986-492X

REMERCIEMENTS

Je tiens à remercier The British Academy pour son aide généreuse qui m'a permis de travailler à la Bibliothèque Nationale pendant un semestre. Mes remerciements vont aussi à François Rigolot et à Claude Blum pour leurs encouragements et leur soutien au cours de la rédaction de cet ouvrage. À Marie-Thérèse Austin qui a lu le manuscrit et finalement à Jane McKee-Hendrick pour ses suggestions, ses critiques et sa tolérance tout au long de ce travail j'offre mes remerciements les plus chaleureux.

Eglinton, septembre 1995.

TEXTE DE PRÉSENTATION

La première production littéraire de Montaigne fut sa traduction de la *Theologia Naturalis* de Raimond Sebond. Ce long texte est une ressource inépuisable pour ceux qui cherchent à comprendre comment Montaigne a développé son propre style et ses propres idées. Tout travail de traduction implique une série de choix effectués par le traducteur pour reproduire le message du texte de départ. Les théories de la traductologie jettent une lumière nouvelle sur la nature des choix que Montaigne a dû faire pour rendre en français le texte de Sebond. L'activité traduisante dans la *Théologie Naturelle* comporte plusieurs éléments : linguistique, littéraire, philosophique, théologique. La manière dont Montaigne traduit Sebond est riche de créativité et rend le lecteur témoin d'un dialogue constant entre les deux textes, dialogue qui culminera quelques années plus tard, dans l'*Apologie de Raimond Sebond.*

INTRODUCTION

L'étude de Joseph Coppin *Montaigne Traducteur de Raymond Sebon* a été publiée en 1925.[1] Depuis cette date, les progrès qui ont été réalisés dans trois domaines différents ont rendu nécessaire un nouvel examen du sujet de sa thèse. D'abord nous connaissons bien mieux l'ouvrage de Raimond Sebond, grâce surtout à l'étude de Jaum de Puig, publié en 1994, mais grâce aussi à d'autres études, dont le volume édité par Claude Blum en 1990 Montaigne, *Apologie de Raimond Sebond. De la Theologia à la Théologie*.[2] Nous comprenons mieux le contexte dans lequel l'ouvrage de Sebond a été conçu, et les sources dont il s'est servi pour le rédiger. Deuxièmement nous connaissons mieux Montaigne et les *Essais*, car les 70 ans depuis la publication de l'étude de Coppin ont vu une véritable explosion d'ouvrages de toute sorte sur l'auteur des *Essais*, et sur divers aspects de son texte. Enfin nous connaissons mieux aujourd'hui l'art de la traduction, car nous assistons depuis vingt ans au développement de ce qu'il est convenu d'appeler la traductologie, la science de la traduction, discipline qui se situe au carrefour de la linguistique, de la philosophie, de la sociologie et de la sémiologie.

Ces trois développements nous ont poussé à croire que le temps était venu pour réexaminer la traduction que Montaigne a publiée pour la première fois en 1569. Ce premier ouvrage de l'auteur des *Essais* a été longtemps négligé par la critique, et pourtant la *Théologie naturelle* est plus longue que les *Essais*, c'est un travail qui l'a préoccupé pendant au moins un an de sa vie, et il est évident qu'elle a joué un rôle important dans la formation de la pensée de Montaigne. Il semble donc opportun de consacrer une étude approfondie à cet ouvrage, qui jusqu'à maintenant a été injustement considéré comme le produit d'un devoir filial entrepris à contrecoeur par un homme qui ambitionnait d'être le rival des Anciens dans cette fin de la Renaissance française, mais qui se trouvait contraint d'entreprendre une traduction sans grand intérêt littéraire.

---

1 Lille, Morel, 1925.

2 Jaum de Puig, *Les Sources de la pensée philosophique de Raimond Sebond*, Paris, Champion, 1994 ; Claude Blum, éd. *Apologie de Raimond Sebond. De la Theologia à la Théologie*, Paris, Champion, 1990.

Depuis les travaux de Jakobson et de plusieurs autres spécialistes de la linguistique nos idées sur la traduction ont beaucoup évolué.[1] Toute lecture est en quelque sorte une traduction, et toute expression est le résultat d'un acte de traduction. Nous traduisons nos pensées, ce que nous disent les autres, la réalité telle qu'elle nous apparaît et nous essayons d'y donner expression linguistique. On a trop eu tendance à considérer que le travail de la traduction d'un texte réduit au minimum le rôle du traducteur dans l'expression des idées du texte de départ. Les idées sont là, dit-on, et il suffit de leur donner un nouvel emballage. La perception de la traduction comme oeuvre secondaire, de seconde main, ne tient plus debout, et par conséquent nous devons réévaluer la *Théologie naturelle* en vue de découvrir ce qu'il y a de Montaigne lui-même dans sa traduction. Ce sera en confrontant les deux textes que nous pourrons juger dans quelle mesure Montaigne partageait la vision de Sebond. Car c'est là l'essentiel de notre démarche : une comparaison approfondie de la traduction avec le texte de Sebond dans le but d'évaluer l'apport de Montaigne au message du texte. Cherchait-il à reproduire aussi fidèlement que possible la thèse de Sebond dans tous ses aspects théologiques, philosophiques et textuels ? Ou bien voulait-il apporter un élément important d'originalité à sa tâche de traducteur ? Après avoir considéré la question tant posée sur les raisons que pouvait avoir Montaigne d'entreprendre sa traduction nous regarderons sa manière de traduire dans la *Théologie* et surtout le rythme de son activité traductrice, c'est-à-dire les inégalités dans les 330 chapitres de l'ouvrage. Ensuite nous passerons en revue les aspects philosophique,

---

1 La thèse de Roman Jakobson, esquissée dans *Essais de linguistique générale*, traduit de l'anglais par Nicolas Ruwet, Paris, Les Éditions de Minuit, 1963, est généralement acceptée : "Nous distinguons trois manières d'interpréter un signe linguistique, selon qu'on le traduit dans d'autres signes de la même langue, dans une autre langue, ou dans un système de symboles non linguistique. Ces trois formes de traduction doivent recevoir des désignations différentes : 1) La traduction intralinguale ou reformulation (*rewording*) consiste en l'interprétation des signes linguistiques au moyen d'autres signes de la même langue. 2) La traduction interlinguale ou traduction proprement dite consiste en l'interprétation des signes linguistiques au moyen d'une autre langue. 3) La traduction intersémiotique ou transmutation consiste en l'interprétations des signes linguistiques au moyen de systèmes de signes non linguistiques." p. 79.

théologique et littéraire de la traduction, pour aboutir à la question : Montaigne a-t-il trahi Sebond ? Nous ne prétendons pas que cette étude puisse fournir une réponse définitive à cette question, mais nous sommes convaincus qu'elle peut ajouter des éléments de clarté au débat qui sévit depuis si longtemps.

Au-delà de ces questions qui ont suscité tant de controverses au fil des ans, notre étude examinera la démarche de Montaigne traducteur dans le contexte de ses premiers pas dans la création artistique et littéraire. Paradoxalement, la traduction offre à celui qui l'entreprend non seulement la possibilité de développer ses propres ressources linguistiques et littéraires, mais aussi l'occasion de tester ses propres idées et sa propre vision du monde dans un exercice qui lui enlève la responsabilité de paraître publiquement en être la source. Même si à l'époque on permettait une latitude assez large aux traducteurs quant au choix de termes indiquant une appartenance sociale ou historique (comme ce fut le cas par exemple avec Amyot), le public considérait généralement que l'essentiel des idées exprimées dans la traduction provenait du texte de départ plutôt que du texte de la traduction. Cette attitude permettait à tout traducteur d'exprimer ses propres préférences, de trouver sa propre manière de donner forme à une phrase importante, son propre biais dans une phrase compliquée ou susceptible d'avoir plusieurs interprétations possibles, sans provoquer des accusations d'avoir trahi le sens de celui qu'il traduisait. Nous essaierons dans cette étude d'évaluer la mesure d'originalité que se permettait Montaigne dans sa traduction, et de définir les conséquences de sa démarche pour son développement ultérieur. La question de la fidélité littérale à l'original ne nous préoccupera pas trop, parce que c'est une question qui invite tant d'interprétations diverses (qui toutes impliquent une certaine vision de la nature de la traduction) que nous n'en voyons pas l'utilité. Comme nous le verrons dans le premier chapitre, l'activité de traduction est si compliquée, si complexe, que la notion même de fidélité ne sert pas à jeter de la lumière sur notre compréhension du sujet, et que dans toute traduction il y a deux textes écrits par des auteurs différents, ayant certes des liens étroits l'un avec l'autre, mais ayant aussi chacun un style particulier.

Il serait pourtant normal, dans une étude de ce genre, de chercher un peu partout des signes qui prouveraient ou bien que Montaigne trahit Sebond à tout moment, ou qu'il reste fidèle à l'essentiel des idées du théologien. Tel n'est pas notre propos. Nous ne tirerons de conclusions que là où elles seront clairement justifiées par le texte, mais nous n'hésiterons pas devant des conclusions qui s'imposent à partir de notre étude des textes. Certains critiques rejettent tout jugement qui va à l'encontre de leurs préjugés en ce qui concerne la pensée et les croyances religieuses de Montaigne. Nous osons prétendre que cette étude, même si elle bouscule certaines idées reçues, jettera une lumière nouvelle sur les idées philosophiques, théologiques et littéraires de Montaigne dans la période qui précède la rédaction des *Essais*.

Le texte de la *Theologia naturalis* que nous citons est l'édition publiée par Richard Paffroed à Deventer en 1485. Nous avons aussi consulté plusieurs autres éditions, et en particulier celle de Strasbourg (publiée par Martin Flach en 1496) qui se trouve à Trinity College Dublin. Pour le texte français nous suivons l'édition Armaingaud des oeuvres complètes de Montaigne, publiée en 1932 et 1935. Il y aura évidemment des variantes de détails dans les textes que nous citons. Si ces variantes peuvent expliquer certains points difficiles dans la traduction de Montaigne, elles ne gênent en rien notre thèse principale : à savoir que la traduction révèle un écrivain érudit et original qui n'hésite pas à moderniser et parfois à adapter le texte qu'il traduit. Les modifications apportées au texte par Montaigne font preuve d'une consistance et d'une richesse telles que la question de variantes de détails ne suffisent pas à les expliquer.

CHAPITRE 1

Pourquoi Traduire ? Pour Qui Traduire ?
Le Sot Projet qu'il a eu de traduire Sebond.

La motivation de tout traducteur est complexe quand il prend la décision de traduire, et ses raisons de le faire sont le plus souvent très nombreuses : personnelle, professionnelle, littéraire, religieuse, pédagogique et bien d'autres encore. Le grand traducteur belge Henri Van Hoof le résume ainsi :

> On a traduit pour découvrir une culture, pour s'approprier un savoir. On a traduit pour répandre ou défendre des idées religieuses, pour imposer ou combattre des doctrines philosophiques ou des systèmes politiques. On a traduit pour créer ou parfaire une langue nationale. On a traduit pour révéler une oeuvre, par admiration pour un auteur. On a traduit même fictivement, faisant passer pour traductions des oeuvres originales. On a traduit pour faire progresser les sciences et les techniques. On a traduit pour mille et une raisons.[1]

Pour mener à bien l'étude de la traduction de la *Theologia Naturalis* il faudra d'abord explorer les raisons que Montaigne aurait pu avoir d'entreprendre cette lourde tâche. En effet il faudra se demander premièrement pourquoi il a décidé de traduire, et deuxièmement pourquoi il a choisi le texte de Sebond comme objet de son travail. Après avoir proposé des réponses à ces questions, nous serons amenés à poser de nouvelles questions fondamentales sur la nature de la traduction. Car depuis Cicéron et Quintilien, en passant par Augustin et Jérôme, et surtout à l'époque de la Renaissance on s'est constamment interrogé sur la nature et les fonctions de la traduction. Il sera nécessaire, donc, dans un premier temps, d'étudier la théorie et la pratique de la traduction qu'on peut trouver dans des textes que Montaigne aurait certainement connus, en vue de découvrir comment il a pu envisager l'acte de la traduction, et ce qu'il pensait faire quand il traduisait.

---

1 Henri Van Hoof, *Histoire de la traduction en Occident*, Paris, Duculot, 1991, p. 366.

Mais dans notre analyse de la traduction de la *Theologia naturalis* nous devrons aussi tenir compte des théories et des idées qui se sont développées depuis le temps de Montaigne. Car depuis cette époque, mais surtout au cours de ce siècle l'on n'a cessé d'explorer ce grand sujet qu'est la traduction, qui puise ses sources dans plusieurs disciplines : rhétorique, linguistique, philosophie. Et dans cette fin de siècle on s'intéresse encore à la traduction et aux questions parfois fondamentales qui sont liées à cette activité. Parmi les nombreuses études du sujet il faut surtout signaler celles qui ont le plus marqué nos attitudes : malgré sa taille (pas plus de douze pages) et sa difficulté, le petit exposé de Walter Benjamin publié en 1923, mais inconnu même des spécialistes de la traduction jusqu'aux années soixante, a eu un impact considérable sur notre compréhension du sujet.[1] La deuxième étude, beaucoup plus longue, de George Steiner, publiée en 1975, (et traduite en français en 1978) est généralement reconnue comme ayant beaucoup de poids, grâce à l'immense culture générale, linguistique et philosophique de son auteur, même si certains déplorent son manque de rigueur scientifique.[2] Sans vouloir faire une liste exhaustive des autres ouvrages sur la traduction, nous pouvons citer Larbaud, Mounin, Nida, Ballard, Kelly, Meschonnic, Derrida et Andrew Benjamin qui ont tous marqué profondément le domaine de la traductologie depuis 50 ans.[3] Bien que tous ces experts partent d'une perspective de vingtième siècle, il est essentiel de tenir compte de ce

1 Walter Benjamin, "La Tâche du traducteur", *Œuvres*, t. 1, Paris, Denoël, 1971.

2 George Steiner, *Après Babel*, Paris, Albin Michel, 1978.

3 Valéry Larbaud, *Sous l'invocation de Saint Jérôme*, Paris, Gallimard, 1946 ; Georges Mounin, *Linguistique et traduction*, Bruxelles, Dessart et Mardaga, 1976 ; Eugene Nida, *Toward a science of translation : with special reference to principles and procedures in Bible translating*, Leyde, Brill, 1964 ; Michel Ballard, *De Cicéron à Benjamin, traduction, traductions, réflexions*, Lille, Presses universitaires de Lille, 1992 ; L. G. Kelly, *The True interpreter, A history of translation theory and practice in the West*, Oxford, Blackwell, 1979 ; Henri Meschonnic, "Propositions pour une poétique de la traduction", *Pour la poétique 2*, Paris, Gallimard, 1973 ; Jacques Derrida, "Des Tours de Babel", *Difference in translation*, éd. Joseph Graham, Cornell University Press, Ithaca, 1985 ; Andrew Benjamin, *Translation and the nature of philosophy*, Londres, Routledge, 1989. Pour une liste plus complète, voir la bibliographie.

qu'ils disent quand on fait une étude sur l'art de la traduction au seizième siècle. Pas plus que Joseph Coppin qui en 1925 ne pouvait laisser de côté les travaux importants de Strowski, de Villey et de Plattard dans son étude de Montaigne traducteur de Sebond, nous ne pouvons agir comme si l'étude de la traduction avait cessé avec la parution du texte de Montaigne en 1569 et en 1581 (dates de sa parution et de sa réédition). Ceci dit, il ne faut pas non plus tomber dans l'anachronisme et attribuer à Montaigne des concepts et des idées qu'il n'aurait certainement pas formulés de la même manière. Il s'agira surtout de confronter les deux textes, celui de Sebond et celui de Montaigne et d'en tirer les leçons qui nous semblent justifiées à partir de notre analyse des rapports entre eux. Pour ce faire nous nous proposons d'utiliser tout modèle d'analyse qui servira à éclairer notre démarche, quelle qu'en soit la source ou l'époque.

Pourquoi traduire ?

Pour comprendre la décision de Montaigne de choisir la traduction comme véhicule de sa première production littéraire, il faut d'abord apprécier l'immense activité traductrice qui s'est produite dans la première moitié du seizième siècle en France.[1] Les objectifs de cette activité sont multiples et ont été maintes fois énumérés. En premier lieu il y avait le vaste mouvement dont l'objet fut de répandre la connaissance des textes latins et grecs de l'Antiquité. Le Moyen Age avait perdu contact avec la grande majorité des auteurs païens, à part quelques exceptions notables comme Aristote, Virgile et Ovide. Toute la gamme des poètes, des philosophes, des historiens et des dramaturges fut révélée au public cultivé au cours des années qui ont précédé la naissance de Montaigne. Ils furent présentés pour la plupart dans des traductions en langue du pays, et

1 Le sujet a été bien étudié par plusieurs critiques dont Justin Bellanger, *Histoire de la traduction en France (auteurs grecs et latins)*, Paris, Thorin, 1892 ; Luce Guillerm, *Sujet de l'écriture et traduction autour de 1540*, Paris, Klincksieck, 1988 ; Glyn Norton, *The Ideology and Language of Translation in Renaissance France and their Humanist Antecedents*, Genève, Droz, 1984 ; Valerie Worth, *Practising Translation in Renaissance France, The example of Étienne Dolet*, Oxford, Clarendon Press, 1988 ; Alexandre Lorian, "Le débat sur la traduction en France à la Renaissance", *Hebrew University Studies in Literature and the Arts*, t. 19(1992), pp. 7-22.

ainsi les traducteurs jouèrent un grand rôle dans la transmission de la culture romaine et grecque aux femmes et aux hommes de la Renaissance. Ces traductions ont contribué dans une large mesure au développement de la langue française. Parmi les plus notables on peut signaler la traduction des *Vies* de Plutarque par Amyot en 1559, qui est généralement reconnue comme le meilleur exemple de la période.[1] Mais presque tous les grands auteurs grecs et latins ont été traduits en français au cours du seizième siècle.

Le deuxième grand mouvement fut dans le domaine du discours religieux et biblique. Les traductions de la Bible de Luther, de Calvin, de Dolet eurent l'influence que l'on connaît sur la vie religieuse, sociale et politique du siècle. Notons aussi des oeuvres comme la "traduction" des Psaumes par Marot, qui en fait n'était qu'une traduction de seconde main. Si le premier mouvement représente une ouverture vers le monde de l'Antiquité, ce second mouvement constitue le défi le plus audacieux lancé à l'encontre des autorités religieuses de l'église romaine. Au seizième siècle la traduction revêt des caractéristiques qu'on est loin de lui attribuer de nos jours. Dans un sens très réel le désir de revenir aux sources des textes sacrés et philosophiques impliquait le rejet de toute la longue tradition d'exégèse et d'herméneutique du Moyen Age. Les plus beaux esprits avaient travaillé pendant des siècles à interpréter la Bible et les autres textes sacrés, ainsi que la réalité du monde dans lequel nous vivons. Saint Augustin, Saint Jérôme, Saint Thomas d'Aquin, Saint Anselme, Duns Scotus et plusieurs autres avaient, chacun à sa façon, contribué à construire l'immense édifice de la doctrine catholique. L'audace des intellectuels du seizième siècle ne doit pas être sous-estimée, car il ne s'agissait pas seulement de contester la génération qui précède, ce qui se fait à toute époque, mais plutôt de mettre en doute tout ce qui avait été écrit, ou au moins une bonne partie de ce qui avait été écrit pendant deux mille ans, et de reprendre à zéro l'interprétation des textes originaux. Dans ce contexte la traduction des textes sacrés n'était nullement une activité purement intellectuelle ni un travail de routine mené par des experts en langues étrangères. Elle avait acquis une notoriété et elle portait souvent

---

1 *Les Vies des hommes illustres grecs et romains*, éd. Louis Clément, Paris, Société des Textes français et modernes, 1906.

avec elle l'insigne de l'engagement, soit religieux, soit politique, les deux aspects étant souvent étroitement imbriqués l'un dans l'autre. Ainsi, la traduction d'un texte scolastique sur la théologie ne pouvait pas être entamée sans que le traducteur connaisse toute l'ampleur de l'enjeu.

Cet aspect de la traduction est presque inconnu aujourd'hui, où l'image du traducteur est celle d'un ouvrier, professionnel de la langue, qui reproduit fidèlement les messages de la vie politique, commerciale, légale et administrative communiqués à travers des volumes de textes sans fin, et qu'il faut reproduire dans la langue du pays récepteur. Au seizième siècle, et surtout depuis l'Édit de Villers-Cotterêts de 1539, la traduction de documents officiels acquiert une importance grandissante, mais elle reste une activité mineure qui n'a pas les mêmes retombées pour la vie religieuse, culturelle et intellectuelle que les traductions de textes antiques et sacrés. Il existait néanmoins une grande quantité de traductions d'ordre pratique, pour communiquer à un public plus vaste des aspects de la science, de la médecine, de la loi ou de l'histoire. Évidemment, le fait que ces traductions aient été faites pour des raisons non-idéologiques ne veut nullement dire qu'elles étaient vides de polémiques et de controverses, surtout dans le cas des textes légaux.

La traduction, donc, a des aspects idéologiques, des aspects culturels, et des aspects utilitaires pour la France de la Renaissance. Mais quand Joachim du Bellay a lancé son fameux manifeste en 1549, il a élevé au premier rang la question de la langue française, et le rôle qu'apporte à son développement la traduction. Il exprime l'idéal de beaucoup de créer une langue qui soit égale, sinon supérieure à toute autre langue dans sa capacité de traiter tout sujet, que ce soit la poésie, la philosophie ou les sciences.[1] La question du développement d'une langue française est donc d'actualité lorsque Montaigne songe à faire un travail de traduction. Mais pour un jeune écrivain inexpérimenté, habitant en Gascogne, même s'il a passé un certain temps parmi les milieux les plus prestigieux du monde intellectuel, et qu'il ait eu des contacts avec des humanistes tels que

1 Glyn Norton résume cette idée ainsi : "The repeated fantasy of Renaissance translators is to believe that they are engaged in a conspiracy of perfection for the vernacular, an advance towards a point of evolutionary stasis beyond which no further progress is imaginable", *The Ideology and Language of Translation*, p. 294.

Turnèbe, cette question du perfectionnement de la langue française n'était sûrement pas son premier souci.

Il est bien plus probable que Montaigne, élevé dans le système pédagogique que l'on connaît grâce à l'étude de Roger Trinquet, ait eu l'idée de faire la traduction d'un long texte pour s'entraîner dans l'acte d'écrire.[1] On a tendance depuis quelques années à considérer qu'il va de soi que Montaigne entreprenait cette tâche pour former son style et pour s'initier au travail d'écrivain.[2] Grâce aux récents travaux sur la rhétorique à la Renaissance on a une meilleure idée de ce qu'on considérait alors comme partie normale du travail intellectuel.[3] Les influences incontestées sur tous les écrivains étaient Cicéron et Quintilien, et l'un des grands débats centrait sur la meilleure manière d'imiter Cicéron quand on écrivait en français. On sait que Quintilien recommandait à tous ceux qui ambitionnaient d'écrire un jour : "Vertere Graeca in Latinum veteres nostri oratores optimum iudicabant".[4] Cicéron lui-même se servait de cet exercice quand il apprenait à écrire. L'une des raisons citées pour la pratique de la traduction était qu'on avait la possibilité d'acquérir un grand vocabulaire *copia* et aussi d'apprendre à trouver le mot juste *facilitas.* En traduisant, poursuit Quintilien, l'élève apprendra non seulement des idées nouvelles "copia rerum" mais en particulier la capacité de les bien présenter ("plurimum artis"). On trouve la même idée chez Pline :

> ce genre d'exercice donne la propriété et la richesse du vocabulaire, l'abondance des figures de style, des ressources pour le développement.[5]

---

1 Roger Trinquet, *La Jeunesse de Montaigne, ses origines familiales, son enfance et ses études,* Paris, Nizet, 1972.

2 Voir par exemple l'article d'Andrée Comparot, "La Tradition des Théologies naturelles dans les *Essais* de Montaigne", B. S. A. M., VIIe série, no. 35-36, janvier-juin 1994, pp. 105-121.

3 Voir surtout l'ouvrage de Frederick Rener, *Language and Translation from Cicero to Tytler*, Amsterdam, Rodopi, 1989.

4 Quintilien, *Institutio Oratoria,* Loeb Classical Library, Heinemann 1922, Livre X, V, v2, "Nos premiers orateurs recommandaient de traduire du grec en latin".

5 Cité par A. Compagnon dans "Montaigne, de la traduction des autres à la traduction de soi. " *Littérature*, Paris (1984), no. 55, p. 38.

Ajoutée à cela on trouve aussi l'idée de la *copia rerum*, qui engendre la facilité dans l'invention, en familiarisant le traducteur avec des idées et des notions de disciplines diverses.

Il est hors de doute que Montaigne connaissait ces textes, et il est fort probable que la traduction faisait partie de ses exercices de jeune écolier. Rien d'étonnant donc à ce qu'il ait décidé de se lancer (même de s'essayer) dans une carrière littéraire en publiant une traduction.

Montaigne a cette autre particularité à savoir qu'il était tout à fait bilingue.[1] Et la traduction n'est pas la même pour le traducteur qui est bilingue que pour celui qui ne l'est pas. George Steiner, qui se reconnaît comme parfaitement trilingue raconte qu'il est incapable de distinguer son usage d'une langue et son usage de ses deux autres langues. Même lorsqu'il était confronté à une situation dangereuse comme un accident de voiture, il ne pouvait pas dire après l'incident dans quelle langue il avait crié juste avant qu'il se soit produit. Pour Montaigne c'est le latin qui lui vint automatiquement à la bouche dans un accident de ce genre. D'après Steiner, donc, il ne traduisait pas de la même façon que ses contemporains qui avaient dû apprendre le latin :

> ... la personne bilingue ou trilingue ne traduit pas en empruntant une démarche latérale. L'esprit polyglotte prend un raccourci entre les lignes de partage linguistiques en puisant directement dans le noyau symbiotique. Dans une matrice authentiquement multilingue, l'approche intellectuelle qui guide un choix bipolaire - ou traduction - se schématise par une parabole plutôt que par une horizontale. La traduction est un discours tourné vers l'intérieur, une descente, au moins partielle, de 'l'escalier en colimaçon du moi'.[2]

Cette corrélation sémantique fait que Montaigne saisit la réalité de deux manières différentes, une à travers le latin, et une à travers le français. Il se peut donc que sa traduction et sa manière de traduire soient à plusieurs égards différentes de celles des autres, et que même dans cette activité réputée secondaire et sans originalité, Montaigne ait pu se faire valoir comme écrivain, comme penseur et comme polémiste. La décision de traduire a sans doute été prise avec la réalisation que c'était un premier

---

1 Voir à ce sujet l'ouvrage de Floyd Gray, *Montaigne bilingue : le latin des Essais*, Paris, Champion, 1991.

2 *Après Babel*, p. 120.

pas, mais un pas important, vers la carrière d'écrivain, voire de grand écrivain.

Mais est-ce que le désir de s'entraîner à écrire suffit à motiver un traducteur ? On peut certes accepter facilement qu'un jeune écrivain veuille traduire un texte pour développer et raffiner son talent d'écrivain. Mais quand le texte en question est très long cette motivation ne suffit plus. Même dans le cas de traductions plus courtes, Valéry Larbaud semble rejeter cette notion dans son étude de la traduction. En parlant de Rousseau et du fait qu'il avait entrepris de traduire Tacite pour s'exercer et se préparer à écrire il fait la remarque suivante :

> Et cela nous fait aussitôt penser que sa traduction doit être malhabile et froide ; car ce n'est pas le bon système : la contrainte a rarement de bons effets, et ce n'est pas en se disant : "Je veux marcher", que l'enfant apprend à marcher, c'est en désirant atteindre tel ou tel objet qui est éloigné de lui. On ne fait jamais très bien les choses ennuyeuses et difficiles lorsqu'on les prend comme une fin, et on les fait au contraire assez bien, et quelquefois très bien, et tout au moins plus aisément, lorsqu'on ne les prend que comme un moyen. Ainsi, nous penserons toujours qu'une traduction dont l'auteur commence par nous dire, dans sa préface, qu'il l'a faite parce que l'original lui a plu, a quelques chances d'être bonne.[1]

Si l'observation de Larbaud est exacte, on doit chercher ailleurs pour savoir pourquoi Montaigne a entrepris cette traduction, car tout le monde s'accorde à la juger excellente. Ceci confirme donc notre impression que Montaigne devait avoir une motivation plus précise pour entreprendre une telle tâche. Cette motivation se retrouve, dit-on, dans la demande du "meilleur père qui fut onques". Et pendant des siècles on a pris littéralement son explication du fait qu'il est devenu traducteur à la suite de la demande de son père. Mais les choses ne sont jamais aussi simples qu'il y paraît à première vue.

Pourquoi Sebond ?

Même si nous acceptons qu'un aspect de sa motivation était de préparer sa carrière littéraire par une traduction du latin, il est beaucoup

1 Valéry Larbaud, *Sous l'invocation de Saint Jérôme*, Paris, Gallimard, 1946, p. 76.

plus difficile de savoir pourquoi il a choisi de traduire Sebond, question qu'on a souvent posée, parfois en des termes assez pittoresques. Prenons la phrase d'Émile le Bansais :

> Il y aurait un problème initial à résoudre. Comment se fait-il que le Montaigne personnel, alerte et vivant des Essais, ait débuté par la traduction d'un insipide fatras de verbalisme scolastico-theologique et n'ait pas hésité à se présenter au public de son temps avec cet énorme paquet sur la tête ? .[1]

Ce jugement extrême diffère seulement dans son intensité de celui de la grande majorité des commentateurs. On reproche à Sebond son latin, son style, ses répétitions, ses redondances. Le jugement plus modéré de Jean Porcher reste néanmoins assez sévère :

> ... un vocabulaire pauvre, aucune idée des ressources que peut fournir à l'expression le jeu des temps et des modes, ni, à plus forte raison, l'enchaînement des propositions. En somme le comble de la platitude, une langue aussi éloignée que possible du latin classique...[2]

Montaigne reconnaissait sans doute tous ces défauts, car il était imprégné de la culture ancienne depuis son enfance. Il appréciait tous les auteurs romains, mais surtout Virgile, Horace, Ovide et Sénèque. Les *Essais* témoignent assez de son engouement pour tous les grands textes classiques. En dépit de son intérêt pour la littérature, et surtout de son amour de la poésie, il n'a pas choisi de traduire un texte latin tiré de cet univers. À sa place il a entrepris de traduire ce très long traité qu'est la *Theologia naturalis*. Un tel choix n'a certainement pas été fait à la légère, et il est important d'essayer d'en découvrir les causes. Pourquoi tourner le dos au monde riche et vaste de la littérature classique pour passer au moins un an de sa vie à traduire un texte de théologie et de philosophie datant de ce qu'on commençait à considérer le temps des barbares et de l'ignorance ?[3]

---

1 "Montaigne et la traduction de R. Sebon", B. S. A. M. 2e série no. 1(1937), p. 25.

2 Jean Porcher, "La *Théologie naturelle* et les théories de la traduction au seizième siècle", *Œuvres complètes de Michel de Montaigne*, éd. A. Armaingaud, t. X, Paris, Conard, 1935, p. 463.

3 Michel Bideaux, dans son article récent "De Sebond à Montaigne : d'une Apologie l'autre", *Nouvelle revue du seizième siècle*, no. 12/2 (1994), dit "que la traduction dut s'étaler sur dix-huit mois et peut-être davantage", p. 167.

Tout d'abord il y a la raison alléguée : la demande du père. Pendant longtemps on a eu tendance à prendre au pied de la lettre ce que Montaigne disait à ce sujet. Mais il n'est pas possible d'entrer dans la tête du traducteur et d'évaluer l'importance de la demande de son père. Le savait-il lui-même ? Rappelons seulement les faits tels qu'on les connaît. La traduction a été publiée en 1569, et la lettre de dédicace est datée du jour de la mort de son père, le 18 juin 1568. On sait en plus que l'auteur avoue avoir consulté Adrien Turnèbe au sujet de l'ouvrage, et que celui-ci est mort en 1565. Il est donc certain que Montaigne s'intéressait à la *Theologia naturalis* avant 1565, et selon R. Trinquet et Géralde Nakam, il se serait intéressé à Sebond plusieurs années avant cette date, à la fin des années cinquante.[1] Et le travail de traduction était important : à peu près 800 pages de texte latin. C'était donc une entreprise sérieuse, qui a dû occuper au moins un an de sa vie. Même si la traduction était faite à la demande du "meilleur père qui fut onques", tout dans la traduction laisse à croire que l'engagement du traducteur dans son travail était total, et qu'il s'est adonné à sa tâche avec beaucoup d'énergie et d'enthousiasme. Il est vrai que cet enthousiasme s'est laissé quelquefois fléchir au cours de la traduction, comme on le constatera dans le chapitre suivant, mais le travail dans son ensemble est remarquable tant par sa consistance que par sa qualité. On ne peut pas expliquer l'existence de cette traduction uniquement par la demande de son père et le devoir filial. Il est raisonnable même de se demander s'ils y ont vraiment joué un rôle de première importance.

Ceci dit, une fois la traduction achevée, il trouva utile d'alléguer cette provenance, et il en fait même l'unique raison de sa traduction dans les premières pages de l'*Apologie* :

> Or, quelques jours avant sa mort, mon pere, ayant de fortune rencontré ce livre soubs un tas d'autres papiers abandonnez, me commanda de le luy mettre en François... . et ne pouvant rien refuser au commandement du meilleur pere qui fut onques, j'en vins à bout comme je peus ; (439-440)[2]

---

1 Géralde Nakam, *Montaigne et son temps : les événements et les Essais,* Paris, Nizet, 1982, p. 121. Il s'agit pourtant d'une supposition qui ne peut pas être confirmée.

2 L'edition des *Essais* que nous citons est celle de P. Villey, revue par V. L. Saulnier, Paris, PUF, 1965.

La dimension fictive de ces phrases a été notée par plusieurs commentateurs qui ont constaté l'impossibilité de traduire la *Theologia* en quelques jours. Mais comme dans toute fiction il y a du vrai dans ce que dit Montaigne dans cette page. Parmi d'autres remarques il déclare qu'

> il faict bon traduire les autheurs comme celuy-là, où il n'y a guiere que la matiere à representer ; mais ceux qui ont donné beaucoup à la grace et à l'elegance du langage, ils sont dangereux à entreprendre. (439-440)

Cette observation indique une connaissance profonde des difficultés de la traduction, et une appréciation de ses dangers possibles. Elle est d'ailleurs assez nuancée. Il ne dit pas qu'il n'y a *que* la matière mais qu'il n'y a *guiere* que la matière à représenter. En d'autres termes bien qu'il dise que Sebond est plus facile à traduire que bien d'autres auteurs, il est conscient du fait qu'il y a plus que la matière à traduire, qu'il y a des problèmes d'ordre linguistique et même stylistique à résoudre. Comparons ce deuxième texte à ce que le traducteur a écrit dans la préface à la *Théologie*, dédiée à son père :

> car en eschange de ses excellens et tres-religieux discours, de ses hautaines conceptions et comme divines, il se trouvera que vous n'aurez apporté de vostre part, que des mots et du langage : marchandise si vulgaire et si vile, que plus en a, n'en vaut, à l'avanture, que moins.

Si l'on ajoute à cet éloge de Sebond ce qu'il dit dans les premières pages de l'*Apologie*, il nous semble que Montaigne avait une admiration indéniable pour ce qui se trouvait écrit dans la *Theologia Naturalis*. Il appréciait sa structure, son argumentation, son maniement d'abstractions, sa force et sa piété. Mais en même temps il était pleinement conscient des complexités et des ambiguïtés réelles dans tout langage, d'où sa fausse modestie quand il l'appelle "marchandise si vulgaire et si vile". En voulant marquer le fossé qui existe pour certains entre la langue et la réalité à laquelle elle réfère, il n'accepte pas nécessairement que ce fossé soit infranchissable.[1] Car cette préface fait preuve d'une connaissance

1 Plusieurs études récentes ont analysé l'importance, pour Montaigne, de l'acte d'écrire et de la "modernité" de son emploi du langage. Voir, par exemple, Lawrence Kritzmann, *Destruction/Découverte, le fonctionnement de la rhétorique dans les Essais de Montaigen*, Lexington, French Forum, 1980 ;

intime des coutumes de la rhétorique. Ainsi dans la première phrase on trouve

> j'ay taillé et dressé de ma main... un accoustrement à la Françoise, et l'ay devestu... de ce port farrouche, et maintien Barbaresque, que vous lui vistes premierement :

Cette métaphore était l'une des plus fréquentes dans ce genre d'écrit. On la trouve chez Cicéron et chez Quintilien qui emploient le mot "habitus". Et la notion que le discours est le vêtement des pensées semble avoir été surtout appréciée des traducteurs.[1] Rien d'étonnant, donc à ce que Montaigne l'ait adoptée, et qu'il ait voulu suggérer qu'il a considérablement revêtu le texte de Sebond. Pour ce faire il avait le poids de la tradition et des écoles de rhétorique pour le soutenir. Quand il insiste, dans cette préface sur le fait qu'il n'y a apporté que le langage, n'est-ce pas une façon à la fois élégante et subtile de nous dire qu'il n'est pas responsable de ce que contient les arguments de Sebond ? On peut le critiquer pour son emploi de la langue française, mais qu'on ne lui reproche pas d'avoir pris sur soi la validité ni l'orthodoxie des concepts exprimés par Sebond. Ce n'est pas sa responsabilité.

De la même manière on peut s'interroger sur ses remarques au sujet de son père et sur ses raisons de traduire Sebond. Ce serait, aux termes de Michel Simonin, "une habile fabrication de rhéteur".[2] Mais ces références ont surtout la valeur d'un symbole. Sebond devient le symbole de son père : la défense de Sebond équivaut à une défense de son père, et si on poursuit cette ligne de pensée on peut en tirer des conséquences

---

Jules Brody, *Lectures de Montaigne,* Lexington, French Forum, 1982 ; Jules Brody, *Nouvelles lectures de Montaigne,* Paris, Champion, 1994 ; Cathleen Bauschatz, "Montaigne's conception of reading in the context of Renaissance poetics and modern criticism", *The Reader in the Text : essays on Audience and Interpretation,* éd. Susan Suleiman & Inge Crosman, Princeton, 1980 ; Terence Cave, *The cornucopian text : problems of writing in the French Renaissance,* Oxford, Clarendon, 1979 ; Steven Rendall, *Distinguo - reading Montaigne differently,* Oxford, 1992 ; François Rigolot, *Les métamorphoses de Montaigne,* Paris, PUF, 1988.

1 Voir Rener, *Language and Translation,* p. 24.

2 Michel Simonin, "La préhistoire de l'*Apologie de Raimond Sebond*", *Montaigne, Apologie de Raimond Sebond, de la Theologia à la Théologie,* éd. C. Blum, Paris, Champion, 1990, p. 115.

intéressantes. Il y a une autre hypothèse avancée par Yves Delègue selon laquelle Montaigne aurait vu des rapports entre les idées d'Étienne de la Boétie sur la Servitude Volontaire et certains passages de la *Théologie naturelle* dans lesquels Montaigne emploie les mots "liberté volontaire". Comme le note Delègue,

> En peinant sur Sebond, Montaigne dut avoir le sentiment de rejoindre d'une manière inattendue la pensée de son ami."[1]

Suivant ces interprétations, il paraît que le travail de la traduction de Sebond n'était nullement l'accomplissement d'un devoir entrepris sans engagement personnel de la part du traducteur, mais au contraire qu'il s'inscrivait dans l'éveil et le développement de sa pensée et de sa personnalité au cours des longs mois qu'il a passés à accomplir sa tâche.

Même dans les confins limités d'une traduction, Montaigne avait la possibilité de s'engager dans les grands débats d'idées qui se déroulaient au cours des années 1560. Mais l'ouvrage qu'il traduisait appartenait à une autre époque. Le fait que le système représenté par la *Theologia Naturalis* appartienne au Moyen Âge est indiscutable. L'étude de Jaume de Puig démontre avec une lucidité remarquable la richesse et l'étendue du discours sebondien et ses relations intertextuelles avec tant d'écrivains, de théologiens et de philosophes du moyen âge.[2] Les changements et les transformations qui se sont manifestés depuis l'invention de l'imprimerie ont bouleversé la vie scientifique, intellectuelle, politique, religieuse et culturelle en Europe, et ces transformations étaient sur le point de bouleverser la société de toute la France, mais surtout de ces parties du pays dans lesquelles la Réforme avait pris pied. Les guerres de religion avaient peut-être déjà commencé, (en supposant qu'il ait commencé à traduire après 1562) et dans ce contexte on peut très bien comprendre le désir de permanence intellectuelle, de garder des liens avec le passé et de prouver que malgré les apparences, le monde n'avait pas changé de façon fondamentale. Ce n'était pas fermer les yeux sur les nouveautés et les transformations qui étaient en place, mais plutôt un effort pour

---

1 Yves Delègue, "Sebond et La Boétie inspirateurs de Montaigne", *Travaux de linguistique et de littérature*, VI, 2, Strasbourg, 1968, pp. 69-79.

2 *Les Sources de la pensée philosophique de Raimond Sebond*, Paris, Champion, 1994.

comprendre l'essentiel de notre vision du monde et pour concilier les contradictions apparentes entre ce qui était et ce qui est. La vision de Sebond représente la vision d'une autre époque, où tout pouvait s'expliquer de façon compréhensible. Traduire cette vision en français du seizième siècle pouvait bien être le résultat d'une décision de contraster la stabilité de l'existence du monde de Sebond avec le désordre et avec le chaos apparent de l'époque actuelle, et de montrer que la synthèse sebondienne pouvait s'exprimer dans la langue de ses contemporains sans rien perdre de sa force. Ainsi la contingence impliquée dans la référence à la demande de son père se tourne en une nécessité logique et une volonté de persuasion sur la permanence des valeurs fondamentales. Ce contraste servira à souligner, sous l'apparence du désordre actuel, l'essentiel, le point de repère important à partir duquel mesurer la vraie signification des réalités contemporaines.

Le système incarné dans la *Theologia Naturalis* appartient à une longue tradition, mais c'est une tradition qui meurt. La grande synthèse en latin au coeur du monde médiéval est en train de disparaître, et pour un philosophe qui voulait comprendre et faire comprendre le monde, cette tradition méritait d'être conservée. Quel meilleur moyen de la conserver que de traduire et de publier cette synthèse exemplaire de Raimond Sebond. Comme toute époque, la Renaissance avait tendance à mépriser celle qui la précédait. Rabelais parlait de l'âge des Wisigoths, et ridiculisait le latin des Sorbonagres. Il est sans doute vrai que le latin des sophistes, comparé à l'élégance du latin classique, manquait de grâce. Mais il ne faut pas oublier que c'était le moyen de communication des intellectuels depuis plusieurs siècles, et mis à part certaines "mauvaises habitudes" de syntaxe et de lexique, il avait servi à répandre des idées qui étaient tout aussi révolutionnaires à leur époque que celles énoncées par les humanistes. La perte d'un tel patrimoine était une perte réelle, et en traduisant Sebond, Montaigne avait peut-être en tête le maintien de cette tradition qu'il voyait disparaître. Ce n'était pas seulement la langue latine qui était en danger, mais des siècles de pensée, de théories, de synthèses qui avaient comme objectif d'interpréter la réalité telle qu'elle apparaissait aux générations qui précédaient la Renaissance.

Les attraits du système et de la tradition auraient fait partie, sans doute, des motivations du traducteur lorsqu'il a entrepris sa tâche. Mais en plus de ces notions plutôt abstraites, il y avait la réalité quotidienne de tensions sociales, politiques et religieuses qui faisaient partie de l'expérience de l'auteur. Reprenons encore une fois le texte de l'*Apologie* :

> ce fut lors que les nouvelletez de Luther commençoient d'entrer en credit et esbranler en beaucoup de lieux nostre ancienne creance. (439)

Le Concile de Trente était en train de confirmer les définitions doctrinales de l'Église Catholique. En fait la plupart de ses décisions sur la doctrine avaient été prises lors de la première séance de 1545-48, même si le catéchisme du Concile ne fut publié qu'en 1566. Les incertitudes et les compromis des 40 dernières années allaient prendre fin, pour être remplacés par des catéchismes où tout dogme reprendrait sa place dans l'esprit des fidèles. Le temps était à la définition, à la législation, parfois dans les détails les plus minutieux, par exemple dans les règles sur l'éloquence sacrée.[1] Dans ce contexte chargé la publication de la traduction d'un traité qui datait de 1438 revêtait une signification complexe. D'une part il montrait la fidélité absolue en ce qui concerne l'essentiel de la doctrine catholique de son auteur. Mais d'autre part on pouvait y voir la notion que toutes les définitions et les nouvelles lois de l'Église n'avaient rien à ajouter à l'essentiel qui avait toujours existé. Cette permanence a le caractère d'un symbole et en même temps transcende les querelles historiques.

Le contexte historique dans lequel Sebond a publié la *Theologia Naturalis* a été fort bien décrit par Alain Guy : "L'Église souffre alors, depuis de multiples décennies, d'une grave crise doctrinale et morale." "En France, la guerre de Cent Ans n'est pas encore terminée." et "Le monde vit.. . selon les traditionnels schémas médiévaux".[2] Si des ressemblances frappantes existent entre cette atmosphère de crise et la période où Montaigne traduit Sebond, ce qui distingue fondamentalement le contexte historique des deux écrivains, c'est la transformation scientifique, intellectuelle et artistique qui s'est effectuée depuis 1438. Les querelles

---

1 Voir Marc Fumaroli, *L'âge de l'éloquence,* Paris, Albin Michel, 1994, p. 123.

2 Alain Guy "La *Theologia naturalis* en son temps : structure, portée, origines", *Montaigne, Apologie de Raimond Sebond, de la Theologie à la Théologie,* éd. C. Blum, Paris, Champion, 1990, pp 13-14.

intestines de l'Église ont toujours existé, et vers 1560 elles sont intimement liées aux luttes politiques pour prendre le pouvoir en France. Le sens des mots, comme le remarquera quelques années plus tard Montaigne dans l'*Apologie* est la cause de controverses souvent mortelles. On était très sensible au sens précis des mots et dans ce contexte l'exercice de la traduction de l'ouvrage de Sebond était un moyen efficace d'apprendre le sens exact de termes philosophiques et théologiques. La matière du livre, ou du moins de certains chapitres, fut d'une actualité brûlante. On risquait bien de se tromper dans la traduction, mais la faute ne serait pas nécessairement imputable au traducteur, qui en tout cas pouvait plaider l'ignorance si on l'accusait de fausser le sens du texte de Sebond. Comme nous le constaterons dans les chapitres suivants, Montaigne restait très prudent dans sa traduction, surtout quand il s'agissait de sujets à controverse. En fait ce sera dans ces sections du texte qu'il s'exercera à traduire le plus littéralement possible, fait qui nous incline à croire qu'il était très conscient des dangers de se mêler aux querelles de l'époque, qu'elles fussent politiques ou religieuses.

Voilà donc quelques raisons qui peuvent expliquer pourquoi Montaigne aurait choisi de traduire l'ouvrage de Sebond. Il est hors de doute que c'était un texte qui lui tenait à coeur, et pour plusieurs raisons. Si la demande de son père fut le point de départ de son projet, on ne peut pas en rester là. Nous osons espérer que les chapitres suivants feront ressortir quelques-unes des motivations profondes qui le liaient au texte qu'il traduisait. Nous nous efforcerons de lire les deux textes, celui du théologien espagnol et celui de Montaigne sans prendre en considération ce que nous savons des *Essais*. Car il est trop facile, à partir d'une lecture de l'*Apologie de Raimond Sebond*, par exemple, d'imposer à notre analyse de la traduction les motivations qui nous semblent expliquer le développement de cet essai. Mais dans notre sixième chapitre nous reviendrons sur les liens (incontestablement étroits) entre ces deux grands textes, et nous aurons l'occasion d'examiner quelques-unes des suggestions qui ont été avancées pour éclairer les rapports entre la *Théologie* et l'*Apologie*.

La Traduction à la Renaissance.

Nous avons déjà esquissé quelques éléments de la théorie et de la pratique de la traduction au temps de la Renaissance. Il est temps maintenant de parcourir un peu plus systématiquement les grands axes qui déterminent la pensée de l'époque dans ce domaine important, pour mieux situer Montaigne dans sa pratique de la traduction. Pour ce qui est de la théorie, les experts modernes ne sont même pas d'accord sur son existence au seizième siècle. On a suggéré qu'il s'agit d'un manque de termes techniques, car le seul corpus de termes à l'époque relevait de la rhétorique.[1] Sans entrer dans ce débat-là, nous pouvons quand même prendre pour point de départ l'opuscule d'Étienne Dolet *La maniere de bien traduire d'une langue en aultre*, publié en 1540. Même s'il s'agit de recommandations pratiques plutôt que de théorie au sens strict du terme, les cinq règles proposées par Dolet représentent sous la forme la plus systématique et la plus concise un "état présent" de l'art de la traduction à l'époque. Rappelons l'essentiel de ce qu'il contient :

> 1. que le traducteur entende parfaictement le sens et la matiere de l'autheur... si l'autheur... est aulcunement scabreux, il le pourra rendre facile, et du tout intelligible.
> 2. que le traducteur ait parfaicte congnoissance de la langue de l'autheur, qu'il traduict : et soit pareillement excellent en la langue en laquelle il se mect a traduire. Par ainsi il ne violera, et n'amoindrira la maiesté de l'une, et l'aultre langue.
> 3. qu'en traduisant il ne se fault pas asseruir iusques à la, que lon rende mot pour mot... si... tu exprimes l'intention de celuy, que tu traduis, aulcun ne t'en peult reprendre.
> 4. en langues non reduictes en art... il te fault garder d'usurper mots trop approchants du Latin, et peu usités par le passé : mais contente toy du commun, sans innouer aulcunes dictions follement, et par curiosite reprehensible.
> 5. l'obseruation des nombres oratoires... sans yceulx les sentences ne peuvent estre graves, et avoir leur poix requis, et legitime.[2]

---

1 Voir Eric Jacobsen, *Translation, a traditional craft*, Copenhague, Nordisk, 1958, p. 138.

2 Étienne Dolet, *La Maniere de bien traduire d'une langue en aultre*, Lyon, Étienne Dolet, 1540.

Il ne faut évidemment pas croire que la pratique, même celle de Dolet lui-même, suivait aveuglement ces règles. On a même raison de croire qu'il s'est écarté considérablement de ses propres recommandations quand il a traduit Cicéron.[1] On ne doit pas chercher trop loin l'explication de ce décalage apparent entre théorie et pratique de l'époque. Les préfaces dans lesquelles se trouvent la plupart des affirmations sur la nature et la fonction de la traduction doivent remplir plusieurs fonctions. Beaucoup s'adressent en même temps au Roi (ou autre bienfaiteur) et au public, et chaque audience doit entendre le discours qui lui convient, ce qui rend polyvalent le texte de ces préfaces, car elles doivent exprimer à la fois des messages politiques, religieux et culturels. La théorie de la nature de la traduction se perd facilement à l'intérieur d'un tel discours[2].

Après Dolet, les discussions de la traduction en France s'inscrivent dans le débat sur la politique de la littérature. Ainsi Sebillet, dans son *Art poétique* de 1548 revendique un rôle spécial pour la traduction :

> La Version ou Traduction est aujourd'huy le Pöéme plus frequent et mieus receu des estimés Pöétes et des doctes lecteurs.

et il va jusqu'à suggérer qu'elle peut

> rendre la pure et argentine invention des Poetes dorée et enrichie de notre langue.[3]

et surtout quand la traduction est faite "proprement et naïvement". L'idée de rivaliser avec les auteurs qu'on traduit est assez largement répandue au seizième siècle, et elle fait partie de la théorie de la traduction d'un grand nombre d'écrivains. Même si la notion sera rejetée par Du Bellay dans sa *Deffense et Illustration de la Langue françoise* en 1549, elle reste néanmoins présente dans les écrits du plus grand nombre d'écrivains. En effet les trois termes hérités des anciens, *imitatio, interpretatio, aemulatio*, termes de la rhétorique classique, sont présents dans toute

---

1 À ce propos voir Eric Jacobsen, *Translation a traditional Craft*, et surtout Valerie Worth, *Practising translation.*

2 Voir l'article de Luce Guillerm, "L'auteur, les modèles et le pouvoir ou la topique de la traduction au seizième siècle en France", *Revue des Sciences humaines,* 180, 1980 - 4, p. 7.

3 Thomas Sebillet, *Art Poétique françoys*, éd. F. Gaiffe, Paris, 1910 p. 187-8

discussion de la traduction à la Renaissance, mais ils ne veulent pas toujours dire la même chose sous la plume de ceux qui les emploient. Par exemple Du Bellay, en rejetant la traduction comme instrument de l'illustration de la langue, préconise l'imitation des anciens en guise de remplacement. Mais en général on peut affirmer qu'au temps des Romains l'objet essentiel de la traduction n'était pas *interpretatio*, transfert qui s'oriente primordialement vers le texte de départ, ni *imitatio*, mais plutôt *aemulatio*.[1], et que cette tendance se reproduit pendant la Renaissance. Pourtant on lit dans l'Art Poétique de Jacques Peletier du Mans que la traduction est "la plus vree espece d'Imitacion"[2], et Thomas Sebillet dit que "la version n'est rien qu'une imitation".[3] Et il serait difficile de surestimer le rôle de l'imitation dans les textes théoriques et aussi dans la pratique de la traduction de l'époque.

L'imitation telle qu'on l'a comprise au seizième siècle a été l'objet de plusieurs études excellentes au fil des années.[4] Souvent prise dans son état pur, comme activité indépendante sans rapport avec la traduction, elle est quand même un élément essentiel pour notre compréhension de l'activité traduisante. Pigman, dans son étude de l'imitation rejette la distinction habituelle entre imitation philosophique et imitation rhétorique et il affirme que les deux catégories principales de l'imitation sont l'imitation (*imitatio*), et l'émulation (*aemulatio*).[5] Les textes anciens sur l'imitation se trouvent essentiellement dans Quintilien et dans Cicéron, les deux auteurs qui eurent une influence prédominante sur ceux qui traitaient de la rhétorique à la Renaissance. En schématisant on peut considérer qu'il y a deux sortes d'imitation. L'imitation préconisée par Cicéron et Quintilien ressemble à s'y méprendre à la traduction, et elle est particulièrement

---

1 W. Wilss, *The Science of translation*, Tübingen, Gunter Narr, 1982, p. 29.

2 Cité dans Eric Jacobsen, *Translation*, p. 142.

3 Cité dans Alexandre Lorian, "Le débat sur la traduction en France", p. 8.

4 L'une des études les plus intéressantes se trouve dans le deuxième chapitre de l'ouvrage de Terence Cave, *The Cornucopian text*, pp. 35-77.

5 G. W. Pigman III, "Versions of Imitation in the Renaissance", *Renaissance Quarterly*, 33, 1(1980), 1-32.

recommandée à ceux qui apprennent à écrire : les apprentis.[1] L'imitation fait partie de toute activité de création, et elle est indispensable à ceux qui se forment. Mais cette imitation est nécessairement inférieure à l'objet imité, et son utilité est donc limitée, si elle ne contribue pas à la formation du jugement et du talent de celui qui l'utilise. Pour la première sorte d'imitation on parlait aussi de *paraphrase*. L'autre sorte d'imitation est celle qui est délibérément adoptée par les auteurs et écrivains établis, qui choisissent de reproduire le style oratoire ou poétique d'un autre auteur pour créer un certain effet de style ou pour enrichir l'oeuvre qu'ils sont en train de créer. Cette deuxième sorte correspond à ce que nous appelons intertextualité, et elle sert à enrichir le texte qui imite par des références cachées ou explicites au texte imité. Le terme *imitatio* ou imitation s'applique donc à deux aspects de la traduction. La traduction qui essaie de reproduire au maximum le sens et l'esprit de l'original, et qui a pour but de déterminer le ou les sens du texte dans la tradition de l'herméneutique biblique ("que veut dire le texte original ? ") est en quelque sorte l'imitation dans sa propre langue de l'ouvrage qui est traduit. Mais la traduction à la Renaissance avait une signification plus étendue, et elle était couramment considérée comme une adaptation, une interprétation de l'original (d'ailleurs son nom officiel était *interpretatio*). Selon F. Rener la profession du traducteur dépassait le simple rôle de professionnel de la langue. La traduction s'inscrivait dans l'activité de l'herméneutique, plutôt que dans le domaine linguistique. Il incombait au traducteur, donc, d'expliquer d'une façon claire et perspicace les idées qu'il traduisait et sa priorité absolue était d'éviter toute obscurité.[2]

La pratique de la traduction était tout aussi variée que les idées générales et théoriques sur sa nature. Les auteurs anciens avaient déjà établi le cadre du débat qui tournait autour de la question de savoir si le traducteur devrait traduire mot à mot, ou sens pour sens. Amyot est généralement considéré comme le meilleur exemple de la traduction à la Renaissance en France, et ses *Vies Parallèles*, publiées en 1559 furent à la fois admirées et critiquées. On lui reprochait de trop s'éloigner du texte original et d'interpréter le sens du texte de Plutarque, même s'il s'agissait

---

1 Nous reviendrons à ce sujet dans notre cinquième chapitre, dans notre discussion sur l'aspect purement littéraire de la *Théologie*.

2 F. Rener, *Language and Translation*, p. 218.

de fausser le sens de l'original. On se moquait de son effort pour traduire des situations sociales, politiques et religieuses par des équivalents qui se trouvaient dans le contexte de son époque, plutôt que de rester absolument fidèle à l'original. Mais il était fidèle à la conception qu'il s'était donnée de son travail :

> L'office d'un propre traducteur ne gist pas seulement à rendre la pensée de son auteur, mais aussi à representer aulcunement et à adombrer le forme du style et maniere d'iceluy.[1]

Tout en restant fidèle au sens de l'auteur qu'il traduit, le traducteur a aussi des responsabilités envers le public pour lequel il écrit, et doit tenir compte de ses besoins et de ses goûts. Au-delà des prescriptions de la théorie telle qu'elle existait, le devoir du traducteur s'étendait à d'autres domaines, comme l'explique Robert Aulotte :

> Aussi, devant cette version qu'il a voulue d'abord et de plus en plus exacte, va-t-il pour ses lecteurs, se comporter en vulgarisateur honnête homme, soucieux de ne pas choquer, de ne pas être obscur, de ne pas dépayser.[2]

Le traducteur est donc un vulgarisateur. Et il ne travaille pas toujours pour l'amour de son art. Selon Charles Bruneau, Amyot aurait fait de la traduction pour se faire une situation à la cour :

> Si Amyot n'a épargné ni son temps ni sa peine pour mener son oeuvre à bonne fin, ce n'est pas avec le désintéressement d'un humaniste et d'un érudit, mais avec le désir honorable de se faire un nom parmi les doctes, et d'obtenir, par là, une situation digne de ses capacités.[3]

Mis à part le cas d'Amyot, qui est exceptionnel, de nombreux autres traducteurs ont produit une quantité énorme de versions d'auteurs grecs et romains au cours du siècle. Leur production est d'une qualité inégale, car à la différence d'Amyot, ils ne connaissent pas tous le grec, et il y en a qui ont traduit à crédit, pour reprendre le terme d'Aulotte, et qui se servent de traductions latines pour produire leur version française d'un texte grec.

---

1 Robert Aulotte, *Amyot et Plutarque, la tradition des Moralia au XVIe Siècle*, Genève, Droz, 1965, THR LXIX. p. 282.

2 *Ibid*, p. 284.

3 Charles Bruneau, "La phrase des traducteurs au XVIe siècle", *Mélanges Chamard*, Paris, Nizet, 1951, p. 277.

Même si le travail des traducteurs était de bonne qualité sur le plan linguistique, la version pouvait faire défaut pour d'autres raisons, par exemple le manque de talent de l'écrivain ou du traducteur. Ainsi par exemple dans son étude d'Amyot et des traducteurs français du seizième siècle, Auguste de Blignières cite M. Egger :

> un habile écrivain du 16e siècle (Seyssel) a mal traduit Thucydide, tandis qu'un écrivain assez médiocre de la même époque (Saliat) a pu nous donner d'Hérodote, sinon une version vraiment fidèle du moins une imitation pleine de vérité.[1]

On retrouvera cette notion dans notre discussion des idées plus récentes sur la traduction. Mais pour l'instant nous essayons de présenter une image de la diversité et de la qualité inégale de la pratique de la traduction au moment où Montaigne travaillait sur sa *Théologie naturelle*.

Les problèmes pratiques des traducteurs au seizième siècle en France ont été bien énumérés par Alexandre Lorian dans un article récent :

> Car Dolet met ici le doigt sur une série de difficultés et de dilemmes de tout premier ordre : l'antinomie clarté et exactitude ; précision et musicalité ; mot à mot et libre version ; néologisme et vocabulaire courant (si celui-ci existe, ce qui n'est pas toujours le cas) néologisme et libre version ; simplicité et figures de rhétorique ; bref, signifiant opposé au signifié, lexique et syntaxe opposés à style.[2]

Pour les besoins de notre étude de la traduction de Montaigne, cette liste peut être réduite à deux grandes questions : celle du degré de fidélité (littéralité) et d'autonomie du traducteur et celle de l'emploi de néologismes. S'il traduit mot à mot il risque de faire violence à la langue française, tout en restant "fidèle" au texte qu'il traduit. Ici la phrase de Cicéron était presqu' universellement adoptée et suivie :

> nec converti ut interpres, sed ut orator, sententiis isdem et earum formis tamquam figuris, verbis ad nostram consuetudinem aptis.[3]

---

1 Auguste de Blignières, *Essai sur Amyot et les traducteurs français du XVIe siècle, précédé d'un éloge d'Amyot*, Paris, Durant, 1851, p. 255.

2 Alexandre Lorian, "Le débat sur la traduction en France", p. 16.

3 "Et je ne les ai pas traduits comme interprète, mais comme orateur, gardant les mêmes idées, les mêmes formes, tout comme des figures de la pensée, mais dans un langage qui correspond à notre usage. " *De optimo genere oratorum, Cicero*, t. 2, Harvard, Heinemann, iv, 12, 14.

Le mot "interpres" ici est péjoratif, tout comme dans le vers d'Horace "fidus interpres" qui veut dire que le traducteur est excessivement fidèle, si bien qu'il fausse le sens global du texte. Cicéron continue ainsi :

> In quibus non verbum pro verbo necesse habui reddere, sed genus omne verborum vimque servavi.[1]

En utilisant les mots "genus" et "vim(que)" Cicéron introduit la notion de traduction libre, et il insiste sur l'idée qu'il faut employer les meilleurs mots de sa langue (le latin) plutôt que d'imiter les mots grecs. Les traducteurs français de la Renaissance se trouvaient dans le même cas vis à vis du latin, et les traductions contribuaient à enrichir la langue française du poids et de l'étendue de l'expression sémantique des mots équivalents au latin. Montaigne lui-même va jusqu'à dire que le lecteur pourrait trouver des mots gascons dans sa traduction, c'est-à-dire des mots de son pays qu'il considère exprimer le mieux ce qu'il trouve dans le texte latin.[2]

La deuxième question concerne l'emploi de néologismes et de mots courants et c'est une question qui se pose tout particulièrement dans le contexte de la traduction de Montaigne, car, comme on le verra dans le prochain chapitre, il traduisait un texte sur des sujets qu'on n'avait pas encore ou guère traités en langue française et en philosophie, surtout, dans certains domaines, le vocabulaire restait à inventer. Dans une situation pareille fallait-il inventer des mots pour rendre le sens de l'original ou fallait-il au contraire se servir de mots préexistants dans la langue et leur attribuer le sens voulu ? C'était un dilemme qui confrontait tout traducteur et auquel chacun répondait différemment. La difficulté se trouvait accrue du fait que les dictionnaires bilingues n'existaient presque pas et que la majorité des traducteurs étaient des pionniers, n'ayant pas de texte déjà traduit qu'ils auraient pu comparer avec leur version.

Il est certes nécessaire de comprendre le contexte dans lequel Montaigne entreprenait son oeuvre, mais on est bien forcé d'admettre qu'il y a très peu de traces, dans sa traduction, de l'influence des débats et des

---

1 *Ibid.* "En ce faisant je n'ai pas cru nécessaire de traduire mot à mot, mais j'ai gardé le style général et la force du langage."

2 Voir au sujet de ce débat l'étude importante mais difficile de Glyn Norton sur l'idéologie de la traduction au seizième siècle en France. Il parle de "litteralist temper" et de "vocabulary of expression".

théories qui l'avaient précédée. Il n'y a qu'un seul élément qu'on puisse reconnaître dans ce qu'il a écrit, et c'est la distinction qu'il fait entre la matière du texte qu'il traduit (*res*) et les mots qu'il emploie dans sa traduction (*verba*). Dans la préface qu'il adresse à son père, comme on l'a déjà vu, il met en relief cette distinction.[1] Est-ce à dire qu'il méprise vraiment la langue, comme le suppose Daniel Martin qui cite la phrase qualifiant le langage de "marchandise si vulgaire et si vile, que qui plus en a, n'en vaut, à l'avanture, que moins" pour en tirer la conclusion suivante :

> Cette dévaluation du langage s'inscrit dans le registre du thème omniprésent dans les *Essais*, celui du 'vanitas vanitatum et omnia vanitas... '.[2]

Il semble difficile de croire que ce jugement puisse s'appliquer au travail de traduction de Montaigne. Car si c'était vrai que le traducteur de Sebond méprisait la langue, le seul outil avec lequel il travaillait, le travail immense auquel il s'est adonné se serait réduit au niveau d'une gigantesque imitation sans valeur de l'ouvrage de Sebond. Comme nous l'avons déjà constaté, cette dévaluation de la langue qu'il exprime dans la lettre à son père ne peut pas être acceptée si ce n'est qu'en tant que procédé de la rhétorique auquel il ne croyait guère, et qui était destiné à communiquer un message en dehors du texte. Des études récentes ont montré que Montaigne dans ses *Essais* appréciait la façon dont la langue utilisée et la matière à laquelle elle référait dépendaient l'une de l'autre dans une interaction continue, si bien qu'il devient difficile de les séparer, comme le voulait la théorie héritée des Anciens.[3] C'est pour cette raison qu'il est essentiel de prendre en considération les théories plus récentes de la traduction. Nos idées ont beaucoup évolué depuis le seizième siècle, et nous voyons l'activité traduisante d'un oeil différent de celui des contemporains de Montaigne.

---

1 Voir supra p. 21.

2 Daniel Martin, *Montaigne et la Fortune*, Genève, Slatkine, Champion, 1977, p. 119.

3 L'étude de Terence Cave, *The Cornucopian Text*, est particulièrement intéressante sur ce sujet.

La Traduction depuis 1569.

Linguistique, Sémiologie, Traductologie.

Nous n'avons nullement l'intention ici de tracer l'histoire de la traduction depuis la Renaissance. Ce travail a déjà été fait plus d'une fois et même si nous avions le loisir de le refaire dans cette étude l'utilité d'une telle démarche serait limitée. Mais il nous paraît important d'identifier en quelques lignes les points essentiels de la théorie moderne dans la mesure où elle informe notre étude de la traduction telle qu'elle a été pratiquée par Montaigne. Notre perspective sera donc celle de l'étudiant de la traduction, et nous croyons utile de nous servir de toute idée, de toute notion qui puisse éclairer notre étude.

Tout en appréciant les règles et les pratiques de la traduction telle que l'ont comprise les traducteurs au seizième siècle, il est tout aussi important de prendre en considération notre connaissance actuelle de l'art de la traduction. Il suffira ici d'en tracer les grandes lignes et d'en dégager les leçons les plus importantes en ce qui concerne notre projet. Si la plupart des études modernes portent sur la traduction littéraire, Quine et d'autres ont fait savoir qu'il n'y a pas d'affirmation, si banale soit-elle, qui soit innocente et sans ancrage contextuel.[1] Les traductions de textes non-littéraires, c'est-à-dire de textes qui n'ont pas pour objectif principal de créer une oeuvre artistique, peuvent donc faire l'objet d'analyses textuelles et contextuelles. Nous verrons dans le troisième chapitre quelques-uns des aspects philosophiques de la traduction, mais d'ores et déjà nous estimons que certaines notions sur la traduction en général nous aideront dans notre analyse du texte de Montaigne, car c'est la traduction littéraire d'un texte non-littéraire, et se situe donc en dehors des normes qui gouvernent la plupart de ce qui est écrit sur la traduction.

Pour les spécialistes modernes il y a au moins deux sortes de traduction : celle qui vise à reproduire dans sa propre langue la gloire, la beauté, voire l'inspiration d'autres cultures, d'autres pays ; et celle qui se veut subordonnée à une idéologie, qu'elle soit religieuse, philosophique ou culturelle, et qui veut reproduire fidèlement le message contenu dans le

---

1 Willard Quine, *Word and Object*, Cambridge Mass., M. I. T. Press, 1960.

discours d'origine. Pour mieux apprécier l'importance de cette distinction, on peut se servir de la distinction de Meschonnic pour parler de "transparence par rapport à l'original" dans le cas du traducteur qui essaie de reproduire "modestement" l'essentiel du texte original, qui s'efface devant la grandeur et la beauté de l'original. et de "l'écriture d'une lecture-écriture, aventure historique d'un sujet", dans le cas de l'écrivain qui produit une

> traduction comme ré-énonciation spécifique d'un sujet historique, interaction de deux poétiques, *décentrement*, le dedans-dehors d'une langue et des textualisations dans cette langue.[1]

Il est évident que le rapport entre le texte de Sebond et celui de la traduction de Montaigne n'est pas le même que celui qui existe entre les grands textes de l'Antiquité et leurs traductions en français. Car la notion de l'effacement est ici renversé. Qui aurait entendu parler des traducteurs de Cicéron, de Platon, de Virgile ou de Tacite s'il n'avait pas d'abord voulu accéder aux créations littéraires de l'Antiquité ? Mais par contre qui aurait entendu parler de Raimond Sebond (mis à part quelques spécialistes), s'il n'avait pas été traduit par Montaigne ? C'est pourquoi le cas de la *Théologie naturelle* est un cas à part, car les rôles sont renversés. Ici c'est le traducteur qui fait connaître le texte original, qu'on aurait certainement ignoré sans lui. On peut se référer encore aux observations de Meschonnic :

> ... les meilleurs traducteurs ont été des écrivains, et qui ont intégré leurs traductions à leur oeuvre, qui ont annulé par leur langage une distinction qui semblait de nature. D'où la distinction-paradoxe : un traducteur qui n'est que traducteur n'est pas traducteur, il est introducteur ; seul un écrivain est un traducteur, et soit que traduire est tout son écrire, soit que traduire est intégré à son oeuvre, il est ce

1 Henri Meschonnic, "Propositions pour une poétique de la traduction", pp. 307-308. "Le *décentrement* est un rapport textuel entre deux textes dans deux langues-cultures jusque dans la structure linguistique de la langue, cette structure linguistique étant valeur dans le système du texte. L'*annexion* est l'effacement de ce rapport, l'illusion du naturel, le comme-si, comme si un texte en langue de départ était écrit en langue d'arrivée, abstraction faite des différences de culture, d'époque, de structure linguistique. Un texte est à distance : on la montre, ou on la cache. Ni emporter, ni exporter."

> "créateur" qu'une idéalisation de la "création" ne pouvait pas voir. Si la traduction d'un texte est texte, elle est l'écriture d'une lecture-écriture, aventure personnelle et non transparence, constitution d'un langage-système dans la langue-système tout comme ce qu'on appelle oeuvre originale.[1]

Il est clair donc, si l'on accepte les termes de Meschonnic, que Montaigne se trouve dans la catégorie des "écrivains", et on peut se demander, si tel est le cas, pourquoi sa traduction de Sebond a reçu si peu d'attention de la part des spécialistes. On a tendance à dire que la traduction n'est que la reproduction des idées d'autrui et qu'elle mérite par conséquent l'obscurité dans laquelle elle demeure. Mais ce qu'on entend par traduction de nos jours est manifestement autre chose que la reproduction banale de la pensée des autres. Pour Heidegger la question de la traduction est liée à la question du sens et de la signification :

> par la traduction, le travail de la pensée se trouve transposé dans l'esprit d'une autre langue et subit ainsi une transformation inévitable. Mais cette transformation peut devenir féconde, car elle fait apparaître en une lumière nouvelle la position fondamentale de la question.[2]

La transformation effectuée par Montaigne sur le texte de Sebond sera l'un des principaux sujets de cette étude. Que cette transformation ait été féconde nous paraît l'évidence même, tant au niveau de la langue qu'au niveau de la philosophie. Car dans tous les cas

> La traduction est toujours ré-énonciation. Le traducteur qui croyait ne pas interpréter était par là même entièrement prisme idéologique, aveugle à lui-même. Si la traduction se reconnaît non annexion mais décentrement, alors elle devient cette oeuvre double, ce *dedans-dehors* d'une langue et de sa littérature, qu'elle a pour fonction de produire. Elle est le grand emprunt.[3].

L'approche quasi mystique de Meschonnic est partagée dans une certaine mesure par Walter Benjamin, écrivant en 1923, mais inconnu de la plupart des spécialistes jusqu'aux années soixante. Ses idées ont été adoptées par certains philosophes (Derrida, Andrew Benjamin) dans leurs recherches sur la nature de la langue et la contribution qu'y apporte la

---

1 *Ibid*, p. 354

2 *Questions*, I, Gallimard, 1968, p. 10, cité par Meschonnic, p. 319.

3 Meschonnic, pp. 359-60.

traduction en tant qu'exercice de langue. Nous y reviendrons dans notre discussion des aspects philosophiques de la traduction de Montaigne où nous ferons une esquisse de l'essentiel de son petit traité. Pour l'instant il suffit de rappeler que Benjamin se situe dans un courant de pensée qui ne considère pas la traduction comme la reproduction dans une autre langue de ce qui a déjà été dit dans la langue de départ, mais qui prétend qu'elle est plutôt une autre version, ayant sa propre relation avec la réalité à laquelle elle se réfère. Les rapports entre les deux textes, donc, ne sont pas des rapports d'horizontalité de deux entités distinctes, mais plutôt des rapports d'interconnectivité, chaque texte exprimant ici un peu plus, ici un peu moins de la totalité du message qui aurait une existence indépendante des deux.

La grande majorité des études récentes ont été produites par des linguistes, appliquant les théories et les connaissances de la linguistique à l'activité de la traduction. Certaines, comme celles de Catford et de Nida, tout en partant de bases théoriques, aboutissent à des formules assez techniques qui reposent sur des termes très précis appartenant à l'analyse linguistique. Elles ne seront pas d'une grande utilité dans notre analyse de la traduction de Montaigne. D'autres, comme celles de Mounin, Ballard, Steiner et Kelly seront utiles dans la mesure où elles nous aideront à situer les idées récentes dans un contexte plus large, et à renouer avec les grandes idées de la Renaissance.

Une idée qui figure largement dans la majorité des études récentes sur la traduction c'est que le traducteur est aussi et en même temps l'interprète du texte sur lequel il travaille. Ainsi Eugene Nida estime qu'il est impossible au traducteur de ne pas s'impliquer personnellement dans son travail. Ce n'est pas un simple technicien qui rend dans sa langue le sens du texte de départ, mais c'est aussi un esprit qui réagit devant le texte qu'il traduit et la matière qu'il exprime. Il peut arriver au traducteur de fausser délibérément le sens de son texte par rapport à l'original pour des raisons personnelles, religieuses ou politiques, mais ce type de traduction est relativement rare. Bien plus fréquents sont les exemples de traducteurs qui agissent moins explicitement et moins délibérément :

> But most instances of undue alteration of an original are not the result of any conscious desire to modify or distort the message, but rather of unconscious personality traits which influence a person's work in subtle and seemingly innocent ways. *These are particularly evident*

> *when a translator feels inclined to improve on the original, correct apparent errors, or defend a personal preference by slanting his choice of words.*[1]

Cette observation de Nida nous semble tout à fait applicable à la traduction que Montaigne a faite de la *Theologia naturalis*, comme on le constatera dans les chapitres suivants. Car il est universellement reconnu que Montaigne s'est donné la tâche d'améliorer le style et l'expression du théologien. En ce faisant il a constamment été obligé de faire des choix de mots, d'expressions, de phrases qui selon lui exprimaient mieux la pensée du discours de Sebond. Cette série de choix, pensons-nous, implique le traducteur dans l'élaboration de son propre système de valeurs, qu'elles soient littéraires, culturelles ou religieuses. Ce sont la religion et les textes religieux qui font ressortir le plus souvent l'engagement affectif du traducteur dans sa tâche :

> The dangers of subjectivity in translating are directly proportionate to the potential emotional involvement of the translator in the message. For scientific prose such involvement is usually at a minimum, but in religious texts it may be rather great, since religion is concerned with the deepest and most universal value systems.[2]

Pour ce grand spécialiste de la traduction biblique c'est la religion qui engage le plus souvent les croyances et les émotions personnelles du traducteur. Ici encore il nous semble que le travail de Montaigne, travail qui l'a préoccupé pendant un certain temps de sa vie, peut être évalué selon les critères de Nida. Il nous faut chercher non pas des détournements délibérés du sens et des intentions du discours de Sebond, mais plutôt un engagement permanent dans l'activité traduisante qui implique inévitablement le système de valeurs de l'auteur des *Essais*.

Ce que Nida avait formulé comme théorie suivant sa vaste expérience de traducteur et d'étudiant de la science de la traduction, plusieurs autres ont commencé à dresser en une série d'idées systématiques. Il y a deux notions clefs qui sous-tendent la théorie moderne en ce qui concerne la

---

1 Eugene Nida, *Toward a Science of translating, with special reference to principles and procedures involved in Bible translating*, Leyde, Brill, 1964, p. 155. Nous soulignons la dernière phrase, car elle est tout à fait pertinente à notre étude.

2 *Ibid.*

traduction : la notion de texte, et la notion de contexte. Le champ est vaste et nous n'avons ni l'espace ni la compétence d'en faire l'historique. L'acceptation traditionnelle du terme "texte" signifiait la production d'un auteur qui y avait exprimé sa pensée et ses intentions. En d'autres termes le texte était un moyen d'accéder à l'esprit de son auteur, son créateur, et sa signification se limitait à ce qu'avait voulu ou "intentionné" son auteur. Toute lecture d'un texte devait se conformer à l'intention de l'auteur, autrement c'était une fausse lecture. Le texte avait une relation de dépendance absolue avec son créateur, et la meilleure lecture d'un livre donné était celle qui se conformait le plus possible au sens qu'avait voulu lui donner l'auteur. Le traducteur devait donc chercher d'abord à découvrir *le* sens du texte qu'il traduisait et ensuite à exprimer la pensée de l'auteur qu'il traduisait dans sa traduction, en respectant le plus possible l'intention ou les intentions de celui qu'il traduisait. Il devait rendre fidèlement le contenu du texte. La forme aussi devait être incorporée dans la traduction dans la mesure du possible, tout en évitant de faire violence au contenu.

Mais suivant les travaux de Saussure et bien d'autres dans le domaine de la linguistique, la notion de texte a évolué considérablement. On a tendance maintenant à considérer le texte comme un tout, ayant *signifiant* et *signifié,* qui dépendent mutuellement l'un de l'autre. Il devient plus rare pour les critiques de séparer la forme et le contenu, car leur relation est désormais une relation d'interdépendance. Une fois cette unité du texte établie, la traduction doit viser à rendre une version en langue d'arrivée dans laquelle l'énoncé linguistique de la langue de départ puisse se reproduire fidèlement. Il n'est plus acceptable de faire une distinction entre la forme et le contenu quand on traduit car notre compréhension de la notion de texte a évolué suivant l'évolution de la théorie linguistique. Dans ces nouveaux paramètres la traduction se fait de texte à texte plutôt que d'auteur à auteur, et le traducteur doit tenir compte du fait que le texte qu'il traduit est un amalgame de sens divers, de résonances intertextuelles, de connotations et de références qui se dégagent des mots sur la page, et que le texte de la langue d'arrivée doit s'efforcer de recréer, dans la mesure du possible, une équivalence de toute cette complexité. En littérature une telle traduction peut bien sembler impossible. Dans un texte scientifique elle devient plus réalisable. Dans le cas qui nous concerne dans cette étude, un texte composé de sujets philosophiques, théologiques et psychologiques, la traduction ne peut jamais être simple, car il s'agit d'un texte où l'enjeu est l'homme, la nature et Dieu et les rapports entre ces trois entités. Aucun texte dans aucune langue ne peut simplifier ces grands sujets, et donc la transformation du texte latin en un texte français sera pleine de difficultés, de dangers et de toute une série de choix qui reposent sur les valeurs de celui qui traduit.[1]

Dans l'approche moderne à la notion de texte s'ajoute la notion de contexte. Les linguistes comme Mounin ont pris ce terme dans un sens assez large de vision du monde qui informe les deux textes à tout moment. Tout choix de mots trahit une certaine vision du monde qui détermine ce choix. Mounin cite plusieurs exemples de champs sémantiques qui varient d'une langue à l'autre, et qui dépendent des structures établies par la société ou la culture utilisant une langue donnée.[2] Cette observation est d'autant plus exacte qu'il s'agit parfois, dans le texte qu'on traduit, de phénomènes plus complexes appartenant à la culture ou à la religion. A ce niveau très général toute traduction dépend dans une certaine mesure des valeurs et des coutumes de la société environnante. Mais même à l'intérieur d'une langue, la question du contexte n'est pas simple, et il y a toujours un élément de détermination dans tout contexte, qu'il soit immédiat ou lointain, textuel ou culturel. Aucune affirmation, si simple soit-elle, n'échappe à cette détermination contextuelle. Une phrase comme "les cigarettes sont sur la table" est en apparence transparente, mais depuis les travaux de Quine et de Derrida, on est moins enclin à accepter la transparence même d'une phrase de ce genre.[3] Tout texte, donc, est déterminé par son contexte. Mais il est impossible de limiter le contexte à des éléments simples ou rigidement définis, car chaque lecture d'un texte donné en crée de nouveaux, selon le

1 Cette série de choix peut se rattacher à des domaines divers, et des commentateurs comme Georges Mounin y voient un aspect de la linguistique : "Toute opération de traduction... comporte à la base, une série d'analyses et opérations qui relèvent spécifiquement de la linguistique... La traduction reste un art - mais un art fondé sur une science. " *Les problèmes théoriques de la traduction*, Paris, Gallimard, 1963, p. 16. La traductologie récente, pourtant, essaie de se détacher de la science de la linguistique.

2 *Ibid*, chapitres 5 et 6, pp. 59-94.

3 Voir Andrew Benjamin, *Translation and the nature of philosophy*, Londres, Routledge, 1989.

niveau de culture, d'intelligence et de perspicacité du lecteur. Dans cette optique, on peut être d'accord avec Derrida quand il affirme qu'un contexte n'est jamais pleinement déterminé :

> un contexte n'est jamais absolument déterminable, ou plutôt... sa détermination n'est jamais assurée ou saturée.[1]

L'importance de cette notion pour notre présente étude est claire. Le texte de Sebond, écrit dans un certain contexte linguistique, philosophique, théologique, social et culturel consiste d'une très longue série d'énoncés qui sont plus ou moins déterminés par ce contexte. Le transfert de ces énoncés dans la langue française par Montaigne entraîne une toute nouvelle série de contextes du même genre. Ce qui avait été exprimé explicitement ou implicitement par le texte de Sebond est dans une large mesure ré-exprimé par Montaigne, explicitement ou implicitement, mais il est tout à fait impossible, étant donné les contextes différents, les langues différentes, que les énoncés reproduisent exactement le(s) même(s) message(s) que ceux du texte de Sebond. L'objectif de notre étude sera donc de mesurer, dans les limites du possible, l'écart et les distances qui séparent nos deux textes. Une telle approche nous semble tout à fait justifiée pour plusieurs raisons. Et tout d'abord les notions et les théories récentes sont souvent, à notre avis, la reformulation pour les besoins de notre époque, d'idées qui s'exprimaient autrement à une autre époque. Georges Garnier l'exprime ainsi :

> L'observateur d'aujourd'hui est parfois tenté de croire que la réflexion théorique qui est menée sur la traduction est un phénomène nouveau, qui daterait de ce siècle-ci. C'est une vue simpliste, qui n'est pas sans en rappeler une autre, selon laquelle la linguistique serait née avec Saussure.[2]

Ce n'est pas que nous avons découvert depuis Saussure la vérité et le seul chemin de la critique véritable, mais que notre époque, se trouvant dans ce moment précis de l'histoire, et déterminée dans une certaine mesure par nos expériences de l'histoire récente, a besoin de voir l'activité de l'écriture et de la lecture sous un aspect qui corresponde à ces expériences.

---

1 Jacques Derrida, *Marges de la philosophie*, Paris, Éditions de Minuit, 1972, p. 369.

2 *Linguistique et Traduction*, Caen, Paradigme, 1985, p. 14.

Notre regard est toujours capable de jeter de la lumière sur ce qui a été déjà écrit et pensé. Plutôt que de suivre "le bon sens" de ceux qui nous ont précédés, comme Coppin, Porcher et Strowski, nous voulons nous servir des instruments d'analyse qu'ont mis à notre disposition les chercheurs dans plusieurs domaines, pour mieux évaluer et mieux apprécier le travail de Montaigne. Ainsi les apports de la linguistique moderne, de la philosophie et de la traductologie seront utiles dans notre étude, et nous nous en servirons pour faire avancer notre analyse.

La traductologie est une discipline assez récente, car on l'avait toujours considérée comme une branche de l'histoire littéraire, de la linguistique ou de la stylistique. En effet c'est une discipline qui puise ses sources dans plusieurs domaines et qui s'avère de plus en plus une activité pluridisciplinaire. Ce qui gêne quelque peu le développement de cette science c'est que le fossé qui sépare les théoriciens des pratiquants n'est pas encore franchi. Très peu de théoriciens ont fait de bonnes traductions, et très peu de traducteurs ont réussi à réfléchir systématiquement sur leur activité.[1] C'est pourquoi on est toujours en train d'élaborer les principes de base de la traductologie. Dans une étude récente Robert Larose essaie d'établir les éléments fondamentaux de cette discipline, mais les difficultés auxquelles il est confronté peuvent être appréciées quand on lit le texte d'introduction à son ouvrage, écrit par Nathan Ménard :

> La traductologie peut être perçue d'abord comme la mise en ordre a posteriori d'un ensemble de principes vérifiés par la pratique : c'est la vision qu'on a généralement de toute discipline à une étape pré-scientifique.[2]

Il y a certes accord sur les éléments les plus importants de la traduction. Ce sont les notions d'unités de traduction, d'équivalence, de transfert, de contexte, de connotation, de traduction communicative et de traduction sémantique, mais on est loin d'être unanime sur l'importance que l'on doit accorder à chacun de ces éléments, et sur les relations que chaque élément doit avoir avec les autres. Pour les besoins de notre étude nous ne

---

1 Il est intéressant de noter, par exemple, que George Steiner a fait traduire son étude en français par Lucienne Lotringer, même s'il est lui-même parfaitement bilingue.

2 R. Larose, *Théories contemporaines de la Traduction,* 2e édition, Québec, Presses Universitaires du Québec, 1989, p. ix.

pensons pas qu'il soit nécessaire de participer aux débats théoriques de la traductologie, car nous allons nous concentrer essentiellement sur les dimensions pratiques de la traduction. Mais certaines de ces notions peuvent être utiles dans notre analyse de l'activité traduisante de Montaigne.[1]

Conclusion

Dans ce chapitre nous avons analysé les contextes dans lesquels Montaigne a traduit Sebond. Nous avons commencé par poser les questions suivantes : pourquoi traduire ; pourquoi traduire Sebond ? Les multiples réponses que nous avons proposées à ces questions ne doivent pas être séparées de notre discussion de la nature de la traduction elle-même. Il paraît évident que la motivation principale de Montaigne pour choisir de traduire Sebond avait sa source dans les théories et la pratique de la rhétorique, telle qu'il l'avait étudiée et apprise dans sa jeunesse. L'activité traduisante - c'était une évidence à l'époque - formait le jeune écrivain dans son métier de deux manières. Premièrement elle lui permettait d'acquérir la fameuse *copia verborum* dont parlent tant les manuels et de l'époque et du temps des anciens. Deuxièmement, et tout aussi important, elle lui offrait l'occasion d'acquérir la *copia rerum*. Cette dernière qualité avait deux significations possibles : la facilité dans le maniement de la phrase, des figures et des tropes, et en même temps la connaissance de la matière du texte qu'il traduisait, dans le cas qui nous intéresse la théologie et la philosophie. L'acquisition de ses deux capacités était la base sur laquelle le jeune écrivain pouvait bâtir sa carrière d'écrivain. La dernière partie de ce chapitre traitait de la traduction, et elle était nécessaire pour établir notre approche analytique à la traduction de Montaigne. Pour bien suivre la démarche du traducteur il faut connaître la théorie et la pratique des traducteurs de son temps et le système sur lequel s'appuyait sa manière de traduire. Montaigne n'était pas un traducteur original et différent de tous ces contemporains, mais il puisait dans les textes anciens et contemporains un amalgame de procédés

---

1 Pour une vue d'ensemble des théories récentes de la traduction, voir Edwin Gentzler, *Contemporary Translation theories*, Londres et New York, Routledge, 1993.

et de méthodes générales en vue de forger son propre style et de produire sa propre version du texte de Sebond. Pour être en mesure de bien analyser le travail de Montaigne, quand nous confrontons les deux textes l'un à l'autre, nous pensons qu'il est nécessaire de nous servir de tous les modèles d'analyse à notre disposition, et c'est pourquoi nous avons choisi de faire le point sur la traductologie depuis l'époque de Montaigne. Nous avons retenu en particulier les notions de *texte* et de *contexte*, notions qui sont à la base de toute analyse de la théorie de la traduction. Les apports de la linguistique moderne, ainsi que de certains philosophes, jettent une lumière nouvelle sur l'activité de la traduction, en nous obligeant à reconnaître l'originalité et l'individualité de toute expression écrite, qu'elle fasse partie d'une traduction ou non. Ainsi, ayant établi l'importance de l'analyse textuelle comme base de notre travail, nous pouvons passer à l'examen de la traduction dans son ensemble, en vue de découvrir la méthode du traducteur et d'en faire une première évaluation.

CHAPITRE 2

Le Rythme de la Traduction : Imitation et transparence

Plusieurs commentateurs ont signalé le fait que la traduction de Montaigne est inégale. Il y a des chapitres où l'on observe presque du mot à mot, et certainement une grande fidélité au texte latin. Et d'autres chapitres par contre s'éloignent tellement du texte de départ qu'on se demande parfois si le texte de Montaigne traduit le texte latin qu'on a devant les yeux, ou une version différente du livre de Sebond.[1] On a interprété ces inégalités de manière différente : certains y voient le degré d'intérêt porté par le traducteur à sa tâche. Dans un texte aussi long il n'est pas étonnant si de temps en temps l'enthousiasme initial s'effrite et cède la place à une automaticité de la routine. Ainsi pour Coppin

> les chapitres où Montaigne traduit ainsi, à peu près littéralement, ou en se contentant de supprimer les longueurs et les redites, sont assez nombreux. On a l'impression que ce sont ceux qui l'ont le moins intéressé. Sont traduits, en effet, avec cette exactitude un peu froide, les chapitres métaphysiques qui traitent des attributs divins, les chapitres sur les sacrements en majorité.[2]

Dans cette catégorie il cite les chapitres 5 à 10 ; 12 à 15 ; 25 à 45 ; et 282-315. En plus il donne l'exemple du chapitre 21 comme étant un chapitre "où le traducteur n'a presque rien changé" (p. 96). Pour contraster avec ces points morts il ajoute :

> Les chapitres qu'au contraire Montaigne a traduits le plus brillamment, ce sont ceux qui replacent l'homme dans l'univers et montrent ses

---

1 Jean Céard, par exemple, conteste le droit de juger les textes avant de savoir quelle était l'édition utilisée par Montaigne, "Montaigne traducteur de Raimond Sebond", *Montaigne Studies*, vol. V, no. 1-2 (1993), pp. 11-26. Selon lui, "on ne peut, sans autre forme de procès, comparer la traduction de Montaigne à une édition quelconque de la *Theologia naturalis* pour en tirer des conclusions sur les intentions secrètes du traducteur" p. 26. Il ne s'agit pourtant pas d'"intentions secrètes", mais de la nature même de la traduction qui, inévitablement, apporte des changements au texte traduit.

2 Joseph Coppin, *Montaigne traducteur*, pp. 96-97.

> rapports avec tous les êtres, ceux qui traitent du bien moral de l'homme et du grand devoir de l'amour, ceux qui exposent les maux issus de l'amour-propre ; ceux qui parlent de la pénitence ou du mariage.[1]

Pour illustrer cette catégorie il choisit les chapitres 1 à 5 ; 57-65 ; 89-161 ; 198-204 et les chapitres 294, 301, 315 et suivants. Et il choisit le chapitre 280 dont il cite un long extrait pour illustrer les qualités d'une traduction "brillante". Nous reviendrons plus d'une fois sur la définition ou les définitions possibles du mot "brillamment", car il est susceptible de plusieurs interprétations.

Quelques années plus tard, Jean Porcher, dans son excellent chapitre sur les théories de la traduction au seizième siècle remarque que :

> La traduction, du reste, est inégale ; on a remarqué très justement que certains groupes de chapitres étaient supérieurs aux autres : Montaigne s'y est plus intéressé, et il s'y est donné plus de mal.[2]

Hugo Friedrich, dans son étude des *Essais*, réussit comme d'habitude à identifier l'un des aspects les plus significatifs de la manière de traduire de Montaigne quand il affirme dans son chapitre sur l'*Apologie* :

> qu'il traduit les chapitres spéculatifs et l'exposé sur les sacrements dans le style le plus terne, visiblement sans intérêt profond, alors que son instinct littéraire s'éveille dans les chapitres purement anthropologiques et introduit dans le texte beaucoup plus de vie qu'il n'y en a dans l'original...[3]

Nous reviendrons à l'essentiel des propos de Friedrich dans notre cinquième chapitre.

Traduire Sebond fut une longue tâche. Les 330 chapitres sont, il est vrai, d'une longueur inégale, mais certains vont jusqu'à dix pages, et la traduction en français d'un texte aussi long ne fut pas achevé sans un engagement total de la part du traducteur. Comment donc expliquer l'inégalité de la "qualité" de la traduction ? Ici encore nous sommes confrontés aux réalités de l'acte traduisant. Si l'on dit que Montaigne s'intéressait moins à certains sujets, est-ce que cela veut dire qu'il était

---

1 *Ibid*, p. 97.

2 "La *Théologie naturelle* et les théories de la traduction" p. 463.

3 Hugo Friedrich, *Montaigne*, traduit de l'allemand par Robert Rovini, Paris, Gallimard, 1968, p. 113.

moins intéressé par le sujet lui-même, par la manière dont Sebond avait traité ce sujet, ou par le processus de la traduction ? Et comment peut-on différencier ces trois cas sans entrer dans la tête du traducteur pour en connaître les intentions ? Il est inutile de faire de la spéculation sur ce genre de problème. Restons-en donc aux textes et aux faits. Dans un premier temps il faudrait définir les écarts, quels qu'ils soient, entre les textes latin et français. Ce ne sera qu'après avoir comparé soigneusement ces textes qu'on sera à même de porter un jugement sur les causes possibles de disparités éventuelles.

Certains chapitres, et certains paragraphes à l'intérieur des chapitres sautent aux yeux de par la manière dont ils sont traduits. Ce sont ces passages-là qui font penser à l'*imitatio*, à l'*inventio*, même à la métamorphose du texte latin en un discours original de Montaigne. Sur les 330 chapitres, on peut en compter à peu près 153 qui se situent dans cette catégorie. Et parmi ces 153 il y en a peut-être une dizaine qui sont tout à fait remarquables et au sujet desquels il est possible de dire qu'il ne s'agit plus de traduction, mais d'imitation ou même d'invention.

Les chapitres dans lesquels on remarque les changements les plus remarquables par rapport au texte latin sont les suivants : les chapitres 24, 53, 97, 191, 194, 201, 208, 227, 249, 272. Si l'on compare notre sélection à la liste de Coppin, on verra qu'il y a de nombreuses différences, ce qui souligne l'aspect subjectif d'un tel jugement. Dans une certaine mesure ce choix est arbitraire, car on pourrait facilement y ajouter bien d'autres. Et puis il y a d'autres chapitres qui comportent une partie qui a été sensiblement modifiée. Nous aimerions pouvoir les examiner tous en détail, mais dans le cadre de cette étude, il nous faut limiter notre choix. Nous réduirons notre sélection de chapitres au minimum pour que nous puissions les analyser en profondeur.

À l'autre bout de l'échelle les chapitres suivent un schéma comparable. D'abord on compte dix-neuf chapitres dont on pourrait dire qu'ils ont été traduits très littéralement. Ce sont les chapitres 4, 5, 23, 29, 49, 50, 52, 55, 56, 91, 93, 124, 129, 175, 197, 244, 264, 287 et 313. Ces chapitres répondent aux neuf qu'on a cités comme étant traduits très librement. Ces deux groupes représentent les deux extrêmes dans la traduction. D'autre part il y a 158 chapitres dont on peut dire qu'ils ont été traduits fidèlement, mais dans lesquels on remarque quand même des changements et des adaptations, parfois assez importants. Ainsi donc la traduction conçue de cette manière semble bien symétrique : la très grande majorité des chapitres tombent au milieu, tandis que les extrêmes, soit de littéralité soit de liberté, se limitent à moins de trente chapitres. Nous nous efforcerons de trouver des raisons pour l'inégalité de la répartition de ces points forts et de ces points morts. Mais il convient d'abord de regarder les chapitres qui, à cause de leurs caractéristiques extrêmes, attirent l'attention du lecteur. Et en premier lieu regardons les points forts.

Points forts

i) *Chapitre 24*

Le sujet du chapitre 24 est bien clair : la comparaison des deux êtres, c'est-à-dire l'être éternel et l'être créé ou la créature, au Soleil et à la Lune. Les titres des chapitres sont souvent abrégés par le traducteur, et c'est ici le cas :

> Comparatio duorum esse ad duo luminaria et quod esse Dei est tanquam sol et esse mundi est tanquam luna et umbra.
> Comparaison des deux estres au Soleil et a la Lune.

La phrase lapidaire de Montaigne laisse le champ libre à l'amplification et à l'ajout d'images dans le texte du chapitre, tandis que le latin explicite déjà l'ampleur et les limites de la comparaison. La première phrase continue dans la même veine et la petite expression "en beaucoup de sortes" est censée couvrir plusieurs lignes du texte latin :

Ecce ergo quomodo habemus duo esse tanquam duo luminaria magna scilicet luminare majus et luminare minus. Primum est tanquam sol et est aeternum et majus. Secundum est sicut luna et est mundi et minus.	Ces premier et second estre ressemblent en beaucoup de sortes au soleil et a la lune.

Cette économie fait contraste avec le développement, l'amplification et l'intensification du reste du chapitre. Tout en gardant l'idée de Sebond, Montaigne la modifie subtilement, mais de manière incontestable, pour imposer sa propre vision du monde sur celle connotée par le discours latin. Quelques exemples suffiront pour illustrer cette superposition. Dans la phrase "Sicut luna de se nullum habet lumen sed totum recipit a sole", le mot "recipit" est traduit par le français "l'emprunte". Un tout petit changement et on pourrait bien ne pas s'en apercevoir. Mais il fait partie d'une tendance dans la prose de Montaigne à rendre plus actifs les participants au drame de l'univers. Ainsi la Lune ne "reçoit" pas, mais "emprunte" la lumière du Soleil, ce qui implique une activité, une dynamique qui n'existe pas dans le texte de Sebond. Un peu plus loin il traduit "esse mundi" par "le monde" et "primum esse" par "Dieu", créant ainsi une interaction entre les participants qui n'existe pas dans le latin abstrait de Sebond. L'on pourrait objecter ici que le style de Montaigne est tout simplement plus vivant que celui de Sebond, mais que l'idée essentielle reste inchangée. Mais cette séparation du style et du contenu est justement le procédé dénoncé par Benjamin et par Meschonnic qui prônent plutôt le mot à mot que l'interprétation du discours d'autrui. Dans ce cas il nous semble que les mots choisis par le traducteur indiquent qu'il voit les choses sous un angle différent de celui du texte de départ et qu'on ne peut pas prétendre qu'il "dit la même chose", parce qu'en l'exprimant autrement il jette une lumière nouvelle sur le sujet. Une autre phrase de ce chapitre fait ressortir des différences de cette vision :

Et sicut per lumen quod videmus de nocte cogitamus lumen solis quod est occultum de nocte. Ita per esse mundi quod videmus cogitamus esse Dei quod non videmus.	Et tout ainsi que par ce peu de lumiere que nous avons la nuit, nous imaginons la lumière du soleil qui est esloigné de nous : de mesme par l'estre du monde que nous cognoissons, nous argumentons l'estre de Dieu qui nous est caché.

La traduction de Montaigne est un bon exemple de sa manière de concevoir la traduction. Les trois "videmus" sont traduits de trois façons différentes : le premier est rendu par "nous avons" ; le deuxième par "nous cognoissons", et le troisième par "nous est caché". De même les deux "cogitamus" sont traduits par "nous imaginons" et "nous argumentons". Si l'on ajoute que le deuxième "de nocte" est supprimé, il paraît bien clair que le premier souci du traducteur dans ce cas demeure l'élimination des répétitions et des redondances. Mais la phrase latine est bien claire, précise et limpide. Les répétitions font partie de l'écriture abstraite qui représente une certaine vision du monde dominé par des universels immuables. Il est clair que dans l'esprit d'un penseur comme Sebond, la répétition n'est pas à éviter ; au contraire elle fait partie de la vision de l'auteur qui observe les mêmes divisions, les mêmes schémas, les mêmes structures dans le monde qui l'entoure. La traduction de Montaigne minimise l'importance de toute cette partie de la pensée de Sebond et met à sa place un discours plus varié, certes, mais aussi plus concret, plus dynamique et moins précis. La vision du monde de Montaigne est déjà moins unitaire, plus diverse, moins dogmatique et plus pratique, moins concerné par la réalité cachée de l'univers que par le réel, la variété et ce qui deviendra "l'ondoyante diversité" du monde. Pourtant il est intéressant de noter au passage qu'il garde le sens technique de "esse" qu'il traduit par "l'estre" à chaque occasion. Nous aurons l'occasion de revenir à ce sujet plus tard, au cours de notre discussion de l'aspect philosophique de la traduction.

La phrase suivante présente une autre particularité de la traduction : l'amplification :

Et sicut lumen lunae in praesentia solis nihil apparet. Sic esse mundi in praesentia ipsius esse Dei nihil apparet. Et dum magis appropinquat ad esse Dei tunc minus apparet.	D'avantage comme la clarté de la Lune se perd et s'esvanouist en la presence du Soleil, ainsi s'obscurcist l'estre du monde assorti à l'estre de Dieu : et plus nous l'en approchons, plus il s'appetisse.

Le terme "nihil apparet" est rendu par "se perd et s'esvanouist". C'est un procédé qui fait partie du discours montaignien tout au long de cette traduction et qui est connu dans la rhétorique sous le nom de *gemminatio*. Mais là encore on ne peut pas dire que ce soit simplement un effet de style. Le négatif "nihil apparet" est transformé en expression positive. L'inactif devient actif, le statique devient dynamique, l'absent devient présent. Le latin répète tout de suite "nihil apparet" qui la deuxième fois devient "s'obscurcist", mot qui indique l'activité, l'indépendance qui font contraste avec le vide du texte latin. La confrontation entre Soleil et Lune devient ainsi un petit drame auquel nous assistons, plutôt que la description d'un état d'abstraction. Loin d'être seulement un effet stylistique, le choix de mots ici constitue une preuve de la distance qui sépare la vision de Sebond de celle de Montaigne. Le monde a changé depuis 1436, et avec lui le regard de l'observateur de ce monde. Une petite variante dans le latin "minus apparet" plutôt que "nihil apparet" est traduite positivement "plus il s'appetisse", phrase qui prête vie à ce monde qui dans le latin était inanimé.

Si les extraits qu'on vient de regarder illustrent surtout les aspects sémantiques de la traduction, il y a aussi le côté syntactique qui fait ressortir une partie de la vision de Montaigne telle qu'elle apparaît dans son texte. Deux exemples suffiront. Le premier est tout simple : la phrase latine "Secundum est lumen novum scilicet factum scilicet mundus habens tot radios quot sunt creaturae" est modifiée ainsi : "l'autre créée et nouvelle, qui est le monde : et les rayons de celle-cy sont les creatures". L'indicatif "habens" suivi de la formule "tot... quot" est très économe comme syntaxe. Mais Montaigne remplace cette syntaxe concise par des propos en apposition. La conjonction "et" n'implique aucune conséquence nécessaire avec ce qui précède, tandis que le latin lie les éléments d'une manière inextricable. Chez Montaigne les faits existent côte à côte, comme des réalités distinctes mais ayant une relation de contiguïté. Chez Sebond il n'y a qu'une seule réalité dont tous les éléments sont inextricablement liés. La différence est substantielle.

Le deuxième exemple est plus complexe et consiste en une grande partie du chapitre :

Primo lucet nobis debile lumen factum scilicet mundus et ipsum possumus videre sine periculo et damno oculorum sicut lumen lunae.	Or pour la foiblesse et petitesse de la lumiere creée, nous la pouvons à nostre aise, et sans domage de notre veuë, contempler, tout ainsi que nous faisons la lumiere de la Lune :
Et postea per istud lumen debile cogitamus aliud lumen fortissimum solis scilicet Dei. Sicut oculi non possunt videre lumen solis directe per se sine destructione oculorum.	Mais la consequence de celle-cy nous meine à la contemplation de Dieu, comme de la brillante et vehemente clarté du Soleil, de laquelle, comme nos yeux esblouïs, ne peuvent supporter la lueur extréme :
Sed tamen in luna bene videmus lumen solis sine damno oculorum. Ita oculi nostri interiores	ainsi empeschez par la tendresse des yeux de nos entendements, de pouvoir pendant que nous somme ça bas, contempler vis à vis et de

non possunt per se videre de directo ipsum esse Dei aeternum luminosum et excellentissimum in hoc mundo sine destructione oculorum.
Et ideo esse mundi est sicut umbra per quam possumus intueri et respicere ipsum esse aeternum quod est lumen et speculum divinae essentiae infinitum et immensum.
Aliter est nobis videre impossibile nisi sicut solem per umbram.

droit fil l'esclairante et lumineuse grandeur de l'estre de Dieu,
il faut que l'estre du monde nous serve de passage et de moyen par où nous puissions conduire et pousser nostre veuê jusques à ce grand et resplendissant miroir de l'essence de Dieu, et comme d'un umbre, au travers de laquelle ainsi que nous faisons regardans le soleil, nous montions jusques à la haute et divine consideration de nostre createur.

Voilà un bel exemple de ce qu'on peut avec raison appeler la réécriture. Non seulement la syntaxe, mais la logique même et la cohérence interne du latin sont radicalement transformées par Montaigne. Cette fois la causalité inhérente au texte latin est rendu plus explicite par Montaigne : d'abord "pour" introduit le lien causal, qui est inexistant chez Sebond. Dans la deuxième phrase l'expression "la conséquence de celle-ci" est beaucoup plus analytique que le "Postea" du latin, car elle crée un enchaînement entre le premier concept et ce qui suit, et explique qu'il s'agit de cause et d'effet. Dans la phrase suivante, le concept de "oculi nostri interiores" pourrait paraître obscur, et il le traduit par "nos entendements". Mais c'est vers la fin que la transformation est la plus radicale : les mots latins "Sed tamen", "Ita" "sine" "Et ideo" et "Aliter" représentent des enchaînements logiques qui sont typiques de la prose de Sebond. Comme presque partout ailleurs Montaigne supprime ces manifestations trop visibles d'une causalité universelle. Mais cette fois il les remplace par ses propres indicateurs logiques : les mots "pour", "consequence" "meine", "ainsi", "il faut que", "moyen" impliquent tous des liens de causalité tout aussi évidents que ceux de Sebond, et même plus développés. Il s'agit en effet de repenser la formulation même de la pensée de Sebond, en le "disant mieux", ce qui nous éloigne de la traduction, et même de la paraphrase.

Essayons d'approfondir un peu les conséquences de ces modifications sur le sens et la signification du texte français tel qu'il a été traduit par Montaigne. On est loin de la transparence qui essaie de reproduire le sens exact du discours de la langue de départ. Et l'on ne peut pas parler d'équivalence formelle pour reprendre la phrase de Nida. Même le terme d'équivalence dynamique semble peu pertinent dans ce contexte. Ce que nous voyons c'est la reformulation des idées de Sebond dans des termes radicalement différents de ceux du latin. La paraphrase des deux textes sert à faire ressortir les divergences des deux écrivains. Le passage de Sebond peut se résumer ainsi :

> d'abord on voit la lumière créée qui est faible. A travers cette lumière faible on peut contempler le Soleil, Dieu. Notre âme ne peut pas contempler Dieu directement, mais seulement par moyen de la lune. Et donc le monde est comme une ombre par laquelle on peut contempler Dieu indirectement.

Que dit Montaigne ?

> La contemplation de la lumière créée nous mène à la contemplation de Dieu. Ainsi notre âme doit se contenter de contempler l'être du monde qui nous servira de passage et de moyen d'accéder à Dieu tout comme une ombre ou un miroir peut nous élever à l'essence de Dieu.

Même à partir de cette courte paraphrase on peut dores et déjà faire quelques remarques utiles. Les idées de Sebond ont la solidité des prémisses d'un syllogisme. Elles sont séparées et distinctes les unes des autres jusqu'à la conclusion. Par contre, dans le français, aucune idée n'est divorcée de son contexte et on est conscient d'un objectif à atteindre à travers l'expression de chaque partie de l'argument. Si l'on revient au texte lui-même on voit que le texte latin est très statique :

> possumus videre
> non possunt videre
> bene videmus
> non possunt per se videre
> esse mundi est
> possumus intueri et respicere
> quod est lumen
> est nobis videre impossibile

Ces expressions reflètent un monde fixe où les éléments divers sont à leur place. La répétition même souligne la rigidité et l'inflexibilité de cette situation qui est immobile et par conséquent inchangeable. Mais regardons le texte de Montaigne. On y trouve un monde fluide et dynamique :

> nous meine
> empeschez
> Il faut que
> nous serve de passage et de moyen
> conduire et pousser nostre veuë jusques à
> nous faisons
> nous montions jusques à

Là tout est mouvement, tension et interaction. Il ne s'agit plus d'éléments divers de l'univers qui ont leurs qualités, leurs caractéristiques et leurs capacités. L'homme n'est plus cet être statique qui est défini selon ses possibilités abstraites. Il fait plutôt partie d'un monde où rien n'est défini qu'en fonction de ce qu'il fait lui-même, de ses actes et de sa volonté. L'éclatement du monde scolastique est représenté par la terminologie à la fois moins précise et plus dynamique que celle du discours latin. Ainsi ce chapitre 24 indique déjà le chemin parcouru par la société depuis 130 ans de découvertes et de bouleversements dans la façon de voir l'univers. On ne peut pas dire qu'il s'agisse d'une volonté chez Montaigne d'infléchir le texte de Sebond dans le sens de ses propres idées. Mais ce qui est clair c'est que les découvertes en sciences physiques, et surtout en ce qui concerne les rapports entre notre monde et le grand univers qui comprend le soleil et les étoiles, ont bouleversé la façon de voir le monde chez les penseurs et les écrivains de l'époque de Montaigne. A partir d'une simple comparaison qui était très répandue dans les oeuvres d'apologétique, on voit se dégager des différences sensibles, pour ne pas dire fondamentales dans le point de vue des deux écrivains. On pourrait à la rigueur dire qu'il s'agit d'une traduction fidèle du texte de Sebond, dans la mesure où il ne contredit pas ouvertement ce qui est exprimé dans le texte latin. Mais ce jugement n'a pas vraiment de valeur, car il ne nous renseigne pas sur la parenté des deux textes. Il s'agit peut-être d'une volonté d'exprimer une même réalité, mais cette réalité est filtrée à travers une vision complètement éloignée de celle de Sebond. Voyons maintenant s'il s'agit dans ce chapitre d'un épisode exceptionnel, ou si ce type de divergence se retrouve dans d'autres chapitres.

ii) *Chapitre 53*

Le chapitre 53 traite du mystère de la Trinité, pas d'une manière abstraite, mais du point de vue de notre compréhension de ce grand mystère. Sebond accumule les exemples tirés du domaine de notre expérience pour nous convaincre que le mystère de la Trinité est tout à fait à la portée de notre entendement. Dès la première phrase le traducteur impose sa vision sur le discours latin :

Quoniam autem valde incomprehensibile est intellectu humano quod una eademque substantia indivisa realiter sit in pluribus ideo hic per aliqua jam nota nobis in rebus creatis fiet manifestatio ut non videatur impossibile immo valde possibile. Si enim una natura creata de nihilo finita eadem specie sed non numero potest esse in pluribus realiter ut patet quia una natura humana est in pluribus realiter eadem specie ut in Petro et Johanne.	Il semble incomprehensible à nostre entendement qu'une mesme substance indivisee soit reallement en plusieurs, mais par la comparaison de quelques choses naturelles qui nous sont tres-manifestes, il se rendra non possible seulement, mais tres-aisé à concevoir. S'il est certain qu'une mesme nature en espece et nature faite de neant, et finie peut estre reallement en plusieurs : comme la nature humaine est reallement en Pierre, Jean et Guillaume,

Ainsi au lieu de l'enchaînement logique "Quoniam autem… ideo hic" il substitue deux phrases liées par un "mais", et remplace "possibile" par "tres-aisé à concevoir". Au moyen de ces deux petits changements, dès le début du chapitre il change le sens de l'original, en y ajoutant une espèce de glose. Pour Sebond la difficulté à comprendre le mystère de la Trinité est tout à fait acceptée, ce qui est signifié par "valde incomprehensibile", et donc pour confronter cet état des choses il nous faut une aide en forme de comparaison avec des situations que nous connaissons déjà et que nous pouvons facilement comprendre. Mais Montaigne est beaucoup moins tranchant : "Il semble incompréhensible" mais il peut devenir plus facile à comprendre à l'aide de la comparaison. Il s'agit d'une perspective tout autre. La passivité exprimée dans le discours sebondien devant l'inconnu est mise de côté par Montaigne qui, lui, veut comprendre. Il veut ramener les mystères divins au niveau de notre compréhension et c'est dans le contexte de cette volonté qu'il ajoute "et Guillaume" aux noms de Pierre et Jean, rendant ainsi le texte plus à la portée de ses lecteurs. Dans la phrase suivante il ajoute "Pourquoy ferons-nous difficulté de croire" qui n'existe pas dans le texte latin. Et dans le même style il traduit un peu plus tard "sine mensura" par "en toute perfection bien loin au dessus de." et substitue l'actif "pourquoy ne sera" au passif "ita". Donc même si la nature divine est infiniment au-dessus de notre compréhension, il nous faut quand même chercher les moyens de la rapprocher de notre condition. Sebond continue en insistant :

Debet tamen homo hoc concedere licet non possit comprehendere quomodo possit esse. Quia non sequitur quod si non possit comprehendere ita esse quod ergo non sit.	Or quand bien nous ne pourrions entendre comme cela peut estre, nous ne devrions pas pourtant nous opiniastrer à le mescroire, d'autant que mille et mille choses peuvent estre qui excedent nostre capacité.

La première partie de la phrase est nettement affaiblie par le traducteur. Il la met au conditionnel, par rapport au ton moralisateur du latin "debet tamen homo hoc concedere". Et la suite est renforcée dans le texte français de deux manières : il reprend la notion de devoir qu'il vient de supprimer, pour l'appliquer ensuite à l'exhortation de croire. Là où Sebond encourage l'homme à admettre qu'il ne peut pas comprendre, Montaigne l'encourage à ne pas s'opiniâtrer à ne pas croire. Le glissement est très habile, et accompli avec beaucoup de facilité par le traducteur dans son maniement de la langue. La deuxième façon de renforcer la phrase est de l'amplifier en ajoutant l'observation que "mille et mille choses peuvent estre qui excedent nostre capacité". Puisque l'incompréhension fait partie intégrante de notre vie de tous les jours, pourquoi nous étonner de ne pas comprendre le mystère de la Trinité ? Dans les phrases qui suivent, Montaigne insiste beaucoup plus sur la nécessité pour l'homme de faire tout son possible pour franchir la distance qui le sépare de Dieu. Il exagère un peu notre incompréhension, mais c'est pour mieux nous exhorter à l'effort de comprendre :

quanto magis id quod per nullam experientiam potest videri humanam.	combien par plus forte raison doit-on ignorer la façon et la cause de ce qui ne se peut voir par nulle humaine experience ?

Au delà de nos capacités et de nos obligations, c'est notre façon d'appréhender la réalité qui est en jeu, comme on peut le constater à partir de la phrase suivante :

et tamen multa per experientiam potest cognescere quae per rationem nullo modo potest comprehendere et econverso.	Or comme nous ne sçavons pas les causes de tout ce que nous voyons à l'oeil, aussi ne faisons nous pas de toutes celles que nous apprehendons par la raison.

À première vue il semblerait que tout ce qu'a fait le traducteur est d'expliciter “et econverso”, ce qui ne changerait rien au sens global. Mais ici encore c'est la perspective qui est différente. Ce qui parait remarquable pour Sebond, indiqué par “et tamen” est tout à fait normal pour Montaigne, ce qui est évident dans le mot “Or”. Là où Sebond réclame pour l'expérience la possibilité de se substituer à la raison pour expliquer certains phénomènes, Montaigne indique la grande disparité entre ce que nous percevons par nos sens et notre capacité à le comprendre. Mais ce qui est plus remarquable, c'est qu'il ajoute le paradoxe que nous ne connaissons pas les causes de tout ce que nous comprenons par la raison. C'est-à-dire que quand nous pensons comprendre quelque chose par le moyen de la raison, en réalité nous ne le comprenons pas, car la raison nous trompe aussi souvent que les sens. La portée de cette phrase est on ne peut plus éloignée de celle du texte latin, qui met l'accent sur la capacité de la raison.

Il est donc clair que le contenu de ce chapitre est différent selon qu'on lit le texte en latin ou en français. Le mystère de la Trinité fait partie de la réalité dans les deux cas, mais les rapports entre l'homme et ce mystère sont exprimés en des termes qui appartiennent à l'époque où les textes étaient écrits. Ce n'est pas seulement, ce qui serait normal, que la réalité reste la même, et que la manière de l'exprimer soit différente. A lire les deux textes côte à côte on est obligé de constater que les réalités qui sont énoncées par ces textes sont elles aussi différentes. Car ce qui est en jeu c'est la capacité de l'homme d'arriver à comprendre les mystères de la religion. Pour Sebond même si l'homme ne comprend pas tout à fait le mystère de la Trinité, il peut néanmoins y croire, car l'expérience nous enseigne que certaines choses dépassent notre raison, et qu'il est donc raisonnable de les accepter. Montaigne, par contre, semble accepter beaucoup plus facilement qu'il y a infiniment de choses que l'homme ne comprend pas, y compris ce que l'on sait par expérience, et que la raison ne peut pas jouer un rôle majeur dans l'acceptation des mystères de la Foi. Voilà une différence de taille entre les deux textes, différence à laquelle on reviendra dans le chapitre sur la théologie.

iii) *Chapitre 97*

Le 97e chapitre est l'un de ceux que Montaigne a le plus modifiés. Le texte latin compte seulement 808 mots, tandis que le texte de Montaigne en compte 1130, c'est-à-dire qu'il est plus long que l'original de 40%. Même le titre est plus long qu'en latin, ce qui est relativement rare, et une idée nouvelle y est introduite.

Hic declaratur experimentaliter quod omnia serviunt homini et sunt ad bonum hominis	Comme tout ce qui est au monde est fait pour l'homme et sert a ses commoditez et premierement de celles qui touchent le corps.

"Omnia" devient "tout ce qui est au monde", qui, étant plus précis, réduit la force de la phrase latine. De même, "ad bonum hominis" est modifié avec la phrase "et premierement de celles qui touchent le corps", ce qui, encore une fois, réduit le caractère absolu de l'original car elle réduit le sens du mot "commoditez" à la partie physique de l'homme. Ceci dit, le titre français garde néanmoins une force et une vie qui n'existent pas dans la phrase abstraite de Sebond. La première phrase du texte fait preuve d'un intérêt particulier de la part du traducteur :

Et quia probatum est quod omnia sunt propter hominem et quicquid omnes creaturae acceperunt totum acceperunt propter hominem ideo oportet etiam videre qualiter serviunt homini et qualiter sunt ad bonum hominis.	Ce n'est pas assez d'avoir monstré que tout ce que les autres creatures ont en elles, elles l'ont pour nous si je n'enseigne encores comment tout revient à nostre profit

On n'est pas surpris de voir les formules de Sebond disparaître dans la version française. Mais le traducteur en profite pour faire une glose sur le texte : "Et quia probatum est quod.... ideo oportet..." devient "Ce n'est pas assez d'avoir monstré que.... si..." Il prête une urgence et une vitalité, même une nécessité à la logique terne du latin. Au lieu du verbe “videre” il met “si je n'enseigne”, phrase qui indique une participation à la fois personnelle et dynamique. On peut voir quelque chose en restant assis et inactif, mais pour enseigner il faut toute une série d'activités et de prises de participation. Et sur le plan du sens de la phrase, il y a une grande différence entre “quicquid omnes creaturae acceperunt” et “tout ce que les autres créatures ont en elles”, car “omnes” et “autres” ne sont pas du tout pareils. On remarque donc dans ce début de chapitre une volonté de se séparer de l'original de plusieurs façons. L'homme/auteur est plus présent que dans d'autres chapitres, et cette présence donne une vigueur et un mouvement au texte français qui proviennent bien plus de la création du traducteur que du texte qu'il est censé traduire. En d'autres termes, bien qu'il s'agisse toujours de traduction au sens large du terme, surtout à cette époque, dans un sens on peut parler de contribution active et créatrice de la part de celui qui traduit. Le texte de Sebond acquiert, dans sa version française, une vie nouvelle qui était cachée dans le texte latin. Sans faire un commentaire détaillé sur le reste de ce chapitre assez long examinons-en de plus près la deuxième moitié, où Montaigne semble décoller pour voler de ses propres ailes dans sa traduction. Trois exemples suffiront :

Vide igitur homo istum mundum universum et considera si sit aliquid in eo quod tibi non serviat.	Or sus homme jette hardiment ta veuë bien loin autour de toi, et contemple si de tant de membres, si de tant de diverses pieces de ceste grande machine, il y en a aucune qui ne te serve.

Qu'a fait le traducteur précisément ? Il a traduit “vide... istum universum” par “jette hardiment ta veuë bien loin autour de toi”. Dans un sens il n'a fait qu'exploiter les possibilités inhérentes aux mots latins : après tout “jette ta veuë” est une façon différente de dire “regarde” et l'univers comporte ce qui est “bien loin autour de toi”. C'est une espèce d'amplification de l'idée qui était exprimée en latin. Mais à y regarder de plus près que voit-on ? Encore une fois c'est l'univers même des deux écrivains qui s'exprime au travers de leur langage. Pour Sebond l'homme, fixe, regarde l'univers, lui aussi fixe, ce qui représente l'un des aspects les plus permanents de la vision du monde scolastique : la permanence, l'immobilité, des structures inchangeantes. Plus d'un siècle plus tard tout a changé en ce qui concerne la vision du monde : l'homme est invité à "jeter ses yeux autour de lui" vers un univers qui n'est plus immobile mais qui se réduit, se métamorphose en ce qui est "bien loin autour de toi". L'univers est défini par rapport au regard de l'homme. Celui qui cherche plus loin découvrira un univers plus important, plus vaste et plus changeant. Sans y voir du relativisme en termes explicites, il est pourtant vrai que la façon de s'exprimer dans le texte français implique une certaine vue du monde qui est relativiste plutôt qu'absolutiste.

On voit le même phénomène dans le reste de la phrase : "considera si sit aliquid in eo" devient "contemple si de tant de membres, si de tant de diverses pieces de ceste grande machine il n'y a aucune". L'abstrait et sec "aliquid" s'épanouit, prend vie, devient concret et en même temps se multiplie. L'univers est défini non plus en termes de ce qu'il **est**, mais plutôt en termes de ce qu'il **devient** : la différence entre le monde de Sebond et celui de Montaigne est celle qui existe entre l'être et le devenir. Nous y reviendrons dans notre discussion de la philosophie dans le quatrième chapitre.

Le deuxième exemple continue dans la même voie :

Hoc etiam circuitus temporum per quattuor tempora anni innovando et renovando omnia quolibet anno continue ministrant.	Ce bransle divers du Soleil, ceste constante varieté des saisons de l'an ne regarde qu'à ta necessité et à te pouvoir renouveller continuellement des fruits pour ton usage.

On retrouve le même thème dans cet extrait : "Hoc etiam circuitus temporum per quattuor tempora anni" est métamorphosé en des termes qui annoncent le langage des *Essais* : "Ce bransle divers du Soleil, cette constante variété des saisons de l'an". Non seulement y a-t-il mouvement, mais il y a mouvement constant, variété constante. Le rôle de l'homme dans ce monde est potentiellement plus actif chez Montaigne : "innovando et renovando omnia... continue ministrant" devient "ne regarde qu'à ta nécessité et à te pouvoir renouveller continuellement des fruits pour ton usage". Au lieu d'attendre qu'on lui montre le chemin, l'homme doit se servir des fruits qui ont été créés pour lui. Il y a interaction entre l'homme et ce monde en mouvement :

Ego vario dies et noctes nunc breves nunc longas ut varietas tollat fastidium et ordo faciat delectamentum.	Je bigarre mes jours, ores les alongeant, ores les accourcissant, ores je les taille moyens, afin que la varieté te rende la course du temps moins ennuyeuse, et que cette diversité te porte de la delectation.

Il s'agit d'une phrase de 17 mots en latin et d'une phrase de 36 mots en français. Le changement le plus significatif dans un passage où l'on pourrait facilement ne voir qu'une fougue lyrique, est le remplacement du mot "ordo" par "cette diversité". L'ordre qui règne dans l'univers sebondien se transforme en diversité, et on n'est pas loin de la première page fameuse de l'essai Du Repentir, où le changement est la seule constante. Ce n'est pas que le discours sebondien soit faussé ou trahi, c'est plutôt que le potentiel du champ sémantique est pleinement développé par Montaigne. Là où Sebond se contentait de dénoter assez sèchement les actions, par exemple "vario dies et noctes nunc breves nunc longas" Montaigne introduit l'idée de bigarrer les jours, mot bien plus dynamique et plus coloré, qui comporte un élément de choc et de bouleversement.

Ainsi ce chapitre 97 incarne plusieurs exemples de l'inspiration du traducteur par le texte qu'il traduit, et comment en le tournant, le développant, le modifiant à sa guise, il le transforme en l'expression de sa propre vision, vision qui est infiniment éloignée de celle de Sebond. C'est comme si le discours du texte était respecté, mais le contexte dans lequel il se situe est transformé. On peut presque dire que Montaigne respecte les *verba*, mais que les *res* sont différentes. Le terme de Walter Benjamin, "mode de visée" peut nous aider à comprendre les rapports entre deux textes si proches, mais en même temps si éloignés l'un de l'autre, à cause des différences contextuelles qui font que la réalité visée par chaque texte revêt des caractères distinctifs.[1]

iv) *Chapitre 194*

Le chapitre 194 parle des degrés de la connaissance de Dieu. On arrive à la connaissance de Dieu par le moyen des oeuvres qu'il fait en nous et

1 Voir infra chapitre 3, page 96.

autour de nous. C'est un long chapitre qui est traduit par Montaigne avec grand soin. Nous allons en choisir quelques extraits, pour déterminer en quoi consiste sa façon de traduire. Dès la deuxième phrase on remarque une répétition élégante, ce qui est normalement évitée ou supprimée :

Unde quaedam sunt opera Dei quae multum distant ab homine quaedam propinqua homini.	Des oeuvres de Dieu, les unes sont bien fort esloignees de l'homme les autres lui sont bien fort voisines.

Cette répétition de "bien fort" diffère du monotone Quaedam... quaedam du latin. Elle a en soi une certaine élégance, et elle témoigne d'une volonté de se servir des techniques de la rhétorique. Mais il y a aussi en même temps une nuance dans la signification du français. En ajoutant le deuxième "bien fort", Montaigne met en avant l'importance des oeuvres de Dieu qui font partie intégrante de l'homme. Ce qui était seulement "propinqua" pour Sebond, devient "bien fort voisines" pour le traducteur. Ainsi les polarités extrêmes apportent au texte un dynamisme et de la variété qui connotent un monde plus dynamique et plus divers dans lequel l'homme joue un rôle plus actif. Un peu plus loin ce thème est développé encore davantage :

Et per consequens notitia seu cognitio generata de Deo in corde hominis per opera Dei non est aequalis sed habet multos gradus.	d'où il s'ensuit que ceste cognoissance engendree en nos coeurs, n'est pas esgale et pareille partout, ainsi qu'elle reçoit de la diversité tout plein.

Ce qui saute aux yeux naturellement c'est la traduction de "habet multos gradus" par "elle reçoit de la diversité tout plein". L'amplification de la notion de diversité n'a pas de quoi nous surprendre, car elle se manifeste comme l'un des éléments constants de la traduction dans ces chapitres. Mais il est intéressant de voir comment Montaigne fait ressortir cette notion plus nettement en contrastant "esgale et pareille partout" à "aequalis". Et finalement le remplacement du mot statique "habet" par le verbe plus dynamique "elle reçoit" renforce l'idée d'interactivité dans le monde auquel appartient la *Théologie Naturelle.*

Un troisième extrait nous permettra de mieux saisir le ton de ce chapitre :

Et sic homo dum cognoscit seipsum inquantum est opus Dei magis cognoscit et magis videt de Deo quam dum cognoscit pecus quod etiam est opus Dei.	Celuy qui se cognoistra soy-mesme, et qui se cognoistra comme creature et facture de Dieu, apprendra plus sans comparaison de la nature et grandeur de son createur qu'il ne fera cognoissant quelque autre sien ouvrage quelqu'il soit.

Il nous est difficile de lire un tel passage sans penser aux *Essais* qui viendront par la suite. Mais en lui-même il témoigne de tout l'intérêt de Montaigne au moment où il le traduisait. La répétition de "se cognoistra" n'est pas la même que la répétition de "cognoscit", car Montaigne ajoute, en guise de renforcement, le verbe, là où il n'y avait que "inquantum est" en latin. Le fait de se connaître est donc ce qui l'intéresse et ce qu'il veut communiquer au lecteur. D'autre part il ajoute "comme créature et facture de Dieu" à la simple expression "opus Dei", et met l'accent sur le but de sa connaissance. Ce n'est pas simplement "opus" mais quelque chose de bien plus sacré et digne de connaissance. Et ceci pour faire contraste avec "quelque autre sien ouvrage quelqu'il soit". Sebond avait exprimé sa pensée d'une manière plate et sans vie. En y ajoutant de la vie et de la verve, Montaigne n'a pas seulement voulu "faire beau" et traduire "d'une manière brillante" comme le laisse entendre Joseph Coppin. En choisissant ses termes il a cherché non seulement à rendre les idées de Sebond, mais à les étendre pour donner expression à sa propre perspective.

Finalement on peut analyser cette addition de Montaigne :

Et omnia ista pertinent ad nomen Dei et ad laudem et gloriam et honorem et ad suam famam	Toutes ces considerations appartiennent au nom, honneur et gloire de nostre createur, et nous acheminent droictement à la cognoissance de sa nature et de sa forme.

Malgré les maintes références ouvertes à la causalité dans le texte de Sebond, le monde qui s'y reflète est étrangement statique et vide de mouvement. Montaigne semble s'être aperçu d'emblée de cette lacune dans son travail de traducteur, et ici il semble laisser libre cours à son instinct, à son désir de dynamisme en créant lui-même la phrase qu'il croit la plus appropriée. Les considérations d'ordre abstrait sont inutiles si elles n'entraînent pas de conséquences, et si Sebond ne les exprime pas, alors Montaigne les exprime à sa place, ce qu'il fait en des termes plutôt dynamiques. Notons enfin le petit changement qu'il apporte dans sa traduction de "certissimam notitiam de Deo" qu'il rend par "une certaine cognoissance de Dieu". Il nous semble que tout en renforçant et en animant l'activité de l'homme dans le monde qui l'entoure, Montaigne manque rarement l'occasion d'affaiblir les expressions de certitude dans la recherche de la vérité qui jalonnent le texte latin.[1] Ainsi ce chapitre présente un sujet qui est proche des préoccupations des deux auteurs : les rapports entre l'homme et Dieu en ce qui concerne l'épistémologie. Comme avec les autres questions qui ont émergé dans les chapitres que nous venons d'analyser, ce n'est pas que les idées des deux auteurs soient profondément contradictoires, loin de là, c'est plutôt que l'expression de ces idées est formulée à l'intérieur d'un système sémantique et idéologique qui leur est particulier à chacun. Le résultat en est que le message qui se dégage de chaque texte revêt des caractéristiques et des connotations qui lui sont propres, ce qui rend le message, dans son intégralité, différent.

v) *Chapitre 201*

Le sujet du chapitre 201 est bien indiqué dans le titre : "Les maux que tire apres soy l'honneur propre". Ce titre de Montaigne traduit et abrège le titre latin :

> Collectio damnorum et malorum et inutilitatum quae sequuntur hominem quando quaerit proprium honorem.

Très subtilement le traducteur augmente l'aspect de la responsabilité de l'homme, en indiquant que l'amour propre "tire apres soy" des maux, au lieu d'être seulement "suivi" de maux. Mais ce n'est qu'un début. Le reste du chapitre est l'un des exemples les plus frappants du lyrisme, de la fougue et de l'enthousiasme de Montaigne qui, par moments, se laisse entraîner par cet enthousiasme et fait oublier au lecteur qu'il est en train de lire une traduction. Le thème que nous voulons tracer tout au long de ce chapitre 201 se dégage des références nombreuses du texte à l'activité accrue de l'homme, et à sa propre responsabilité pour ses actions. Il est renforcé par la transformation constante de signes de passivité en

1 Voir infra chapitre 3.

expressions d'action. Ainsi dans la première phrase "sequatur" devient "nous acquerons" ; "quid pejus" devient "Que nous doit-il estre plus evitable". En même temps le texte semble adopter un ton même plus moral que celui de Sebond. Ainsi "proprius honor" est exprimé par "une telle poison", terme qui, étant beaucoup moins neutre, comporte un élément de jugement de la part du traducteur. Mais la phrase entière mérite d'être citée :

Primum malum est quia homo qui est factura Dei et opus Dei efficitur capitalis et formatus inimicus Dei factoris sui. Et quid pejus homini est quam proprius honor per quem fit inimicus Dei et per quem destruit quantum in eo est Deum factorem suum quia destruit intentionem suam suum honorem et per consequens elongat seipsum a Deo in infinitum quia tantum distat a Deo quantum sua intentione elongatur ab intentione Dei.	Que nous doit-il estre plus evitable qu'une telle poison qui met en nostre fantasie l'appetit forcené de vouloir destruire la grandeur de nostre facteur ? de nous vouloir opposer par une frenetique presomption à ses desseins inviolables et à sa volonté toute-puissante ? et qui nous esloigne par consequent de sa grace, à mesure que nos intentions sont diverses et differentes à la sienne.

Tout le passage fait preuve d'un intérêt hors du commun : "per quem fit inimicus Dei et per quem destruit quantum in eo est Deum factorem suum" est déjà très clair et s'exprime avec une certaine force, mais pas suffisamment pour le traducteur qui surenchère : "qui met en nostre fantasie l'appetit forcené de vouloir destruire la grandeur de nostre facteur". En éliminant la répétition "Dei... Deum factorem suum" à laquelle il substitue "la grandeur de nostre facteur", il ajoute des éléments sémantiques à l'activité de l'homme : "qui met en nostre **fantasie l'appetit** forcené de **vouloir** destruire...", où les trois termes en caractères gras expriment un aspect de la volonté et de l'activité émotive de l'homme. Au delà du pur lyrisme et de l'enthousiasme de son discours, les rapports entre Dieu et l'homme sont modifiés de telle sorte que l'individualité et la responsabilité individuelle de l'homme ressortent de sa manière de s'exprimer. S'agit-il de la même idée exprimée en "habits neufs", comme le voulaient certains théoriciens de l'époque ?[1] Ou est-il légitime de conclure que Montaigne voit les rapports entre Dieu et l'homme sous un jour distinct de celui de Sebond. Pour l'instant on n'est pas en mesure de répondre à cette question, à laquelle on reviendra dans un chapitre consacré à la théologie.

Même quand le sujet est l'aspect négatif de la conduite de l'homme, le texte français est plus expressif et plus développé. Dans une phrase vers la fin du chapitre parlant de celui qui cherche sa propre gloire Montaigne écrit : "il demeure interieurement plain d'inanité et de vuide, s'endommageant par consequent beaucoup plus qu'il ne se proffite" pour rendre la phrase latine : "et remanet vacuus intra se nullum bonum habens intra se et sic nihil boni acquirit intra se sed tantum malum". Dans le langage de tous les jours on pourrait dire que le sentiment exprimé par les deux écrivains est à peu près identique, mais une analyse de ce qu'a écrit Montaigne nous ouvre d'autres horizons. L'oxymoron "plain... de vuide" donne à la notion une connotation positive. Le verbe "s'endommageant" fait contraste avec le passif "nullum bonum habens intra se", et confère plus de responsabilité à l'homme qui s'inflige ses propres blessures, au lieu de "ne pas avoir" quelque chose. Et même l'emploi de "se proffiter" pour "acquirit" pourrait dans ce contexte être vu comme une volonté de créer des oppositions et de mettre en vedette l'action de l'homme sur lui-même, ce qui fait opposition à l'action qu'il ne mène pas envers Dieu. Le vide et le plein contribuent tous les deux à construire un univers de contrastes et de chocs entre forces opposantes. Le goût de Montaigne pour des verbes réflexifs est visible partout, et il crée des "dédoublements" en même temps. Un excellent exemple se trouve dans la première moitié du chapitre : "et à raison qu'il **s'esloigne** de son bon heur, il **s'approche** et **s'avoisine** de son malheur, et de sa defortune, il **se precipite** et **s'abisme** en une profondeur de mal...". Il s'agit effectivement d'un effet de style, et même d'une préférence personnelle de la part du traducteur, mais le texte et l'énoncé s'enrichissent et s'éclaircissent à partir d'un tel procédé.

---

1 Voir F Rener, *Language and Translation*, p. 24

Mais dans ce chapitre Montaigne ne s'est pas contenté de modifier le texte de Sebond. Il y ajoute du sien à plusieurs reprises, et toujours d'une manière qui découle du mouvement de son texte. Prenons un premier exemple dans lequel les textes traitent des intentions différentes de Dieu et celles de l'homme qui cherche sa propre gloire : pour le traducteur ils sont "bendez l'un contre l'autre d'une contrarieté infinie". Au mieux les mots "elongantur et distant inter se" existent dans la phrase latine, mais Montaigne avait déjà traduit ces mots par le biais d'une liaison avec la phrase précédente. Ainsi cette petite phrase s'ajoute au texte pour indiquer d'une façon plus emphatique les notions de lutte, de diversité et d'infinis contrastes, notions en filigrane un peu partout dans le texte, mais qu'ici il ajoute sans même qu'elles soient présentes dans le latin. Dans le même sens on trouve cette addition : "Ses actions multipliees multiplient sa misere et sa ruine", véritable phrase d'étudiant de la rhétorique qui essaie de mettre en pratique les conseils de ses maîtres, mais qui surajoute au champ sémantique du chapitre. Ou cette autre phrase : "le guydant par sentiers obliques et desvoyez, au rebours de la carriere commune et ordinaire de toutes choses." Si on trouve dans le texte latin les mots "extra viam" il ne nous semble pas s'agir ici d'une traduction, mais d'une espèce de variation sur un thème à la mode des musiciens des siècles suivants. Ici aussi Montaigne enrichit le champ sémantique en introduisant des complexités et des qualités dans sa description de la conduite humaine qui ne vont pas sans rappeler quelques phrases des *Essais*. Une dernière addition est mise entre parenthèses quand il parle de l'homme qui "prend toutes choses au contraire de ce qu'elles sont", ajoutant "trans-porté comme il est et malmené par ceste sienne perverse affection". Il pourrait s'agir ici de son souci de clarté, devoir de tout traducteur, qui avait toute liberté de retirer ou d'ajouter des mots ou des phrases du texte qu'il traduisait si c'était dans le but d'une clarté accrue. Même si c'est le cas ici, il est néanmoins clair que l'addition va tout à fait dans le sens de sa traduction et que la petite phrase souligne le monde tourbillonnant et orageux qui peut malmener celui qui y entre de son gré. Ce chapitre est un des meilleurs exemples de la latitude que se donne le traducteur dans sa tâche. En même temps il fait ressortir la richesse et la profondeur du champ sémantique du texte français par rapport au latin.

vi) *Chapitre 227*

Le chapitre 227 appartient à la partie théologique de l'oeuvre de Sebond, le sujet en étant la chute de l'homme, et bien que Montaigne ait toujours déclaré qu'il n'était pas théologien, il est évident qu'il s'intéresse vivement au sujet. Le ton est donné dès la première phrase, qui est extrêmement longue. Sebond dit tout simplement : "si nihil mali esset", qui est tout de suite élargi par le traducteur : "comme si ses affaires estoient au meilleur poinct du monde". Cette phrase personnalise l'expression anonyme du latin et en même temps lui confère un ton exagérément gai, ce qui va de pair avec ce qui précède ("on le voit rire, s'esjouyr, prendre ses plaisirs, boire, manger, et le reste...") et met l'accent encore plus sur son insouciance (celle de l'homme). Non seulement ne s'aperçoit-il pas du danger et du mal qui l'entourent, mais au contraire il agit comme si tout allait pour le mieux, et son inconscience en est accrue. Cette intensification se poursuit tout de suite quand Montaigne traduit "phreneticus et stultus non sentiunt se esse tales" par "il n'y a que ceux-là qui se puissent si lourdement mescognoistre." Cette fois c'est le degré d'ignorance qui est accentué. En isolant les fous ("il n'y que ceux-là") il réussit à peindre l'homme comme seul et isolé dans sa folie et il intensifie cette notion par la ré-énonciation de la cause de son isolement : le fait qu'il puisse si lourdement se méconnaître. Par ces effets d'intensification, donc, Montaigne accorde une importance accrue aux éléments du texte qu'il estime particulièrement dignes de l'attention du lecteur. Dans une certaine mesure la traduction prend la forme d'une anthologie, dont Montaigne se sert pour découper le texte de Sebond, pour mieux le restructurer dans le sens de ses propres idées.

Mais ce chapitre est surtout remarquable à cause de la page qui suit :

Postquam ergo homo comparavit seipsum et totum facere suum ad ipsum debitum per quod cognoscit se esse perditum et lapsum debet se comparare ad res alias extra se quando mutantur aut quando in contrarium suae naturae	Puis donc qu'il vient de comparer au devoir et soy et ses actions et d'apprendre qu'il est merveilleusement transformé, faison-luy concevoir l'importance de ceste transformation par quelques pareilles considerations.

corrumpuntur vel debet fingere contrarium cujuslibet rei quam videt et corruptionem et cogitet qualis est quaelibet res quando mutata est in contrarium suae propriae naturae et quando corrupta est vel qualis esset si mutaretur et corrumperetur et cogitet quod pro certo talis est ipse secundum jus propriae naturae in quo debet esse.	Qu'il regarde aux autres choses hors de soy quand elles se changent, et quand par la corruption leur nature prend une forme nouvelle, ou bien qu'il imagine en chasque chose son estat contraire et l'entiere alteration de ses qualitez premieres, et qu'il face apres son compte d'estre tout tel au pris de son propre et naturel estat qu'il voit estre ces autres choses ou qu'il les imagine.

La première partie de la phrase est traduite directement, à l'exception de "perditum et lapsum" qu'il rend par "merveilleusement transformé". Le négatif absolu exprimé en termes traditionnels devient un positif, et non seulement positif mais à un degré d'intensité qu'on réserve normalement aux événements exceptionnels. Ensuite l'ordre des mots est changé dans un désir de clarté. La phrase "faison-luy concevoir…." traduit "cogitet qualis est… .. corrumperetur, en abrégeant et en simplifiant la syntaxe. Ce changement dans l'ordre des mots a un autre effet qui va dans le sens de sa traduction de ce chapitre. Ce qui est accentué dans la phrase anticipée c'est "l'importance de ceste transformation". Là où Sebond parle de chute et de corruption, Montaigne insiste sur la transformation qui s'est effectuée dans l'homme. Ce n'est pas dire qu'il voulait nier le fait qu'il y ait eu corruption, mais la question est de savoir ce qu'il considère important : le fait que l'homme soit corrompu, ou le fait qu'il y ait eu transformation. Et pour Montaigne ce qui le frappe et ce qu'il veut mettre en valeur c'est ce processus de transformation qui le fascine et qui domine son discours. Cette transformation n'est pas exprimée exclusivement en des termes négatifs. Ainsi "quando in contrarium suae naturae corrumpuntur" devient "et quand par la corruption leur nature prend une forme nouvelle". Il est tout à fait exact que la corruption entraîne une forme nouvelle pour la chose qui est corrompue, mais ce n'est pas le terme qu'on associe le plus souvent à ce phénomène, et Montaigne laisse apparaître une nouvelle dimension de la chute de l'homme en employant ce langage. Finalement Montaigne ajoute des termes exprimant la notion de perception, et il le fait d'une manière qui souligne l'importance de cet aspect : "qu'il voit estre ces autres choses ou qu'il les imagine", pour mettre fin à une phrase qu'il a rédigée avec grand soin. Les mots "videt" et "fingere" figuraient tous deux dans le texte latin. En les reprenant et en les répétant en fin de phrase, le traducteur leur donne une importance et une signification accrues. Il semble donc que Montaigne ajoute une glose assez importante au texte qu'il traduit : pour dramatique que soit la transformation qui s'est opérée chez l'homme des suites de sa chute, ce n'est pas forcément la situation même de l'homme qui est la plus dramatique, mais plutôt le fait que l'homme reste inconscient de la gravité de cette chute.

Vers le milieu du même chapitre on trouve une très jolie traduction qui à première vue semble être un effet de style :

Et sicut nihil de bonitate vini mansit nec est in aceto ita nihil de bonitate hominis inquantum homo est et quae debet esse secundum suam propriam naturam est in homine.	De mesmes que tout le bon goust du vin est esvanouy et qu'il n'en reste rien au vinaigre, de mesme s'est escoulee toute la bonté de l'homme, en-tant qu'il est homme, et la douce saveur qui devoit estre en luy selon sa propre nature s'est du tout aneantie.

"et quae debet esse secundum suam propriam naturam" devient "et la douce saveur qui devait estre en luy selon sa propre nature s'est du tout aneantie". Il s'agit d'une comparaison entre la transformation du vin en vinaigre avec la chute de l'homme. Le traducteur reprend un concept qui était implicite dans le latin "de bonitate vini" et qu'il avait rendu explicite par "le bon goust du vin". Non seulement reprend-il l'expression, mais il crée un élément nouveau dans la comparaison. Car la reprise de la notion de "douce saveur" est rendue plus efficace par le fait qu'elle est tout de suite "aneantie". C'est comme si la qualité éphémère de ce qui était et de ce qui doit être était soulignée par le fait qu'elle n'existe que pour disparaître aussitôt. On note encore l'usage de verbes plus actifs par le traducteur pour traduire des notions abstraites : "est esvanouy" "s'est escoulee" "s'est... aneantie".

L'image du vin et du vinaigre est exploitée pleinement par Montaigne. Tout de suite après le passage qu'on vient de lire on voit :

> Et sicut doleret acetum si cognosceret vinum ita debeat dolere homo si cognoscat statum in quo debet esse.

> et comme le vinaigre auroit bien dequoy se douloir du merveilleux sault de sa mutation, s'il s'en pourroit appercevoir, aussi a l'homme, s'il y pense bien, dequoy se contrister de la totalle subversion de sa dignité et noblesse ancienne.

Il s'agit ici de l'expansion du texte original dans un sens qui est implicite dans d'autres sections du chapitre. Ainsi "doleret" devient "auroit bien dequoy se douloir", qui est plus emphatique ; "si cognosceret vinum" devient "du merveilleux sault de sa mutation, s'il s'en pourroit appercevoir" insistant sur la transformation même, sur le fait du changement plutôt que sur l'état dans lequel il se trouve ; et les mots "statum in quo debet esse" deviennent "la totalle subversion de sa dignité et noblesse ancienne", renforçant encore une fois le passage, le devenir, de l'état originel à son état actuel. Finalement, "si cognoscat" est transformé en "s'il y pense bien", ce qui rejette la responsabilité de la réflexion sur l'homme, qui doit activement rechercher les correspondances entre les éléments de la comparaison.[1] . Ces quelques extraits du chapitre 227 montrent d'abord que Montaigne s'est vivement intéressé au sujet de la chute de l'homme. Il tend à développer les images s'il y en a, et a en créer s'il n'y en a pas. Les images liées à la transformation semblent le frapper le plus et ce sont celles-ci qu'il exploite à plusieurs reprises. Il fait apparaître plus dramatique et plus profonde la transformation de l'homme par suite de sa chute, mais il semble aussi rejeter la responsabilité sur l'homme d'abord pour prendre conscience de sa condition et puis pour vouloir la changer. Ces différences de perspective entre Sebond et Montaigne auront suffi, à nos yeux, à inspirer Montaigne à traduire le latin en un français plus vivant, plus développé et plus coloré. Nous

---

1 Cf M. Habert, "L'inscription du sujet dans la traduction par Montaigne de la *Theologia Naturalis*", *Montaigne Studies*, vol. V, no. 1-2(1993), pp. 27-47.

reviendrons bien entendu aux questions théologiques dans le quatrième chapitre de cette étude.

vii) *Chapitre 249*

Le chapitre 249 traite "des moyens de la reparation du genre humain et de la triple bariere qui est entre Dieu et nous". La première partie du chapitre parle des conséquences de la chute, et bien qu'il y ait d'importantes différences entre les deux textes, nous ne les analyserons pas ici, car il s'agit de différences d'ordre théologique, et nous les retrouverons dans un chapitre ultérieur. Ce qui nous retient ici c'est la dernière page du chapitre qui est un exemple de réécriture du texte latin par le traducteur. Il est même difficile de suivre la manière dont les phrases se correspondent les unes aux autres, tellement le texte de Montaigne diffère de celui de Sebond. Voici quelques extraits de cette dernière page :

Et sic veraciter possumus dicere faciendo tres partes in natura humana quia pro primis duobus fuit clausa propter injuriam propriam secundo nobis propter eorum culpam et tertio propter nostrammet culpam.	Parquoy ne considerant qu'en general ces empeschemens et obstacles (car à la verité chasque faute singuliere fait en outre le sien) et divisant en trois l'humaine nature, nous pouvons dire qu'elle est repoussee de l'accointance de Dieu par trois fermetures :

Il y a en effet très peu de correspondance d'une phrase à l'autre. La parenthèse dans le texte français résume une phrase du paragraphe précédent du latin. A part quelques mots, l'essentiel de ce passage consiste en deux textes parallèles mais qui ne se ressemblent guère. On voit qu'il s'agit à peu près du même sujet, et que des mots dans un texte renvoient à ce qui est écrit dans l'autre. C'est comme si le traducteur s'était dit : on voit ce qu'il veut dire mais il le dit très mal ; refaisons-le donc! Il suffit de citer le reste de ce chapitre pour se rendre compte du fossé énorme qui sépare les deux textes :

Parvulis vero non habentibus usum rationis clauditur tantum propter peccata primorum parentum et culpam peccati originalis quam	La premiere massonnee par le peché de nostre premier pere, la seconde par la derivation et insinuation de sa coulpe en chacun de nous, et la tierce par les

contraxerunt propter carnem corruptam. Sed hominibus habentibus usum liberi arbitrii clausa est porta tam propter peccata primorum parentum et propter peccatum originale quam etiam propter injurias et offensas personales quas fecerunt per propriam voluntatem. Et ideo quamvis in homine adulto et magno essent deletae et destructae injuriae propriae et personales adhuc remaneret culpa primorum parentum et peccatum originale et sic adhuc maneret porta clausa propter offensam primorum parentum. Et ergo si homo sive parvulus sit sive adultus debeat pervenire ad illud bonum propter quod factus est scilicet ad amorem et unionem cum Deo oportet quod ipse sit mundatus a culpa et peccato primorum parentum deinde ab aliis personalibus culpis.

Et ideo tota difficultas reparationis consistit in auferendo et tollendo injurias Dei et offensas quae intraverunt in humanam naturam quae antea non erant et modo sunt. Postquam enim offensa est commissa oportet ut tollatur de medio ut non sit quia aliter non possunt homines lavari.

fautes que sciemment et volontairement nous commettons. La premiere arresta le premier homme et la femme premiere, la premiere et la seconde s'opposent aux petits enfans qui n'ont encores point de maniement de leur liberal arbitre, et toutes trois ensemble se presentent franchir tout le reste des hommes : Mais quiconque soit apres les premiers, jouyssant ou non jouyssant de la liberté volontaire, qu'il se propose d'avoir à fausser pour le moins ces deux universelles et originelles clostures. Car quand bien il seroit quitte de la tierce et derniere, encores l'arresteront elles sur bout : elles entieres il est impossible à tout homme d'approcher de plus pres son souverain bien : c'est là le plus fort de nostre besongne.

Puis donc que l'offense et l'injure nous empeschent en tant de manieres le libre accez à nostre createur, razon les rez pied rez terre de nostre chemin, afin que leur ruyne nous face voye à rentrer en nostre paternelle maison, et à joindre le bon-heur et la felicité immortelle qu'elles nous cachent et desrobent.

Il est difficile, sans une analyse détaillée, de suivre la démarche du traducteur dans cette page. Non seulement les phrases ne correspondent pas les unes aux autres, mais les idées aussi sont remaniées. C'est comme si un professeur expliquait à un élève qui vient de s'exprimer mal : voilà ce que vous voulez dire, en reprenant le sens général, mais en le reformulant entièrement. Mais cela équivaut à dire que la capacité conceptuelle de Sebond est inadéquate pour exprimer les idées du traducteur telles qu'il les conçoit. Ou bien que son raisonnement est fautif et que pour le rectifier il faut tout refaire. Dans un cas comme dans l'autre, le traducteur se voit comme créateur d'un nouveau texte qui se construit à partir d'un original qui a des carences. Car il ne s'agit de changer ni le lexique ni la syntaxe du latin pour pouvoir le traduire en français, mais de modifier profondément la *dispositio* du texte, sa manière d'organiser les idées. Et puisque le discours latin est parfaitement clair et facile à suivre, la raison que peut avoir Montaigne de le changer n'est pas évidente. Il n'y a pas excès de répétition dans le texte latin, ce qui permettrait au traducteur de supprimer les redondances, comme nous l'avons vu dans beaucoup d'autres passages. Il y a bien entendu des changements de détails effectués par le traducteur. Pour donner plus d'ampleur à son texte il crée des phrases comme "repoussee de l'accointance de Dieu" ; "massonnee par le peché" ; "maniement de leur liberal arbitre" (pour "usum rationis") ; "razon les rez pied rez terre de notre chemin". Ces changements habituels témoignent d'une volonté de raffermir l'expression, d'ajouter une vivacité au texte statique de Sebond. En plus il y a la traduction de "ad amorem et unionem cum Deo" par "son souverain bien", phrase qui révèle une certaine réticence devant l'emploi du mot "amour" que ce soit l'amour de Dieu ou l'amour d'un homme pour son épouse.[1]

Mais la nature des grands changements dans cet extrait est différente. D'abord il y a le chassé-croisé des phrases. Le changement de l'ordre des mots et des phrases fait partie de l'écriture-traduction dont parle Meschonnic, et nous en reparlerons dans notre chapitre 5. Mais il fait aussi partie de l'organisation du texte en vue de le rendre plus logique et

---

1 Voir notre article "Montaigne's translation of Sebond : towards a re-assessment", *Montaigne Studies*, vol. 5 no. 1-2(1993), p. 62.

plus directement accessible au lecteur. Ce sera l'un des sujets de notre prochain chapitre. Pour l'instant, signalons la présence de ce genre de réécriture qui se trouve dans un certain nombre de chapitres de la *Théologie*. Il est inutile de dire, dans des cas pareils, que Montaigne tout en changeant le détail de l'expression du texte de départ, garde l'essentiel de la pensée de son auteur. Un tel jugement considère le texte comme ayant deux parties distinctes, le contenu et la forme. Montaigne aurait gardé le contenu, mais en le traduisant il l'aurait mis dans un nouvel emballage. Étant donné que le texte de Sebond est profondément différent de celui de Montaigne, on est obligé de conclure que le message de ce nouvel énoncé sera, lui aussi, différent, car le langage forme un tout qui ne peut pas être divisé en des parcelles distinctes.

viii) *Chapitre 272*

Un dernier chapitre dans cette série présente un exemple de réécriture d'au moins une partie du texte. Le chapitre 272 a pour titre "Comme la misericorde de Dieu accompaigne sa justice en ceste satisfaction generale". Un premier exemple montrera un regroupement de deux phrases distinctes, qui devient effectivement une interprétation du texte de Sebond :

videbatur quod misericordia Dei periret... Et sic videbatur quod Deus nullam misericordiam ostenderet.	il pouvoit sembler qu'il ne restoit aucune place à sa misericorde, et qu'elle estoit entierement estaincte par la rigueur de ceste sienne justice

En liant ainsi les deux phrases du latin, le traducteur fait ressortir un lien de causalité qui n'existe pas dans le texte de Sebond. De ce fait la dureté et la sécheresse du premier texte est quelque peu adoucie par le traducteur. Mais ce procédé n'est pas du tout insolite dans la traduction de Montaigne. Ce qui suit, vers le milieu du chapitre, constitue un exemple bien plus à la limite de ce qu'on peut appeler traduction :

Ideo Deus ex sua sola et pura misericordia gratis et sine meritis ipsius hominis (quia nihil meruerat homo nisi poenam) praevenit primo hominem ut deinde liberaretur homo per justitiam. [Quia si homo ex	ainsi Dieu par sa seule et gratuite misericorde luy fournit dequoy se justement acquitter et de quoy pouvoir faire justice de soy,

seipso non habebat cum quo faceret justitiam de se ipso dando debitum Deus dedit homini per suam misericordiam illud cum quo posset satisfacere et ei solvere per justitiam ut sic homo per integrum satisfaceret Deo et faceret justitiam de seipso.] Sed illud tale homo nunquam potuisset habere per seipsum nisi Deus per puram suam misericordiam tribuisset homini.	ce que auparavant il estoit entierement incapable de faire,
Ut ergo Deus placari posset ab homine et homo haberet cum quo placaret Deum et iram suam Deus dedit gratis homini illud quod homo deberet Deo ex debito reddere dedit Deus homini et toti naturae humanae novum hominem qui esset major homine qui satisfaceret pro homine qui haberet in se illud quod superaret omne debitum quod homo solvere debet qui cum nihil pro se deberet solveret pro aliis qui quidem debebant et unde solverent non habebant.	afin que son juste courroux peust estre appaisé par l'homme il luy mit en main luy mesme ce dequoy il le devoit payer, et octroya par la vertu de sa tres-saincte misericorde un nouvel homme à l'humaine nature plus grand que les autres et propre à satisfaire pour l'homme, ayant en soy dequoy surpasser nostre debte et dequoy payer pour nous, exempt quant à soy de toute obligation.

Il est difficile, à première vue, de suivre les rapports entre le texte de départ et le texte d'arrivée, mais une analyse du texte latin relève de nombreuses répétitions. Ainsi par exemple le mot "Deus" (Deo, Deum) apparaît 9 fois, et le mot "homo" (homine, hominem, homini, hominis" apparaît 18 fois. Par contraste, les mots équivalents en français apparaissent respectivement une fois et trois fois. Une simple comparaison statistique des deux textes sert à résoudre le problème initial : le texte latin se compose de 166 mots, le texte français se compose de 100 mots. Mais le vocabulaire de chaque texte (c'est-à-dire le nombre de mots différents employés) est à peu près pareil : 68 mots en latin, 63 mots en français. Il s'avère, donc, qu'une fois éliminés les mots répétés, les deux textes sont presque égaux. Il s'agirait d'un cas extrême de l'élimination des éléments répétitifs du texte de départ. Rappelons que l'un des objectifs de tout traducteur à l'époque était de supprimer les redondances et les répétitions.[1] Mais cet extrait est si réduit qu'on peut très bien parler d'un résumé plutôt que d'une traduction. L'essentiel de l'argument de Sebond se trouve dans le texte français, mais de telle sorte qu'il est difficile de trouver les correspondances exactes d'un texte à l'autre. La longue phrase latine "Quia si homo..." n'est pas traduite par Montaigne à cause du fait qu'elle lui semble répéter l'idée de la phrase précédente. Mais le rythme du passage se modifie sensiblement du fait de cette omission, car ce qui paraît être un long processus, plein de difficultés et de péripéties dans le texte latin, se trouve accéléré et rendu plus facile, plus normal dans le français de Montaigne. Le fait que la phrase se lit plus facilement donne au lecteur l'impression que les choses dont parle le texte se sont déroulées plus rapidement et plus naturellement aussi.

Notre analyse de ces huit chapitres a présenté un échantillon d'une certaine manière de traduire de Montaigne qui est loin d'être exhaustif. Nous y avons constaté des exemples à plusieurs niveaux de ce qu'on appelait "l'infidélité" à travers ces extraits. En particulier nous y avons vu des exemples d'adaptation culturelle, non seulement au niveau du lexique, mais surtout au niveau de la vision du monde de celui qui traduit, vision qui est profondément différente de celle de Sebond. Montaigne, qui se préoccupe toujours plus de *res* que de *verba* se trouve dans une situation où la matière qu'il essaie de représenter paraît bien loin de celle qui est représentée par Sebond. La vision, la perspective de cette matière est passée par le prisme de l'expérience des 120 ou 130 années qui se sont écoulées depuis le temps de la *Theologia naturalis*. Et en conséquence la matière elle-même s'en trouve déformée, sans que cette déformation soit nécessairement voulue par le traducteur.

---

1 Voir Rener, *Language and Translation*, p. 157, "One of the surest causes of boredom was supposed to be repetitiousness in all possible forms. This could entail repetition of words, for instance, or phrases as well as the recurrence of the same sentence structure."

Points Morts

Si nous considérons maintenant l'autre extrême, nous verrons que Montaigne n'a pas toujours modifié le texte de Sebond, et que dans certains chapitres il a même traduit assez littéralement. Prenons le cas du chapitre 23. Il nous semble intéressant de le regarder de près à cause de la qualité littérale de la traduction, d'autant plus qu'il précède immédiatement l'un des chapitres qu'on vient d'analyser pour la richesse et la libéralité de la traduction de Montaigne. Le sujet du 23e chapitre c'est "la comparaison de l'estre du monde avec son non estre contraire". C'est un sujet qui est purement philosophique, et ce qui le distingue du chapitre suivant c'est l'absence de tout élément d'image ou de comparaison dans le texte. Le titre nous donne un avant-goût du style de la traduction :

> De comparatione mundi ad suum non esse et nihil
> La comparaison de l'estre du monde avec son non estre contraire.

Ce qui frappe ici c'est l'extrême précision dans le choix des mots. Le latin "mundi" est traduit par "l'estre du monde", ce qui en fait est le sujet du chapitre. L'autre petit changement dans le titre c'est la traduction de "non esse et nihil" par "son non estre contraire". On ne voit pas comment l'expression latine aurait pu être traduite autrement, car la littéralité du mot à mot aurait donné "son non estre et rien" dont l'inélégance va à l'encontre de la prose du traducteur. C'est moins un changement choisi délibérément qu'un changement imposé par les normes du "bene dicere" de la rhétorique.

Sans commenter dans les détails tout le chapitre il sera cependant instructif d'en analyser quelques phrases, pour pouvoir mesurer l'énorme écart qui sépare la traduction de ce chapitre de celui qui suit. L'aspect littéral frappe le lecteur dès les premiers mots :

Nunc restat videre qualiter alterum esse scilicet esse mundi se habeat ad non esse et nihil unde manifestum est quod alio modo immo opposito modo se habet quam primum esse quando non esse et nihil	Il nous reste de voir à present, comment l'estre du monde se porte à l'endroit du non estre, qui luy est contraire. Il est evident que c'est tout au rebours du premier estre, car ce non estre precede

praecesserunt tale esse eis oppositum et ideo non esse mundi et nihil praecesserunt esse ipsius mundi in propria existentia quia ipsum esse quod non est Deus habet suum proprium non esse et nihil sed non prout esse mundi est in esse Dei quia tunc non esse et nihil non praecessissent tale esse.	d'ancienneté l'estre du monde : non celuy que nous disions tantost loger en l'imagination de son createur (veu que celuy-là ne peut avoir nul non estre avant luy) mais celuy qui est propre au monde et selon sa nature, lequel a un particulier rien qui luy est opposé et contraire.

On ne pourrait guère imaginer une traduction de "Nunc restat videre" plus exacte que "Il nous reste de voir à present". Et pourtant même ici de petits changements apparaissent : "restat" devient "nous reste" et "à present" vient après le verbe plutôt qu'avant comme dans le texte latin. On a déjà vu que l'usage des pronoms personnels dans la traduction est systématique, et il n'est guère remarquable dans ce cas. Mais le déplacement de "nunc" est effectué pour des raisons de style et de rythme de la phrase, ce qui prouve que même dans les chapitres soi-disant littéraux Montaigne n'est pas insensible aux exigences de la rhétorique. La suite de la phrase est traduite avec le même degré d'attention. Ainsi "se habeat ad non esse et nihil" est un peu exagéré pour devenir "se porte à l'endroit du non estre, qui luy est contraire", développement qui, tout en intensifiant l'opposition entre l'être et le non-être, reste cependant très proche du latin. Les abréviations que le traducteur apporte à son texte sont beaucoup plus fréquentes que les ajouts. Voici un exemple merveilleux de concision : "alio modo immo opposito modo" devient tout simplement "tout au rebours", phrase qui élimine la répétition du latin, sans en affaiblir le sens. A ce raccourcissement s'ajoutent de brutales suppressions comme : "quando non esse et nihil praecesserunt tale esse eis oppositum", phrase estimée redondante par le traducteur. Des suppressions de ce genre sont l'une des caractéristiques les plus fréquentes du texte montaignien, si bien que l'on n'y prête guère attention après un certain temps.

Il ne serait pas inutile de nous arrêter un instant sur la nature et les conséquences de ces suppressions de grands morceaux du texte de Sebond. L'explication qu'on en donne d'habitude est que le texte de Sebond est excessivement répétitif, d'une lourdeur monotone, et que les excisions de Montaigne vont tout à fait dans le sens d'une amélioration de l'oeuvre. On se sert d'expressions comme "cela ne change rien au sens", ou "le traducteur reste fidèle à l'intention de Sebond" et on donne l'impression que le texte latin est nettement inférieur au texte français, que Montaigne s'est donné comme mission d'améliorer l'ouvrage en en éliminant les longueurs et les redondances. Si tel est le cas, et il semble que la plupart des commentateurs sont d'accord là-dessus, on est amené à se demander pourquoi Montaigne aurait voulu l'améliorer ? En d'autres termes, quel public visait-il, et pourquoi fallait-il modifier le texte en vue de satisfaire ce public ? Ces questions appellent des réponses assez claires et simples. Sebond écrivait pour un public accoutumé au langage scolastique et à sa manière de s'exprimer. Tous les manuels emploient ce langage qui est censé être clair et logique et qui n'hésite pas à se répéter dans un désir de clarté et de renforcement du message. Par contre les lecteurs de la version de Montaigne n'avaient aucune culture scolastique, et n'auraient pu accepter un langage qui leur aurait semblé lourd et pédant, sans grâce et en un mot assommant. On revient donc à la question posée dans notre premier chapitre "pour qui traduisait-il ? " Et comme on l'a vu lors de cette discussion, la réponse à cette question est déterminante dans l'effort d'identifier le projet essentiel de l'oeuvre. Si Montaigne avait pour cible certains fidèles dont la foi aurait été rassurée et raffermie par la lecture de la *Théologie naturelle* on peut très bien comprendre ce qui aurait poussé le traducteur à prôner la compréhensibilité et la lisibilité avant toute chose.

Il y a une autre réponse possible à cette question, à savoir qu'il écrit pour lui-même, pour s'entraîner en vue de perfectionner son talent d'écrivain. Nous allons examiner cet aspect de l'oeuvre en profondeur dans le cinquième chapitre. Mais sans trop pousser cette hypothèse on peut d'ores et déjà poser la question en ces termes : supprimait-il des phrases entières dans presque chaque chapitre qu'il traduisait principalement à cause de son audience, de son public, et de leur capacité de comprendre, ou parce qu'il considérait que le texte même de Sebond ne réussissait pas à bien dire (bene dicere) selon les règles de la rhétorique ? Une réponse positive dans le premier cas nous laisserait supposer que Montaigne, tout en acceptant et en appréciant les qualités de l'oeuvre qu'il traduisait, interprétait le texte de Sebond en vue de l'adapter aux goût et aux capacités de ses lecteurs. Il agirait comme médiateur entre Sebond et sa nouvelle audience. Tandis qu'une réponse positive dans le deuxième cas implique une volonté de mieux dire, d'éliminer les points faibles du texte latin, et tout en rivalisant avec Sebond, de mieux cerner la matière de son texte dans l'appréhension de la réalité du monde.[1]. Ce n'est donc pas une question sans importance, car il s'agit en effet d'identifier le projet même de la traduction et de pouvoir mieux comprendre la portée de la traduction dans la production littéraire de Montaigne. On aura l'occasion de reparler de ces suppressions au cours des chapitres suivants.

Après cette parenthèse, pour en revenir à l'analyse du chapitre 23, en dehors des suppressions, il y a d'autres changements apportés par le traducteur. Par exemple l'expression précise du latin "esse ipsius mundi in propria existentia" est traduite tout simplement par "l'estre du monde". Or il y a deux sortes d'être : l'être en lui-même ("in propria existentia") et l'être dans l'esprit de Dieu. Montaigne n'estime pas nécessaire cette distinction dans l'usage des termes techniques. Mais il la fait ressortir tout de suite après par le biais d'une amplification des termes de Sebond : son "non celuy que nous disions tantost loger en l'imagination de son createur", expression qui explique à la fois "in propria existentia" et "non prout esse mundi est in esse Dei". Mais c'est beaucoup plus concret et moins technique que le latin de Sebond. (Il est vrai aussi qu'il ajoute "qui est propre au monde" en guise d'explication supplémentaire du terme technique.) Les termes techniques trop abstraits du latin scolastique ne sont plus de mise à l'époque de la traduction. À partir de cette traduction, cependant, il nous semble clair que Montaigne a parfaitement vu la signification de la distinction exprimée par l'emploi des termes techniques, et qu'il a choisi de les traduire à sa manière, c'est-à-dire dans la langue de tous les jours, la langue de l'expérience vécue, plutôt que d'essayer de réinventer de nouveaux termes équivalents des mots latins. Finalement il y a un changement dans l'ordre des mots (ce qui arrive très souvent dans la traduction) dans le texte français. La phrase "quia ipsum...." est traduite *après* la phrase suivante "sed non prout esse mundi...". En repoussant sa phrase "mais celuy qui est propre au

---

1 Voir Hugo Friedrich, cité par R. Rener, *Language and Translation*, p. 53 : "In his view this drive to enrich is the fruit of a special method of translation. The distinctive trait of this method was the intention of the translator to vie with, indeed to outdo the original. "

monde..." à la fin, Montaigne réussit à lui donner plus de relief, procédé bien connu de la rhétorique, ce qui contribue à rendre le texte plus proche des préoccupations du siècle, qui s'inquiète davantage de ce qui se passe dans le monde que de discussions abstraites sur la nature de l'existence de Dieu.

Ainsi même dans un chapitre que nous avions choisi comme l'un de ceux où, pour reprendre l'expression de Joseph Coppin, Montaigne n'a presque rien changé, on voit qu'au niveau de la langue le chapitre est au moins aussi bien travaillé que certains des chapitres qu'on vient d'analyser pour leur qualité exceptionnelle. Il est vrai que "le sens" du texte de Sebond est strictement suivi par le traducteur, mais on ne pourrait en aucune manière l'accuser d'avoir traduit mot à mot. Et les changements qu'il a introduits dans le texte français témoignent d'une attention minutieuse au détail de la traduction, ce qui va à l'encontre de l'idée que le traducteur se désintéresse de son travail.

Pour bien confirmer ce qu'on vient de trouver dans le chapitre 23, il nous faut regarder deux ou trois autres chapitres que nous avons appelés "littéraux". Commençons par le chapitre 287, dont le sujet est la doctrine de la transsubstantiation, sujet délicat s'il en était, et qu'on n'avait aucunement le droit de modifier. Si l'on avait des doutes sur l'importance de ce chapitre aux yeux de Montaigne, on n'a qu'à lire le titre dans les deux textes :

Quid significat transmutatio quae fit in pane et vino.	Que nous demonstre et apprend l'essentielle mutation qui se faict en ce sacrement du pain et du vin au corps et sang de Jesus Christ.

Ce qu'on remarque ici c'est la façon dont Montaigne attire l'attention du lecteur sur la doctrine de la transsubstantiation en ajoutant les mots "au corps et sang de Jesus Christ". On a l'impression qu'il prend des précautions contre tout regard soupçonneux de la censure. Car s'il y avait un endroit où l'on irait chercher des inexactitudes ou le manque de fidélité à l'orthodoxie pure, c'était certainement dans un chapitre de ce genre, dont le sujet est la doctrine de l'Eucharistie, nouvellement redéfinie par le Concile de Trente, et contestée vivement par les réformateurs. Les premières lignes donnent le ton de la traduction :

Quid significat transmutatio quae fit in pane et vino. Et quoniam in isto Sacramento ipsae res visibiles scilicet panis et vinum realiter mutantur et convertuntur in corpus et sanguinem Jesu Christi et non remanent et in aliis Sacramentis non mutantur sicut aqua non mutatur in Baptismo. Ideo significatur quod istud Sacramentum est transmutativum et conversivum et quod per hoc Sacramentum Christiani totaliter convertuntur et mutantur in Christum et sicut res corporales convertuntur in corpus Christi ita significatur quod Christiani per hoc Sacramentum convertuntur in animam Christi et in ejus divinitatem et in suam voluntatem.

Ce qu'en ce Sacrement les choses materielles et sensibles qui sont le pain et le vin se changent realement et effectuellement au corps et au sang de Jesus Christ, et qu'elles ne gardent plus leur condition et nature premiere comme il se faict és autres Sacremens, nous denote et signifie que c'est un Sacrement de mutation et de conversion, et que par son moyen nous sommes entierement muez et convertis en Jesus Christ : nous apprend et nous monstre que nous sommes transformez en l'ame, en la divinité et en la volonté de nostre Sauveur.

Phénomène assez rare dans toute la traduction de la *Theologia naturalis*, est le fait que les 94 mots du texte latin se trouvent traduits par 94 mots en français. Sans attacher aucune importance à ce chiffre, il indique pourtant le soin du traducteur de faire paraître une exactitude quasi parfaite dans sa version du texte. Pour ce qui est de la substance de la traduction, on trouve que "ipsae res visibiles" est rendu par "les choses materielles et sensibles". Et pour une fois on trouve chez Montaigne un souci d'exactitude dans les termes qui n'est pas présent dans le texte de Sebond. Car il y a une différence profonde entre "visibles" et "materielles et sensibles", c'est-à-dire non seulement qu'on voit, mais qui ont une existence matérielle, qu'on sent, qu'on touche, qu'on goûte. Pour Sebond la distinction entre "invisibiles" et "visibiles" suffisait. Montaigne, en amplifiant, en développant et en expliquant la distinction, met davantage l'accent sur la valeur physique du pain et du vin. Et il continue dans le même sens, quand il traduit "realiter mutantur et convertuntur" par "se changent realement et effectuellement", réduisant les deux verbes du latin en un seul en français, en y ajoutant le deuxième adverbe pour compenser, ce qui a pour effet de souligner la réalité du changement, par rapport aux notions purement symboliques que lui prêtaient les réformés. Tout de suite après on trouve une autre modification : "non remanent" est traduit par "et qu'elles ne gardent plus leur condition et nature premiere". Ce qui ressort de ces modifications c'est que pour le traducteur ce qui compte c'est la réalité de la transformation du pain et du vin en corps et sang de Jésus Christ. Le pain et le vin ne sont plus le pain et le vin, ils ne gardent ni leur condition ni leur nature, mais deviennent autre chose. Le fait du changement total et absolu se dégage du texte de Montaigne bien plus clairement et plus nettement que du texte latin. Tout cela a de quoi réjouir tout censeur qui pourrait venir y chercher un manque d'orthodoxie. On y trouve un Montaigne même plus pieux que l'auteur théologien qu'il traduit. Le reste du texte français de l'extrait est extrêmement proche du texte latin. Par exemple "transmutativum et conversivum" est traduit par "de mutation et de conversion" ; "totaliter convertuntur et mutantur in Christum" devient "Nous sommes entierement muez et convertis en Jesus Christ". Par rapport à la plupart des extraits de l'oeuvre que l'on a analysés, un tel degré de fidélité a de quoi surprendre. Notons cependant que cette exactitude dans les rapports entre le texte latin et sa traduction est très rare.

Le chapitre 197 est le troisième exemple que nous avons choisi comme exemple de la littéralité de la traduction. Si le premier exemple sort d'un texte purement philosophique et le deuxième exemple fait partie de la théologie, ce troisième chapitre fait partie d'une théorie sur l'homme et sur sa place dans le monde. Il appartient, donc, à l'une des sections de la traduction dans lesquelles Montaigne semble le plus à l'aise. Le sujet du chapitre est la multiplication de l'honneur et du mépris de Dieu. C'est un chapitre très court, et pour une fois nous le citerons en entier :

De multiplicatione honoris et injuriae.	De la multiplication de l'honneur ou du mespris de Dieu.
Quia autem omnis creatura facta est ad honorem Dei et respicit honorem Dei et pertinet ad honorem Dei et	Veu que toutes les creatures sont faictes à la gloire de Dieu qu'elles

etiam respicit Deum quodammodo. Ideo honor Dei respicit honorem omnium creaturarum et injuria Dei respicit injuriam omnium creaturarum. Et ideo quando honoratur Deus honorantur omnia quae Dei sunt scilicet omnes creaturae. Et quando Deus inhonoratur et contemnitur seu injuriatur etiam injuriantur et contemnuntur et inhonorantur omnes creaturae. Et sic in inhonorare Deum includuntur infinitae inhonorationes et in injuria Dei includuntur infinitae injuriae simul et semel. Et sic nihil ita cito crescit et multiplicatur sicut honor et injuria quia honor unius est honor infinitorum et injuria unius simul et semel est injuria infinitorum. Qui ergo honorat Deum honorat omnes creaturas et qui injuriat Deum simul et semel injuriat omnes creaturas. Sicut qui injuriat regem injuriat omnes de regno simul et semel.

regardent et appartiennent à son honneur et se rapportent aucunement à Dieu mesme il s'ensuit que la gloire de Dieu regarde respectivement l'honneur de toutes les creatures et que l'injure du createur se rapporte à l'injure des creatures. Quand on honnore Dieu on honnore tout ce qui est sien et quand on l'offense et mesprise on offense et mesprise tout ce qui luy appartient : Ainsi l'injure faicte à Dieu enclost en soy un million d'autres injures : il n'est rien qui croisse et qui se multiplie si soudain que l'offense et la gloire. l'offense d'un c'est l'offense d'un infiny nombre d'autres et la gloire de mesmes : De façon que qui honnore Dieu honnore ensemble et tout en un coup toutes ses creatures et qui l'injurie les injurie consequemment comme l'offense faicte à un Roy touche tous ses serviteurs et subjets.

Le texte français est plus long de 12. 5% que le texte latin (162 mots contre 144). Mais cet écart ne se voit pas en lisant le texte, et on a l'impression d'une traduction qui suit de très près le texte latin. Regardons quelques exemples, d'abord les omissions, qui sont rares dans ce chapitre. Les seules phrases qui ne sont pas traduites sont "scilicet omnes creaturae", vers le milieu de l'extrait, et quelques lignes plus bas

Montaigne ne traduit pas "Et sic in inhonorare Deum includuntur infinitae inhonorationes", probablement parce qu'il considère que la petite phrase qui suit répète presque exactement ce qu'elle dit. Dans le même souci de ne pas se répéter il traduit "et injuria unius simul et semel est injuria infinitorum" par "et la gloire de mesme". Les seuls changements de vocabulaire sont l'emploi de "gloire" et "honneur", là où Sebond avait employé le seul mot "honorem". En fait le mot "honor" dans une forme ou dans une autre apparaît 17 fois dans le chapitre (dont sept fois dans le verbe "honorare"). Mais le mot "honneur" ou le verbe "honnorer" apparaissent seulement 7 fois et le synonyme "gloire" apparaît quatre fois. De même les mots "injuria" ou "injuriare" apparaissent 14 fois, tandis que dans le texte français les mots "injure" ou "injurier" sont employés seulement huit fois. Montaigne utilise aussi le mot "offense" six fois pour varier sa traduction. Finalement le mot "Deus" apparaît 13 fois, mais "Dieu" seulement sept fois. Avec ces changements qui sont minimes par rapport aux modifications qu'on a vues dans d'autres chapitres, Montaigne réussit à rendre une version à peu près transparente de l'original.

Après avoir bien regardé ces trois chapitres que nous avons identifiés comme étant traduits plus littéralement que les autres quelle conclusion tirer de notre analyse ? D'abord il faut constater que bien qu'ils soient traduits plus littéralement que les autres, cela ne veut aucunement dire qu'ils sont mal traduits, ou même traduits d'une façon désinvolte, loin de là. En fait on voit dans ces trois chapitres autant de soin apporté par le traducteur que partout ailleurs. Les préoccupations constantes sont d'éliminer les répétitions du texte latin et d'élargir le vocabulaire qu'il estime excessivement réduit, et l'on en a signalé plusieurs exemples. Ces trois exemples nous amènent à proposer trois raisons possibles pour expliquer pourquoi le traducteur se sent plus contraint par le texte qu'il traduit. Dans le premier exemple on a considéré un texte philosophique, dans lequel les termes techniques ne sont que partiellement susceptibles d'interprétation. Si le traducteur s'éloigne davantage de l'original il perdra le fil de l'argument et s'embarquera dans un sens qui n'est pas compatible avec le champ sémantique du texte latin. Les textes qui sont si précis et dont le langage dénote quelque chose qui n'existe peut-être pas en dehors du texte lui-même (et bien entendu dans de nombreux textes dont celui-ci est le point de rencontre), peuvent être interprétés uniquement en utilisant les termes qui réfèrent à ces mêmes concepts abstraits.

La deuxième explication découle de cette première notion, mais il s'y ajoute l'élément de la doctrine catholique dans des points théologiques à polémique. Dans ces textes, par exemple quand il s'agit des sacrements, il faut éviter de donner l'impression d'être un interprète de la doctrine concernée, ou du moins toute interprétation entreprise doit aller dans le sens de la doctrine telle qu'elle a été récemment définie par l'Église. Ces contraintes, d'une part à cause de la nature même du texte et de son message, et d'autre part extérieures, venant des autorités ecclésiastiques, obligent le traducteur à calquer son texte sur celui de Sebond. Mais on peut considérer ces passages de la *Théologie naturelle* comme des exceptions, quand des facteurs très particuliers viennent réduire la marge de manoeuvre du traducteur. La troisième explication est assez banale. Il nous semble que dans certain chapitres qui sont très courts, le traducteur ne semble pas vouloir s'engager dans des changements qui paraîtraient visiblement trop s'éloigner du texte de Sebond. Et en tout cas puisqu'il s'agit pour la plupart de chapitres de transition entre une section et une autre, on ne voit pas très bien l'utilité d'une démarche de ce genre. Si le but d'une transition est d'être le point de passage d'une série d'idées à une autre, tout développement de ce texte ne serait qu'une distraction de cette fonction principale.

Conclusion

Dans ce chapitre nous avons essayé de comprendre les grands écarts dans la traduction de Montaigne. Il y a des hauts et des bas, et personne n'a jamais réussi à offrir de raisons convaincantes pour expliquer ce déséquilibre. Les exemples qu'on a considérés confirment l'existence des inégalités, et on est à présent mieux placé pour pouvoir proposer quelques conclusions sur les causes et les effets de ces différences. Une première constatation s'impose : c'est que l'attention du traducteur ne fléchit presque jamais. Tout le travail de la traduction témoigne d'un effort constant pour créer une version à la fois lisible et compréhensible du texte de Sebond. Traduire la *Theologia naturalis* en français n'était pas une tâche facile, ni du point de vue du sujet, parfois fort complexe, ni du point de vue de la langue. Cette difficulté était d'autant plus réelle du fait que Montaigne avait pour ambition de créer une traduction non pas littérale, mais une traduction élégante, claire et convaincante. Il ne s'agissait pas seulement pour lui de rendre le sens du texte de Sebond, mais d'améliorer le style, de rendre plus claires les obscurités, de couper les longueurs, et de rendre vivants les multiples passages susceptibles d'ennuyer le lecteur. Telle était son ambition générale en abordant la traduction.

Mais au fur et à mesure qu'il progressait dans son travail il s'est rendu compte des qualités cachées du texte qu'il traduisait. Il a découvert ainsi que certains chapitres, ceux que nous avons appelés les hauts points, évoquaient des thèmes qui étaient riches du point de vue thématique, et il s'est appliqué à développer le potentiel sémantique du texte latin. Il a choisi ces textes comme point de départ, pour explorer ce qui n'était pas dit par le texte latin, ou pour découvrir comment la réalité à laquelle se réfèrent ces textes peut être conçue et exprimée dans le monde contemporain. C'est comme un dialogue entre les deux écrivains - ou pour reprendre l'idée de Walter Benjamin, l'après-vie du texte - le monde médiéval revu à travers les yeux d'un humaniste.[1] De cette manière la distinction entre traduction et commentaire devient minimale, et dans certains passages elle cesse d'exister. Montaigne se sert de ces passages pour développer son propre style, ses propres idées, sa propre vision du monde.

Par comparaison les chapitres qui ont été traduits littéralement, n'ont pas de signification majeure. Il y a simplement absence des qualités que nous venons de décrire, et la nature, parfois assez technique et précise, des sujets traités n'encourage pas le traducteur à les exprimer de son propre point de vue. Entre ces deux extrêmes se situe la grande masse du texte, parfois plutôt littéral, parfois plutôt libre. On constate les mêmes caractéristiques que dans les extrêmes, mais à un moindre degré. Mais la traduction est toujours bien élaborée, avec une attention qui ne fléchit presque jamais, et elle révèle un traducteur qui prenait sa tâche au sérieux, comme il se devait dans des sujets aussi importants. Dans les chapitres qui suivent nous allons considérer le texte de la *Théologie naturelle* sous les trois titres de la Philosophie, de la Théologie, et de l'Écriture (ou rhétorique).

---

1 Voir infra chapitre 3, où les grandes lignes du traité de Benjamin sont résumées.

CHAPITRE 3

Philosophie

L'ouvrage récent de Jaume de Puig, *Les Sources de la Pensée philosophique de Raimond Sebond*, trace l'évolution des influences philosophiques sur la pensée de Sebond.[1] Il nous révèle l'importance de l'intertextualité dans son texte, aspect qui était probablement inconnu de Montaigne qui faisait sa traduction sans être encombré de cet énorme bagage médiéval. Ce que cette étude fait ressortir avant tout c'est le vaste fossé qui existe entre les modes de penser du théologien du quinzième siècle, pour qui les grandes autorités sont Augustin, Thomas d'Aquin, Duns Scot, Anselme etc., et l'humaniste du siècle suivant tout imprégné des écrits de Plutarque, de Cicéron, de Sénèque, des poètes Virgile, Horace et Lucrèce, et des sages de la Grèce interprétés par les écrivains de Rome. Il ne s'agit pas simplement de deux écrivains travaillant à une distance de 130 années, mais plutôt de deux cultures séparées par des siècles d'histoire, dont les manières de concevoir la réalité de l'existence sont infiniment éloignées l'une de l'autre.

Aux problèmes quotidiens de la traduction d'une langue dans une autre il faut ajouter une dimension nouvelle quand il s'agit de la traduction de textes philosophiques. George Steiner observe que le langage philosophique est toujours difficile à traduire. Après avoir parlé des difficultés pour traduire la poésie il enchaîne ainsi :

> On peut, sur le fond aussi bien que la forme, faire valoir les mêmes arguments quant à la prose. Et ils acquièrent encore plus de force quand il s'agit de philosophie. Lire Platon ou Kant, comprendre Descartes ou Schopenhauer, c'est se lancer, sûr de n'aboutir à aucune certitude, dans une entreprise complexe de reconstruction sémantique. La pureté dépouillée de la pensée philosophique "a fait de la philosophie le Babel de la confusion. Nombre de ses concepts abstraits se dérobent à l'illustration. D'autres à la définition. Le vocabulaire philosophique a évolué différemment même dans les langues les plus proches, si bien

1 Paris, Champion, 1994.

> que quantité de distinctions présentes en grec, en latin ou en allemand sont pratiquement impossibles à faire passer en anglais".[1]

La dernière remarque de Steiner vaut *a fortiori* pour le latin et le français qui sont si proches l'un de l'autre à plusieurs égards. Steiner ajoute quelques mots sur la nature de la philosophie qui ont une importance toute particulière pour notre présente étude :

> Comme toute forme de discours verbal, la philosophie est indissociable de son propre agent d'exécution. Pour reprendre l'expression énigmatique mais parlante de Hegel, chaque langue possède son "instinct de logique". Ce qui ne garantit nullement qu'on puisse traduire les formules d'universaux. Comprendre la philosophie, aussi bien que comprendre la poésie, c'est se livrer à un essai d'interprétation, exiger et accorder la confiance tout en avançant sur un terrain linguistique instable.[2]

Bien que Raimond Sebond évite autant que possible les questions controversées dans son traité, ou du moins qu'il n'entre pas dans les débats qui les entoure, il reste pourtant vrai que certains mots de la philosophie scolastique ont une signification précise dans leur contexte et qu'il y a donc des pièges permanents pour celui qui voudra les traduire. Nous en reparlerons tout à l'heure en traitant de la question épineuse de l'essence et de l'existence. Par ailleurs il nous semble incontestable, et ici nous partageons la perspective de Steiner, que toute tentative pour comprendre, et *a fortiori* pour traduire un texte philosophique engage le traducteur dans le chemin de l'interprétation.

Avant même d'aborder les exemples de difficultés pratiques dans la traduction de Montaigne, il ne sera pas inutile d'explorer un thème bien plus important encore, celui de la nature même de la traduction dans le contexte de la philosophie. Cette question a été traitée par des philosophes de premier plan au cours de ce siècle, pendant lequel le problème du langage est revenu au centre des discussions sur l'homme et sur son existence. Si ce domaine est dominé par Wittgenstein, le problème plus précis de la traduction comme illustration de la nature du langage et de la pensée a été traité par Heidegger, Quine et Derrida, et plusieurs autres

---

1 *Après Babel*, p. 229

2 *Ibid*, p. 230.

philosophes moins connus ont aussi contribué au débat.[1] C'est une question qui pourrait sembler trop s'éloigner du sujet de cette étude, mais il ne faut pas oublier que l'un des problèmes fondamentaux de toute traduction est celui de la manière d'interpréter la réalité (ou "les réalités" comme le diraient certains philosophes) de celui qui écrit le premier texte et de celui qui essaie de le traduire dans une autre langue. Dans le premier chapitre nous avons évoqué certains aspects de ce grand débat. Voici venu le moment de développer un peu cette question, et d'en explorer les conséquences en ce qui concerne la traduction faite par Montaigne de certains passages philosophiques de Sebond.

Dans une étude récente des rapports entre la philosophie et la traduction, Andrew Benjamin fait une analyse brillante de certains textes de Heidegger, de Platon, de Sénèque et de Walter Benjamin pour s'efforcer de comprendre exactement ce qui se passe dans l'acte de traduire.[2] Ce qui rend son travail particulièrement intéressant pour nous c'est qu'il prend des exemples de la traduction du grec en latin qui ont une importance indéniable pour notre discussion de la traduction de Montaigne. Le livre d' Andrew Benjamin a pour but d'arriver à une définition philosophique de la traduction, et d'analyser les conséquences, pour la philosophie, de sa thèse. Il commence par l'analyse d'un texte de Heidegger dans lequel le philosophe se plaint du fait que les Romains ont traduit le terme grec φυσις par *Natura*. En ce faisant, ils ont perdu le sens original du mot grec, dont la force philosophique est détruite. Et toute la traduction des termes essentiels de la philosophie grecque en latin a eu le même effet : l'expression fondamentale de la pensée grecque est trahie par le latin, qui est incapable d'exprimer toute la signification des termes originaux. Le mot φυσις signifie pour Heidegger :

> ce qui s'épanouit de soi-même (par exemple l'épanouissement d'une rose), le fait de se déployer en s'ouvrant et, dans un tel déploiement, de faire son apparition, de se tenir dans cet apparaître et d'y demeurer, bref il dit la perdominance perdurant dans un s'épanouir. ... Dans cette

---

1 Willard Quine, *Word and Object*, Cambridge Mass., MIT Press, 1960 ; Jacques Derrida, "Des Tours de Babel", *Difference in Translation*, éd. Joseph Graham, Ithaca, Cornell University Press, 1985, pp. 209-248 ; R. Kirk, *Translation Determined*, Oxford, Clarendon, 1986.

2 *Translation and the nature of philosophy*, Londres, Routledge, 1989.

> perdominance qui perdure dans l'épanouissement se trouvent inclus aussi bien le "devenir" que "l'être" au sens restreint de persistance immobile.[1]

Cette signification est perdue, dans une large mesure, dans le mot *natura*. Pour A. Benjamin, cependant, Heidegger pose mal le problème. Pour lui le sens d'un mot ne réfère pas à une réalité extérieure. Il pense plutôt que tout mot, et surtout quand il est ancré dans un texte, a une pluralité de significations, et que toute traduction, par conséquent, fait un choix des sens possibles du texte original pour exprimer (recréer) une autre version qui sur certains points rejoindra l'original, mais qui finira par comporter un sens propre. Il y a un jeu non seulement entre le nouveau texte et le texte de départ, mais à l'intérieur même de tout texte il y a un jeu d'interprétations souvent conflictuelles, notion qu'il appelle pluralité différentielle sémantique.

Le deuxième exemple choisi par Benjamin est encore plus proche de nos préoccupations, car il s'agit de la discussion dans une lettre de Sénèque (Lettre 54) sur la traduction du mot grec ουσια par *essentia* en latin. Il avait manqué au latin un mot pour traduire ce terme grec, et c'est pourquoi on avait inventé le mot *essentia*, ou plutôt on avait récupéré le mot qui était tombé en désuétude et on lui avait attribué le sens de ουσια. Voilà un terme spécialement inventé pour les besoins de la philosophie, et pour lequel, selon Sénèque, il n'y avait pas de problèmes de traduction. Mais pour que cela soit vrai, il faut que le signifiant ουσια le signifié ουσια, le signifiant *essentia* et le signifié *essentia* se correspondent exactement, car dans ce cas l'échange de signifiants ne pose pas de problème. Mais comme l'explique A. Benjamin, les choses ne sont jamais si simples : en grec le signifiant το ον avait (au moins dans les textes de Platon) six significations étroitement liées et interdépendantes. En d'autres termes il y avait six signifiés potentiels. Lequel de ces signifiés est indiqué par le signifiant ? Celui qui croit à la possibilité d'une traduction sans problèmes doit nécessairement accepter que sa conception du langage est inscrite dans la singularité et l'unité du signifié et donc compatible avec lui. Pour A Benjamin, donc, ni l'analyse de

---

1 Martin Heidegger, "La Question fondamentale de la métaphysique", *Introduction à la métaphysique*, traduit de l'allemand par Gilbert Kahn, Paris, Gallimard, Collection Tel, 1994, p. 26.

Heidegger ni celle de Sénèque ne réussissent à rendre compte de la traduction, car elles cherchent une simplicité réductrice soit au niveau du signifiant (Heidegger) soit au niveau du signifié (Sénèque).

L'analyse de Benjamin tourne son attention alors vers le petit manifeste de W. Benjamin intitulé "La Tâche du Traducteur", publié en 1923. Universellement reconnu comme difficile, ce texte essaie de réfléchir sur les fondements mêmes de la traduction. Selon W. Benjamin pour comprendre la question centrale posée par la traduction il faut se demander si l'*essence* (Wesen) de l'ouvrage est susceptible d'être traduite. Et il constate que le domaine de la traduction n'est pas celui de la signification, mais bien celui du langage lui-même. La visée de la traduction doit donc être le "rapport réciproque central" entre les langues. Cela ne veut pas dire que les langues sont similaires dans le sens traditionnel du terme :

> Pour saisir le rapport authentique entre original et traduction, il faut procéder à un examen dont le propos est tout à fait analogue aux démarches de la pensée par lesquelles la critique de la connaissance doit démontrer l'impossibilité de la théorie de l'image-copie. Si là on montre qu'il ne saurait y avoir dans la connaissance aucune objectivité, ni même aucune prétention à l'objectivité, si elle consistait en copies du réel, de même ici on peut prouver qu'aucune traduction ne serait possible si, essentiellement et en dernier ressort, elle s'efforçait à la ressemblance de l'original. Car dans sa survie, qui ne mériterait pas ce nom, si elle n'était mutation et renouveau du vivant, l'original se modifie.[1]

La conclusion que tire A Benjamin de son analyse de ce passage est qu'il faut comprendre les rapports entre une traduction et le texte original en dehors de toute idée de *mimesis* ou de reproduction. Et suivant W. Benjamin il situe ces rapports au niveau de l'*essence* de chaque langue. Étrange coïncidence, que les deux penseurs puissent fonder leur définition de la traduction sur une interprétation du mot qui va occuper notre attention plus tard dans ce chapitre. Pour comprendre le terme *essence* dans ce contexte il faut citer W. Benjamin encore :

> Toute parenté supra-historique entre les langues repose bien plutôt sur le fait qu'en chacune d'elles, prise comme un tout, une chose est visée,

1 "La Tâche du Traducteur", . p. 265

> qui est la même, et qui pourtant ne peut être atteinte par aucune d'entre elles isolément, mais seulement par le tout de leurs visées intentionnelles complémentaires : cette chose est le langage pur. (p. 266)

Il explique le terme "visée intentionnelle" à l'aide d'un exemple qui est facile à comprendre :

> Dans "Brot" et "pain", le visé est assurément le même, mais non la manière de le viser. Car en raison de ce mode de visée les deux mots signifient quelque chose de différent pour l'Allemand et le Français, ne sont pas pour eux interchangeables et même, en fin de compte, tendent à s'exclure l'un l'autre, alors que, pour ce qui concerne le visé, pris absolument, ils signifient une seule et même chose. Tandis que la manière de viser est en opposition dans ces deux mots, elle se complète dans les deux langues d'où ils proviennent. En elles, en effet, se complète la manière de viser le visé. (p. 266-7)

L'essence de chaque langue devient "ce qui, dans la traduction, n'est pas à nouveau traduisible". (p. 268) Pour mieux faire comprendre ce qu'il veut dire, il compare l'original et la traduction aux fragments d'une même amphore, ou aux fragments d'un langage plus grand. Cette amphore, ou ce langage pur, ne peuvent pas être reconstitués, et pourtant ils sont reconnaissables comme étant des fragments provenant d'une même source.

Dans un texte aussi riche que celui de W. Benjamin, il est difficile de résumer l'essentiel sans le déformer, mais retenons au moins ce qui nous aidera à mieux comprendre l'activité traduisante de Montaigne en ce qui concerne la philosophie.

Premièrement il ne s'agit pas dans une traduction de ce genre de récupérer le sens de l'original, comme s'il s'agissait d'un bouquet de fleurs enveloppé de son emballage. Il est plus juste de penser à chaque texte, profondément ancré dans le contexte qui lui est propre, mais ayant une parenté étroite avec l'autre texte dans la mesure où il incarne l'expression d'une réalité partagée. L'original et la traduction, chacun à sa manière, essaient d'appréhender cette réalité, (qui est à la fois une réalité conceptuelle et une réalité matérielle).

Épistémologie

Nous croyons avoir déjà suffisamment montré au cours des deux premiers chapitres, que le monde intellectuel, culturel et social de

Montaigne est infiniment éloigné de celui de Sebond. Ce qui se dégagera d'un examen suivi de certains passages de la *Theologia naturalis* c'est que leur manière d'appréhender la réalité n'est pas la même. En d'autres termes leurs idées épistémologiques ont des différences importantes, et leurs conclusions quant au degré de certitude que peuvent atteindre les hommes ont des divergences sensibles. La notion de l'épistémologie est tout à fait primordiale dans le livre de Sebond, car son but est de montrer qu'on peut prouver par le moyen de la raison et de ce qu'il appelle l'expérience, la vérité des dogmes les plus importants de notre religion. Si cette confiance de l'auteur dans la capacité humaine d'arriver à la vérité n'est pas partagée par le traducteur, on risque de voir s'effondrer toute la structure sur laquelle il a bâti sa thèse. Si par contre le traducteur partage entièrement les suppositions de Sebond, alors on peut considérer que Montaigne suit le texte original dans ce qu'il a d'essentiel, et que toute divergence entre sa traduction et l'original se révélera le fruit de différences sur des points de détail, car la méthode d'investigation des deux écrivains reste la même.

Sebond présente sa méthode dans le prologue de la *Theologia naturalis* et surtout dans le premier chapitre. Ces textes, donc, feront l'objet d'une analyse particulièrement minutieuse en vue de déterminer comment Montaigne les aura traduits. Ensuite nous allons nous concentrer sur certains termes clefs dans le texte de Sebond, pour essayer de découvrir comment ils sont rendus dans le texte français. Parmi ces termes on trouvera "certitude" "infaillible" "vérité" "connaître" et "expérience" et on comparera les versions de ces termes offertes par Montaigne pour savoir s'il reste fidèle à l'interprétation indiquée par le latin. Il ne s'agira évidemment pas de prendre des termes ou des mots isolés de leur contexte, mais d'interpréter leur signification dans le texte. Au terme de cette analyse on sera mieux informé sur les différentes approches épistémologiques des deux auteurs.

De tous les chapitres de la *Theologia naturalis*, le Prologue est le texte le mieux étudié, et ceci pour des raisons connues. L'ouvrage de Sebond avait été mis à l'Index librorum prohibitorum de Paul IV en 1559. Quelques années plus tard, en 1564 cette décision a été abrogée pour l'ouvrage entier sauf pour le Prologue. Le traducteur était au courant de ces décisions et il est généralement accepté que c'est la raison pour laquelle il a apporté des modifications à sa traduction du Prologue. Ces modifications ont été signalées entre autres par Joseph Coppin :

> Ce sont précisément les passages du Prologue, qui semblaient accorder trop à la raison naturelle, que Montaigne a corrigés. Il devait connaître les condamnations de l'Index, puisque sur un autre livre, le catéchisme de Bernardino Ochino, il a porté de sa main la mention : *liber prohibitus*. Il a voulu rendre irréprochables les déclarations de son auteur, comme le montre bien la comparaison des deux textes.[1]

Il donne ensuite plus de deux pages d'extraits du Prologue, en soulignant les divergences des deux textes, pour conclure :

> Ainsi, dans la traduction de Montaigne, le Livre des Créatures ne nous apprend plus tout ce à quoi nous sommes tenus, mais seulement *presque* tout, *autant qu'il est possible à la raison naturelle ;* il ne nous enseigne plus *toute* vérité, mais la vérité ; il ne le fait plus *infailliblement* ; il ne nous délivre plus de tout doute, mais de *plusieurs* doutes ; il ne fait plus que *donner accès à l'Écriture,* et la science qui y est contenue est nécessaire *avant toute autre*, mais ne suffit pas.[2]

Et à la page suivante, en guise de conclusion à son analyse du Prologue il fait les remarques suivantes :

> Ces ressemblances et ces différences manifestent l'indépendance de Montaigne vis-à-vis de son devancier, mais confirment que les modifications qu'il a faites sont bien des corrections réfléchies et voulues pour ramener le *Prologue* à l'orthodoxie.[3]

Ainsi pour Joseph Coppin la question est nette. Montaigne a apporté des changements de ce genre seulement au Prologue, et seulement dans un but de faire conformer sa traduction à l'orthodoxie. C'est une thèse assez vraisemblable, mais seulement si les changements apportés au Prologue ne se reproduisent pas ailleurs dans le texte de la *Théologie*. Et si son souci principal était de ramener son texte à l'orthodoxie, n'aurait-il pas été beaucoup plus facile, et en même temps plus transparent, de supprimer le Prologue tout simplement, comme l'avaient fait plusieurs éditeurs du texte latin après la condamnation de 1559. Sans trop entrer dans la spéculation inutile, voyons si les changements apportés au Prologue sont uniques, ou s'il existe des changements analogues ailleurs dans le texte de la traduction.

---

1 *Montaigne traducteur*, p. 67

2 *Ibid.* p. 70.

3 *Ibid* p. 71

Le premier chapitre est celui dans lequel Sebond présente sa thèse et décrit sa méthode. C'est un chapitre long et il a déjà fait l'objet d'une analyse assez détaillée par Jean Porcher, à la fin de l'édition Armaingaud des Oeuvres complètes de Montaigne.

Mais dans le contexte d'une étude de l'épistémologie des deux auteurs on a besoin d'aller un peu plus loin. Le titre en dit assez long :

> Sequitur radix origo principium et fundamentum istius Scientiae.
> De l'eschelle de nature par laquelle l'homme monte a la cognoissance de soy et de son createur.

En effet les quatre mots principaux "radix origo principium et fundamentum" ne sont pas traduits. À leur place on trouve l'échelle de nature par laquelle l'homme monte vers le but. Cela nous suggère que Montaigne rejette la qualité de l'absolu de l'épistémologie de Sebond, pour en faire une notion variable suivant le point de départ du chercheur. La première phrase développe ce thème :

Quia homo naturaliter semper quaerit certitudinem et evidentiam claram. Nec aliter quiescit nec quiescere potest donec venerit ad ultimum gradum suae certitudinis.	Par l'inclination naturelle des hommes ils sont continuellement en cherche de l'évidence de la vérité et de la certitude : et ne se peuvent assouvir ny contenter qu'ils ne s'en soient approchez jusques au dernier point de leur puissance.

Au lieu de chercher la certitude, comme le fait le texte latin, Montaigne dit que l'homme doit chercher l'évidence de la vérité et de la certitude, ce qui affaiblit considérablement la portée de la phrase.[1] Et au lieu d'arriver au dernier degré de la certitude on s'en approcher "jusques au dernier point de leur puissance". Il y a toute la différence du monde entre la recherche de la certitude, et l'effort de s'en approcher le plus possible. L'objectif est bien plus limité, l'ambition atténuée, et au lieu d'un point ultime qu'on doit atteindre, on a une échelle sur laquelle on doit monter le plus haut possible. Si l'objectif à atteindre a changé d'un texte à l'autre, il est clair que les moyens d'atteindre cet objectif devront changer aussi, car la recherche de "la certitude" exige une méthode infaillible puisqu'il s'agit

---

1 Le mot *évidence* a deux sens possibles pour Huguet : "Action de Montrer, de faire voir" et "Action de mettre au jour, publication".

d'une réussite dans le cas où la certitude est atteinte, et d'un échec dans le cas contraire. Mais si l'objectif est de s'approcher le plus près possible de la certitude, le succès est garanti, car il suffit d'atteindre la limite de ses possibilités, ce qui par définition est toujours possible. Ce n'est pas par accident ou à cause des différences dues au fossé qui sépare les deux langues que dès le début de l'ouvrage, dès l'entrée en matière, les données de base sont modifiées. On le verra confirmé tout au long de la traduction dans divers contextes, mais la première phrase de l'ouvrage est celle dans laquelle les paramètres sont définis, et elle donne ainsi le ton au reste de l'ouvrage. Voyons donc si les modalités pour atteindre ces objectifs différents, tels qu'ils ont été définis, sont identiques dans les deux textes.

Et on découvre très vite une différence dans la définition des critères appliqués à la recherche de la vérité :

Virtus autem probationis et causa totius certitudinis oritur ex certitudine et virtute testimoniorum et testium ex quibus de pendet et causatur tota certitudo.	L'authorité de la preuve et la force de la certitude s'engendre de la force et authorité des tesmoins et des tesmoignages, desquels la verité depend :

Ce n'est pas la force de toute certitude, mais de la certitude. De même, cette certitude ne dépend pas de la certitude et de la force des témoins, mais seulement de la force et de l'importance des témoins. Tout comme le but ultime n'est plus la certitude absolue, mais le plus grand degré de certitude possible, c'est la force et l'autorité plutôt que la certitude des témoins qui nous permettent d'atteindre ce but. Si les deux auteurs semblent partager le même point de vue dans la phrase suivante, c'est seulement dans leur conclusion, car ils partent de prémisses différentes :

Et si testes sint ita certi et manifesti et testimonia eorum ita manifesta ut nullo modo possit dubitare nec nobis possint esse magis manifesta et certiora tunc illud quod ex eis probabitur sine dubio erit nobis certissimum manifestissimum et evidentissimum.	Et s'ils sont tels que leurs tesmoignages par leur evidence ne puissent tomber en nul doute, tout ce qu'ils verifieront nous sera tres-certain, tres-evident et tres-manifeste.

On sent l'esprit de l'homme de loi qu'était Montaigne dans cet extrait. Il y a une précision dans sa traduction qui limite la portée de l'argument. C'est seulement "tout ce qu'ils verifieront" qui est certain, tandis que Sebond avait dit "illud quod ex eis probabitur", qui est moins précis. N'exagérons rien dans cette comparaison entre les deux textes. Il ne s'agit nullement d'un détournement délibéré de la part du traducteur pour faire dire à Sebond ce qu'il n'avait pas voulu dire. Il s'agit tout simplement d'une façon de cerner à sa manière les problèmes liés à la certitude. En y regardant de près on peut discerner des différences d'accent, des différences de nuance et de connotation qui rendent le message du texte français différent du texte latin. Ces différences, si minimes soient-elles, s'accumulent pour contribuer à l'individualisation du message de la traduction. Que cette transformation soit perçue comme telle par le traducteur ou non, elle est réelle, et les idées exprimées dans ce premier chapitre seront fondamentales pour le reste de sa traduction.[1]

On peut noter les mêmes tendances tout au long du chapitre. Ainsi "maxime certum est" est traduit par "reste tres bien verifié" ; "de illo maxime certum manifestum et evidentissimum est ipsi homini" par " de tout cela demeurera-il très assuré et très-esclairci". Ce premier chapitre définit la démarche qui sera suivie tout au long de l'ouvrage, tant du côté de Sebond que du côté de Montaigne. On retrouve la même suppression d'une expression de certitude au chapitre 22 : "Immo ista sunt ita certa quod nullo modo possunt dubitari" n'est pas traduit, bien que l'expression qui suit directement pourrait sembler vouloir l'exprimer. Mais il y a plusieurs autres chapitres dans lesquels il est fait mention de ce même problème des moyens de parvenir à la connaissance. Cette question sera traitée dans une mesure plus ou moins importante dans les chapitres 60, 62, 65, 67, 82, 89, 92, 112, 188, 211, 217, et 327.

Le chapitre 60 marque la transition qui lie la section sur les ressemblances entre l'homme et les autres créatures avec la section sur les différences. L'importance de chaque section est soulignée, et bien que le chapitre soit très court, le texte français s'écarte du latin à deux reprises.

---

1 Voir l'article intéressant d'Ian Maclean, "Le païs au-delà : Montaigne and philosophical speculation", *Essays in memory of Richard Sayce*, éd. I. D. McFarlane et Ian Maclean, Oxford, Clarendon Press, 1982, pp. 101-132.

Dans le premier exemple nous ne pouvons guère déceler de différence d'ordre sémantique :

et per istam duplicem comparationem manifestatur nobis natura cujuslibet rei naturaliter quia ipsa est via naturae ista est etiam via intrandi in notitiam cujuslibet rei.	et par ceste double consideration, comme par une voye tres-certaine et tres-naturelle, nous sommes guidez a la cognoissance de chasque chose.

Les mots ont changé, mais dans ce cas il nous semble que la traduction est un très bel exemple de reformulation de la pensée de Sebond. On est tenté de citer "Par divers moyens on arrive à pareille fin", car la traduction, tout en changeant le texte, arrive à exprimer son message de très près. Mais vers la fin de ce petit chapitre il y a une transformation de taille :

Et quia jam vidimus Dei gratia quanta sunt nobis revelata comparando hominem per convenientiam. Nunc videamus quae manifestabuntur nobis comparando hominem ad alias res cum quibus convenit per differentiam. [Et si magna cognovimus per convenientiam magna cognoscemus per	Et attendu que par la grace de Dieu nous avons desja tiré un si grand profit de la convenance qu'il a avecques elles, nous avons grande occasion d'esperer qu'il nous en reviendra encore autant de la difference,
differentiam et magis nobis utilia.] Immo hoc erit complementum totius nostrae cognitionis nobis necessariae ad salutem.	voire en cela consiste le salutaire fruit de nostre congregation et société :

Notons d'abord que les mots "vidimus... revelata" impliquent une distance entre nous, en tant qu'observateurs, et les choses qui nous sont révélées à la suite de la comparaison entre l'homme et les autres créatures : c'est-à-dire que nous faisons d'abord la comparaison, et qu'ensuite plusieurs choses nous sont révélées. Le texte français, en revanche, utilise un seul verbe "tiré (un grand profit)", ce qui a pour effet de fusionner les deux actions qui sont séparées dans le latin. Ainsi l'homme n'attend pas passivement pour voir ce qui va être révélé, mais il tire profit, dans un sens actif, de la comparaison qu'il a faite lui-même, et sans cette action, cette interaction entre l'homme et le monde, les bénéfices ne se manifesteraient pas. Les conséquences épistémologiques sont claires : l'homme n'atteint pas à la connaissance, à la certitude, dans un sens absolu, comme c'est sous-entendu dans le texte latin. Il arrive plutôt à la certitude dans la mesure où il réussit à suivre activement les chemins qui lui sont offerts pour gagner, pour mériter cette connaissance. Il nous semble donc incontestable que même dans un bout de phrase qui ne traite pas directement des principes de l'épistémologie, le texte montaignien fait ressortir la méthode active, dynamique et en même temps empirique et expérimentale d'arriver à la connaissance. Deuxièmement les mots "videamus quae manifestabuntur nobis" sont adoucis considérablement par l'expression "nous avons grande occasion d'esperer qu'il nous en reviendra encore autant". Le latin attend avec confiance de nouvelles révélations, tandis que le français est beaucoup moins tranchant, exprimant l'espoir de connaître plutôt que la certitude de connaître.

Mais c'est dans la partie finale de cet extrait que Montaigne fait les changements les plus importants au texte de Sebond. D'abord il omet deux phrases latines qui soulignent chacune, par l'usage du verbe "cognosco" notre capacité de savoir, d'être certain. Et comme si cela ne suffisait pas, il change entièrement le sens de la dernière phrase. Pour traduire "complementum totius nostri cognitionis nobis necessariae ad salutem", phrase qui reprend les thèmes qu'on a vus exprimés dans le Prologue, il dit "le salutaire fruit de nostre congregation et société". Le changement du nom "salutem" en adjectif "salutaire" ajoute un élément d'ambiguïté au texte, car bien qu'on puisse prétendre que le sens de "salutaire" est ici "ce qui appartient à notre salut", cette interprétation est loin d'être la première qui viendra à l'esprit du lecteur, qui aurait plutôt tendance à prendre le mot comme une qualification du mot "fruit", c'est-à-dire comme synonyme de "bénéfique" ou "heureux". Changement plus fondamental encore, il rend "complementum totius nostri cognitionis" par "nostre congregation et société. Il reste quelque chose du sens de "complementum" c'est-à-dire la totalité de notre connaissance, mais il se cantonne au niveau de la collectivité ou de la communauté, ce qui fait contraste avec le texte latin qui comporte un sens de totalité, de cumul, d'abondance.

Ce petit chapitre fait ressortir des différences profondes dans le système épistémologique des deux textes. Il ne s'agit pas ici de contourner le regard des censeurs, car les changements effectués ne semblent pas provenir de l'imposition d'un nouveau sens qu'on ajoute ou de la suppression d'un sens qu'on retire au texte latin. Le texte est traduit en respectant les mots et le sens général de l'original. Mais la façon de s'exprimer du traducteur est telle que le message de Sebond n'est pas le même que celui qui se dégage du texte français. Les résonances sont différentes, le contexte intellectuel est différent, et par conséquent l'essentiel de son message est différent. Ces différences apparaissent à deux niveaux. Premièrement il y a le fait que Montaigne effectue souvent des changements évidents, comme la suppression d'une ou plusieurs phrases, ou l'emploi d'un mot ayant un sens tout à fait différent du sens du latin. Ces transformations sont faciles à voir, et l'on peut y observer une volonté évidente de modifier le texte latin dans certains cas, ou simplement un effet de style, selon le contexte dans lequel elles apparaissent. Mais il nous semble que les changements qui se trouvent ancrés dans le texte de Montaigne, et qui ne se révèlent qu'après une analyse minutieuse, sont peut-être plus significatifs. En effet ils nous permettent d'avoir accès aux intentions, non pas de l'auteur (traducteur), mais aux intentions du texte dans le sens des visées intentionnelles de Walter Benjamin. Ils sont donc dans un sens encore plus révélateurs du message contenu dans le texte que les changements superficiels qu'on peut repérer tout au long de la traduction.

Le chapitre 65 traite d'un aspect particulier de l'intelligence : l'affirmation et la négation. Ce thème est intimement lié à celui de la certitude et de la connaissance, car il s'agit de tirer un certain nombre de conclusions d'une première constatation, suivant les lois de la logique. On ne doit pas attendre longtemps pour rencontrer des divergences entre les textes. On a d'abord l'affirmation de principe :

quia per affirmare omnia intrant intellectum et per negare refutantur.	Or d'autant que l'entree et l'advenuë de nostre intelligence, c'est la creance et l'affirmation.

Montaigne change l'ordre des mots, ramenant au début de la phrase française l'extrait qui se trouvait au milieu de la phrase latine. Ce déplacement sert à accentuer son importance pour le traducteur. Il faut noter aussi que le changement des verbes "affirmare" et "negare", ainsi que de "intrant" et "refutantur" en substantifs a pour effet de changer la portée de la phrase. L'emploi des mots "l'entree et l'advenuë" sert à rattacher les notions plus directement à l'homme que ce n'est le cas dans le latin, car le lecteur aura tendance à imaginer l'approche d'un logement humain. Le traducteur reprend la petite phrase qu'il avait employée vers le début du chapitre : "voila le premier huis de la maison franchi". Il y ajoute maintenant l'entrée et l'avenue. Les notions abstraites et universelles du latin deviennent de ce fait concrètes et personnelles tout comme les mots "la creance et l'affirmation" rendent plus personnelle l'activité intellectuelle de l'homme. Cette activité s'incruste dans l'activité normale et quotidienne de l'homme là où elle avait un caractère détaché dans l'expression abstraite du latin. La conséquence au niveau de la pensée est claire. L'homme du texte français prend un rôle actif dans la démarche épistémologique ; il ne sert pas de moyen, d'instrument dans lequel s'opère la pensée. Tout au contraire il agit sur elle, la dirige et la fait dépendre de sa personne. Elle est dans une certaine mesure (sans exagérer) individualisée plutôt qu'universelle, et agissante plutôt qu'abstraite et détachée.

La suite de ce chapitre fait preuve d'un intérêt tout particulier de la part de Montaigne. Sa traduction vise à donner vie à l'abstraction, et en même temps elle ajoute des gloses qui expriment le point de vue du traducteur qui est surimposé à celui de Sebond :

et ideo maximum periculum est affirmare vel negare hoc in illis rebus quae tangunt bonum vel malum hominis inquantum homo est.	il nous faut prendre garde bien soigneusement à l'approbation ou refus que nous avons à faire des premieres choses qui s'offrent à nostre imagination : puis que par là nous lions et obligeons la liberté de nostre entendement : principalement en celles qui touchent le bon heur ou mal-heur de l'homme, entant qu'il est homme :

Plus de deux fois plus long que le latin, le texte français ajoute des précisions sur la nature de l'affirmation et de la négation. En effet il s'agit surtout du danger "des premieres choses qui s'offrent à nostre imagination". C'est une approche qui est différente de celle de Sebond, car c'est une mise en garde contre les dangers des idées nouvelles qui seraient trop vite acceptées. On voit très bien pourquoi Montaigne adoptait une attitude pareille, à cause de ce qu'il appellera plus tard "les nouvelletez de Luther". Il voit les dangers de la nouveauté qui sont exprimés implicitement dans le texte de Sebond, et il les rend explicites dans le français. C'est un exemple de l'expansion du texte original pour en extraire un aspect sémantique qui n'était qu'en germe dans l'original. Mais au-delà de ce développement, Montaigne ajoute une autre mise en garde, encore plus fondamentale que la première : il semble conseiller au lecteur de n'adopter aucune opinion définitive, aucune pensée ou idée importante sans beaucoup y réfléchir, car toute notion adoptée implique nécessairement des conséquences qui en découlent, et qu'on ne voudrait pas forcément accepter si elles se présentaient indépendamment. Ce serait peut-être ici déjà le début du scepticisme qui remplit les pages des *Essais*. Montaigne dans ce cas élargit le champ d'application de l'idée qui dans le texte latin s'appliquait seulement à ce qui touche au bonheur ou au malheur de l'homme, pour l'étendre à toute l'activité intellectuelle. Ce faisant il impose sa propre perspective épistémologique sur le texte beaucoup plus précis et plus limité du théologien.

Dans le chapitre 112 il y a une variation intéressante sur le thème de la connaissance et de la certitude. Le sujet en est la dette et l'obligation de l'homme envers Dieu. Les conséquences de notre étude de ce sujet sont clairement exprimées par Sebond :

Et ideo si volumus habere veram et infallibilem certitudinem de omnibus illis quae homo obligatur Deo reddere necesse est semper recurrere ad ipsam obligationem quoniam ipsa est radix fundamentum et origo ac lumen indeficiens ad	Parquoy toutes fois et quantes que nous aurons à nous esclaircir de quelque doute concernant nostre payement recouron à la nature de la debte. C'est une infaillible lumiere esclerant perpetuellement nos pas au service de Dieu et à nostre devoir envers luy, c'est la racine et le fondement sur lequel se bastist la science de ce que

cognoscendum quid homo debeat facere et dare Deo.	nous devons donner et payer à nostre createur.

Voilà une constatation bien directe et sans ambiguïté. Mais la traduction ne suit pas l'argument du latin. D'abord il y a la "veram et infallibilem certitudinem" de la phrase conditionnelle, qui est traduite par Montaigne tout simplement par "nous esclaircir de quelque doute", expression bien plus faible et hésitante que celle de Sebond. C'est le genre de changement qu'on a déjà vu dans le prologue et dans quelques autres chapitres. C'est comme si le traducteur hésite devant toute expression de certitude, quel que soit le contexte, et qu'il ressent la nécessité d'atténuer sa portée. Mais l'on pourra objecter que le mot "infaillible" se trouve quelques lignes plus loin dans le texte français, et qu'ainsi, par un effet de compensation, le français reprend toute la force du latin. Il est vrai que le mot "infaillible" est employé pour traduire "indeficiens", qualifiant la lumière qui nous guide et qui nous éclaire. Mais l'objet de la lumière dans le texte français est seulement de nous "esclaircir de quelque doute", et de cette façon l'affaiblissement de la première partie de la phrase gouverne tout le reste du passage. Le but visé est plus modeste dans le texte français, et on peut donc sans hésitation utiliser des expressions positives et même superlatives pour le catégoriser. La démarche du traducteur semble être moins volontaire que dans le Prologue, où les changements sont bien plus délibérés. Ici il semble que l'hésitation devant toute expression trop affirmée d'une certitude quelconque s'empare du traducteur et le pousse à l'atténuer, bien que le sujet (dans ce cas notre obligation envers Dieu) ne soit pas polémique. La méfiance envers toute certitude semble être devenue partie intégrante de l'expression du texte français.

Cette attitude peut être identifiée un peu partout dans la traduction, mais sous des formes diverses. Prenons comme exemple le chapitre dans lequel Sebond prouve que Dieu est l'auteur de la Bible, chapitre 211. Pour le théologien il s'agit de déterminer si nous pouvons savoir "cognoscere" que les paroles de la Bible sont celles de Dieu, et il envisage la réponse à cette question à la manière d'un fait absolu, ou d'un problème mathématique. La réponse va enfin être irréfutable, tout comme la réponse à la question deux et deux font combien ?

> Ideo inquiramus si poterimus cognoscere si dictus liber et verba et dicta quae ibidem continentur sint Dei vel hominis creaturae vel creatoris.

Montaigne formule le problème autrement :

> Regardon et consideron de pres, si par quelques signes ou marques nous pourrons descouvrir son autheur, et juger de quelle main il a esté tracé, divine ou humaine, créee ou creatrice.

Son approche est empirique et bien plus expérimentale que celle de Sebond. Plutôt que de "savoir" quelque chose, il a pour but de découvrir "par quelques signes ou marques" si la Bible contient la parole de Dieu. Mais allié à cette hésitation devant la notion de certitude absolue, on remarque une sorte de mépris pour la démarche rationnelle elle-même, comme le fait ressortir l'extrait suivant provenant du même chapitre. Sebond esquisse les deux manières de parler, soit à partir d'une position d'autorité soit celle qui se fonde sur la raison. De la seconde manière il dit tout simplement :

> Alius est dicere et loqui cum probatione cum argumentis et rationibus.

phrase que Montaigne traduit et qu'il développe dans le sens de son propre sentiment :

> L'autre sorte de parler par preuve, et de persuader par argument est plus convenable à la foiblesse et subjection de la nature humaine.

Ce genre d'addition fait partie de toute traduction à l'époque, et elle n'a rien de choquant pour les lecteurs de la Renaissance, accoutumés aux gloses, aux explications et aux modifications du texte original par son traducteur. Mais dans cet extrait on voit s'épanouir la pensée d'un écrivain qui est déjà en train de former ses opinions au fur et à mesure qu'elles s'opposent à celles du théologien espagnol. Ainsi là où il avait commencé par un désir de faire conformer sa traduction à l'autorité religieuse, désir qui se réalise dans ses modifications au Prologue, il se transforme en un écrivain qui peu à peu s'éloigne des idées de son texte de départ dans certains domaines, et pas des moindres.

Il y a toutefois une exception à son attitude sceptique envers la vérité. Dans les chapitres où il est question de l'autorité de la Bible, Montaigne se montre encore plus absolutiste que Sebond. Comme on l'a déjà constaté, le mot "infallibilis" est normalement traduit par Montaigne par un mot moins fort, surtout quand il s'agit de questions épistémologiques. Mais il emploie le mot "infaillible" en parlant de la Bible à plusieurs reprises, même quand le mot n'apparaît pas dans le texte latin. Ainsi il l'emploie deux fois au cours du chapitre 211, dont on vient d'analyser quelques extraits. Un exemple montrera comment son langage dans ce contexte fait contraste avec sa façon de parler de la certitude en général :

> Ainsi concluon que la solide verité et certitude infaillible de la Bible, surpasse la certitude et verité de toute autre science, à raison que le createur surpasse la créature en toute excellence, et que l'authorité de Dieu est au dessus de toute humaine suffisance, c'est à dire, hors de toute proportion et comparaison.

Comparons ce langage au texte latin, bien plus précis et moins enthousiaste :

> Et exinde sequitur quod magis sunt credibilia verba et dicta Bibliae et magis vera et solida et firma et ab omni dubitatione remota quam alia verba aliorum librorum de tanto de quanto auctoritas Dei loquentis excedit et superat omnes rationes omnes argumentationes et omnes probationes omnium aliorum librorum qui sunt hominum. Immo nulla est comparatio.

Il est clair que Montaigne ajoute plusieurs éléments qui ne sont pas exprimés dans le texte latin. Et d'abord il ne traduit pas "alia verba aliorum librorum" littéralement, mais par la généralisation "toute autre science", qui est à la fois plus général et plus frappant, car il ne garde pas la notion que la Bible est un livre que l'on pourrait comparer à d'autres livres, mais qu'elle surpasse tout ce qui est connu de l'homme. Et quand Sebond résume la sagesse humaine dans la phrase "omnes rationes omnes argumentationes et omnes probationes omnium aliorum librorum qui sunt hominum", phrase qui est censée avoir des connotations positives, Montaigne la réduit tout simplement aux trois mots "toute humaine suffisance", qui sont loin de reproduire le contenu sémantique du latin. De même, le français accentue l'aspect de certitude et de supériorité de la Bible. Là où dans le texte latin elle est "magis credibilia… . magis vera et solida et firma et ab omni dubitatione remota", Montaigne introduit la notion de certitude tout de suite : "la solide verité et certitude infaillible de la Bible, surpasse la certitude et verité de…" Il ne s'agit pas ici d'une mauvaise traduction ou d'essayer de faire dire au texte latin ce qu'il ne dit pas, mais on ne peut pas ne pas être frappé par l'enthousiasme du langage de Montaigne dans ce contexte dans lequel il s'agit de la Bible, quand on le compare à sa réticence dans toute discussion de la connaissance humaine. Ce qui nous intéresse particulièrement dans son langage c'est le fait qu'il choisit parfois d'adopter certains mots qu'il évite dans d'autres contextes, et que ces choix et ces omissions contribuent à changer la portée de son texte par rapport au texte de Sebond.

Finalement prenons un petit extrait du chapitre 62, dans lequel Montaigne, pour une fois, semble avoir traduit presque mot à mot l'expression de Sebond concernant la connaissance :

quia haec est clavis et secretum totius verae cognitionis et naturae humanae et totius boni.	C'est icy la clef et le secret de la vraye science du bien et parfaite cognoissance de nostre nature.

A première vue on croirait qu'il s'agit d'une traduction exacte, presque littérale. L'expression "clavis et secretum totius verae cognitionis" est traduit, ce qui n'est pas toujours le cas, comme par exemple dans le chapitre 63, où il ne la traduit pas. Avec cette modification pourtant : "totius" est rendu par "la vraye", ce qui atténue le sens de la phrase. Il est aussi intéressant de voir comment "totius boni" devient "du bien", petit changement qui va dans le même sens, et qui limite la portée de l'expression latine. Ces changements subtils pourraient bien passer inaperçus, et l'on pourrait même objecter qu'ils sont minimes et sans importance, mais quand on les considère dans le contexte de l'ensemble des modifications effectuées par le traducteur on voit très clairement qu'ils contribuent à façonner la globalité du schéma sémantique du texte français.

Le Prologue n'est donc pas le seul chapitre de la *Théologie* dans lequel Montaigne s'éloigne de la pensée de Sebond, loin de là. Nous avons cité plusieurs autres passages de la traduction dans lesquels nous constatons certes des différences de détails, mais surtout une différence d'approche intellectuelle. La certitude dont le texte du théologien est infusé à tout moment, se trouve atténuée, parfois même transformée en expression de doute, dans la traduction de Montaigne. Ces modifications ne proviennent pas seulement du souci de se conformer à une orthodoxie quelconque. Elles sont bien plutôt la conséquence d'une approche plus personnelle et plus empirique du traducteur, qui voulait rendre, à sa manière, les idées de Sebond. Il a certainement beaucoup réfléchi sur le contenu du texte qu'il traduisait, et son texte à lui est le fruit d'un processus de filtrage par lequel il a réussi à exprimer sa propre formulation de ce que disait Sebond.

Logique

Un deuxième aspect de la philosophie qu'on peut voir modifié à travers la traduction c'est la logique, le processus même par lequel les deux auteurs conçoivent leur démarche intellectuelle. On a suffisamment signalé dans d'autres études la suppression des petits mots appartenant à la causalité, des mots comme "quoniam autem", "quia", "igitur", "sequitur" etc qui jalonnent le texte sebondien.[1] L'abandon de la grande majorité de ces mots relève en partie du désir du traducteur d'éliminer la constante répétition qui caractérise le texte de Sebond. Tout traducteur à l'époque de l'humanisme en aurait fait autant. Mais il y a aussi certainement un élément de divergence plus globale dans la façon de raisonner des deux écrivains. L'élément de base du raisonnement scolastique c'est le syllogisme, moyen nécessaire par lequel toute conclusion s'impose. La logique scolastique est le reflet parfait du système qui l'a créée : elle permet, par moyen de toute une série de raisonnements d'accéder à certaines vérités sur la religion, sur la vie, et sur l'homme. En suivant bien les règles de la logique, le philosophe et le théologien peuvent prouver le bien-fondé des articles de la foi, et arriver à des définitions en ce qui concerne la vie morale, la vie sociale et la vie intellectuelle de l'homme. Mais c'est un système clos, qui dépend en grande partie de l'enseignement de l'Église et de ses officiers et théologiens, et qui accepte une certaine vision du monde comme point de départ de toute argumentation. Cette vision, comme on l'a déjà suggéré au chapitres précédents, a totalement changé au cours des 130 ans qui séparent les deux textes, et par conséquent la démarche intellectuelle par laquelle on essaie d'établir les éléments d'un système de pensée a aussi changé, et la logique sebondienne (qui prétend être en mesure de tout prouver par la raison) n'est plus adéquate dans le monde des années 1560.

Mais, dira-t-on, le traducteur n'a pas la liberté de changer tout un système dans le texte qu'il traduit, car il est censé suivre la pensée et la

---

1 Voir par exemple Mireille Habert, "L'inscription du sujet dans la traduction par Montaigne de la *Theologia Naturalis*", *Montaigne Studies*, vol. V, no. 1-2(1993), pp. 27-47 ; Philip Hendrick, "Traduttore traditore : Montaigne et Sebond" *Montaigne, Apologie de Raimond Sebond, De la Theologia à la Théologie*, éd. C. Blum, Paris, Champion, 1990, pp. 139-165.

démarche de son texte de départ. Pour une bonne partie de sa traduction, Montaigne respecte la logique de Sebond, mais il a quand même à sa disposition certains moyens linguistiques et techniques pour créer sa propre expression d'une causalité qui est bien moins schématique, bien moins contrainte par les règles de la logique scolastique, et bien plus fluide que celle du texte latin. En dehors des enchaînements logiques dont on vient de parler, il y a deux autres procédés qui permettent au traducteur de modifier l'expression de la causalité dans son texte : le changement dans l'ordre des mots, et le déplacement des prémisses des syllogismes pour rendre plus claire la logique de l'argument. Quelques exemples de chaque procédé suffiront pour illustrer la démarche du traducteur.

La modification de l'ordre des mots est l'une des caractéristiques les plus constantes de la *Théologie naturelle*. Nous aurons l'occasion d'en reparler dans notre cinquième chapitre, mais pour l'instant nous allons considérer comment elle contribue à l'expression logique de la traduction de Montaigne. Le dixième chapitre en particulier est un chapitre qui est plein de formules relevant de la logique. Dans un chapitre court (259 mots) on relève une vingtaine de mots qui servent d'enchaînements logiques : "quia... ergo... cum... per consequens... Ergo sequitur... Quare sequitur... Quia... Quoniam... tunc... . quia... Quia... cum... Sequitur necessario... Ergo... Ergo... quia... Ergo. C'est donc un chapitre qui est vu par Sebond comme étant disposé d'une façon claire et logique. Au milieu du chapitre, Montaigne introduit un changement dans l'ordre des mots. Après plusieurs phrases qui toutes contribuent à prouver le bien-fondé de son argument, Sebond déclare :

> Sequitur necessario quod in Deo est esse vivere sentire et intelligere non sunt conjuncta

Montaigne traduit cette phrase par : "Ces choses sont en Dieu sans cousture", mais il la place vers le début de la série de phrases qui sont censées mener à cette conclusion. Simple remaniement en vue de rendre plus clair le texte ? Sans doute cela est-il en partie vrai, mais l'on peut en déduire une tout autre conclusion. La confiance que Sebond met dans la force de la logique pour prouver sans le moindre doute les grandes vérités de la religion n'est pas partagée ici par son traducteur. En plaçant cette petite phrase au début de la séquence, Montaigne rend caduque la série de déductions logiques du texte latin. Pour lui, l'unité de Dieu est une donnée qu'on accepte sans la questionner, car cela fait partie intégrante de la Foi. Ce n'est pas le genre de vérité qui est susceptible de vérification par la logique, et c'est pourquoi il change la disposition de son texte en vue de se distancer de l'optimisme naïf du théologien.

Le chapitre 81 présente un autre aspect de ce phénomène. Cette fois Montaigne change l'ordre des mots pour exprimer plus clairement l'argument sur l'excellence de la Foi. Le texte latin est moins bourré d'enchaînements logiques que le chapitre que nous venons d'analyser. Il contient seulement trois "ergo" et un "quoniam", tous vers la fin du chapitre. Le reste du texte est dominé par une série d'"etiam", c'est-à-dire que l'argument de Sebond est un argument qui cumule des prémisses qui mènent inévitablement à une conclusion *a fortiori*. Ce n'est donc pas le syllogisme classique. Pourtant Montaigne modifie sensiblement l'ordre des mots dans cette série, de sorte qu'elle se conforme plus volontiers aux lois de la logique. On est obligé de citer le passage en entier pour illustrer cette observation :

> Etiam pro confirmatione et veritate fidei Christianae quamplures mortui et martyrisati sunt voluntarie. Oppositum vero fidei non est praedicatum neque annunciatum per universum orbem cum comminatione poenae aeternae neque cum promissione vitae aeternae neque etiam pro sustinendo oppositum fidei mortui sunt plures et devoti viri. **Etiam in ipsa vixerunt infiniti homines nobiles et magnates laudabiliter et mansuete usque in** plura alia reddunt homines

> Pour le tesmoisgnage de sa verité beaucoup d'hommes excellens ont couru tres-volontairement à la mort et au martyre. **Un nombre infiny de personnes nobles et grandes en tout qualitee ont passé leur vie heureusement et vertueusement sous ceste foy.** Au contraire, son opposite n'a esté ni publié ni presché par tout le monde : nul à faute de le croire ne nous menace du dernier supplice, ni ne nous promet pour le croire la vie eternelle : il n'est pas mort pour le maintenir, un grand nombre de devotes personnes. Toutes ces considerations rendent les infidèles inexcusables.[1]

1 La phrase déplacée est en caractères gras.

> non credentes neque
> affirmantes fidem
> Christianam inexcusabiles
> et culpabiles.

Il s'agit du jugement de chaque écrivain quant à la meilleure façon de présenter l'argument. Sebond préfère établir l'opposition dès le départ, en esquissant l'opposition : "Etiam... Oppositum". Ce n'est que plusieurs lignes plus loin qu'il parle des bons : "Etiam in ipsas vixerunt..." La force de l'argument est basée sur la juxtaposition des valeurs opposées, suivant le dicton "Opposita juxta se posita magis elucescunt". Mais en traduisant, Montaigne regroupe tous les éléments positifs, et il juge préférable de placer la phrase "Un nombre infini de personnes..." tout de suite après la première phrase. Le contraste est moins immédiat, mais il gagne en symétrie ce qu'il perd en impact immédiat. La traduction de Montaigne est un meilleur exemple de la phrase bien écrite (bene dicta) suivant ses maîtres anciens que celle de Sebond, plus proche des pratiques de l'école scolastique.

Cet aspect de la logique des deux textes est peut-être moins évident que d'autres éléments que nous venons de signaler. Il contribue pourtant a creuser le fossé qui sépare le discours des deux écrivains. Sur le plan de l'épistémologie, de la causalité et de la logique, il est clair qu'il y a un écart considérable entre Montaigne et Sebond, et que cet écart ne peut manquer d'avoir des effets sur la traduction. En effet toute traduction, même quand il s'agit d'une traduction fidèle, amène toujours des modifications inévitables au texte traduit. Quand des différences d'approche à la matière des textes viennent s'ajouter à l'acte de traduire, les différences et les écarts entre le texte de départ et le texte traduit s'intensifient.

Métaphysique

Il y un autre sujet où la perspective du traducteur est différente de celle de Sebond, et elle est visible dans toute la section qui traite de la métaphysique au début de la *Théologie*. Nous allons prendre en considération tout particulièrement le problème de Montaigne pour traduire dans sa langue des termes qui ne s'y trouvaient pas bien établies, et plus précisément les termes *esse* ou *existentia* et *essentia*, qui sont traduits diversement par “estre” et “essence”. Ces termes sont le fondement de toute métaphysique au moyen âge, et ont été le sujet de controverses à toutes les époques. Le texte de Sebond, tout en étant un mélange intertextuel de maintes sources diverses, englobe néanmoins une certaine idée reçue de l’usage de ces termes. Voilà un problème de taille pour le traducteur. Peut-il accommoder ces termes dans la langue française ? Si oui, lui faut-il adopter un système nouveau pour le faire, car le terme “existence” n’existe pas encore.[1] Pour compliquer les choses, le mot “essence” est quelquefois employé dans le sens de “existence”.[2] Si non, Montaigne peut-il traduire comme si ces distinctions n’avaient aucune importance ? Ce faisant il négligerait une partie importante du système philosophique qu’il est en train de traduire en français.[3] Regardons quelques exemples précis qui nous aideront à résoudre ce problème.

La présence des deux mots *existentia* et *esse* nous permet de mieux mesurer l’exactitude de la traduction de Montaigne dans cet exemple tiré du chapitre 17 :

<table>
<tr>
<td>Et quia esse Dei est
nobilius et dignius quam
esse mundi quod est
productum de nihilo.
Ideo sequitur quod nobilius
et dignius esse habet
mundus in Deo sine aliqua
comparatione quam in
propria existentia et
natura. Quia in propria
de nihilo productum. Et in
Deo habet esse aeternum
quod nunquam habuit non
esse.</td>
<td>Et d’autant que Dieu est
plus parfait et plus digne
que l’estre du monde qui a été
produit de neant,
d’autant est plus excellent
et plus noble sans
comparaison le monde, en
l’essence de Dieu, où il est
eternel, esloigné de tout
non estre, qu’il n’est en sa
propre essence et
particuliere nature.</td>
</tr>
</table>

1 Mais voir Coppin, p 71, qui cite la traduction de 1519 et l’emploi du mot *existence*.

2 Voir Huguet.

3 Le mot *esse* apparaît plus de 75 fois dans les dix premiers chapitres, tandis que le mot *essentia* apparaît une seule fois au cours des 49 premiers chapitres.

On peut voir tout de suite l'hésitation de Montaigne à se servir de termes techniques : "esse Dei" est traduit simplement par "Dieu", comme s'il était superflu de traduire "esse". Mais il est clair que le texte latin parle ici du fait de l'existence de Dieu et du fait de l'existence du monde, et non pas de leur essence. Le latin emploie *esse* cinq fois dans ce court extrait, et *existentia* deux fois. En traduisant, Montaigne se sert du mot "estre" deux fois, et du mot "essence" deux fois. L'emploi du mot "estre" nous semble tout à fait approprié pour traduire "esse", mais un problème surgit avec l'emploi du mot "essence", qui, en français, possède deux significations. En choisissant ce mot, Montaigne devait être conscient de cette ambiguïté, et à notre avis il a délibérément laissé planer le doute sur le sens précis de la phrase. Cela ne veut pas dire qu'il ait décidé d'en fausser le sens, mais plutôt qu'il a choisi de ne pas prendre en considération la distinction (peut-être trop abstraite et trop subtile, en un mot trop philosophique à ses yeux) qui avait été si importante pour les scolastiques.

Il est important à ce point de bien comprendre la situation de la langue française en ce qui concerne la métaphysique au seizième siècle. Selon Brunot, tout ce qui avait été écrit sur ce sujet se limitait au domaine de la traduction.[1] Plusieurs écrivains, dont Le Roy et Ramus, avait traduit des ouvrages de métaphysique, mais pour la plupart ils s'étaient bornés à traduire les Anciens, dont la terminologie était différente de celle des scolastiques. Montaigne était donc en toute probabilité le premier à traduire un texte philosophique de l'école scolastique en français. D'ailleurs qui aurait pensé le faire à part lui, car ces textes restaient des manuels d'école qu'on lisaient en latin dans tous les séminaires, les écoles et les universités. Pour bien situer le travail de Montaigne dans ce domaine il convient de lire ce qu'a écrit Scipion Du Pleix en 1610 sur la langue de la métaphysique en France. Après s'être moqué un peu des distinctions et des querelles trop subtiles, à son avis, qu'il faut "laisser alterer dans le poucier des escholes", il finit par avouer qu' "Il est donc certain qu'il y a notable difference entre l'existence et l'essence des

1 Ferdinand Brunot, *Histoire de la langue française des origines à 1900,* t. 2, Paris, Armand Colin, 1906, pp. 68-71.

choses". Mais selon lui il est difficile d'exprimer cette distinction en français :

> Mais pour le mieux entendre il faut observer qu'en nostre langue Françoise nous n'avons point de terme qui responde energiquement au Latin *existentia*, qui signifie la nüe entité, le simple et nud estre des choses sans considerer aucun ordre ou rang qu'elles tiennent entre les autres. Mais le mot *Essentia*, que nous pouvons bien dire *Essence*, marque la nature de la chose, et par ainsi quel ordre ou rang elle doit tenir entre les autres choses...[1]

Voilà donc une distinction bien établie, et pour l'exprimer on cherche un vocabulaire adéquat. Mais il faut noter ce qu'a dit Du Pleix : "nous n'avons point de terme qui responde *energiquement*", c'est-à-dire que le mot "existence", étant un néologisme, manque de vigueur et d'énergie pour exprimer le dynamisme de l'opposition qui avait été à l'origine de tant de débats et de querelles au cours des siècles. Cependant, quelques pages plus loin, l'auteur émet un caveat en ce qui concerne l'usage des termes dont il vient de parler :

> Or combien que cette difference soit entre l'existence et l'essence de toutes les creatures : si est-ce qu'il se faut bien donner garde de l'estendre jusques au createur : d'autant que luy seul estant un acte tres-pur, tres-simple, exempt de toute composition et ne dependant d'aucune cause ou principe, en luy seul aussi l'existence et l'essence est une mesme chose : tout ce qui est en luy est Dieu, indivisible, eternel, infini et incomprehensible, comme il sera monstre plus à propos et plus amplement en son lieu.[2]

La distinction entre essence et existence ne doit donc pas s'appliquer à Dieu, et nous voilà de nouveau ramenés au texte de Montaigne qui, précisément, refuse de reconnaître aucune différence entre *existentia* et *essentia*. Il nous semble que la distinction était trop subtile, trop abstraite et trop artificielle pour que Montaigne estime nécessaire de la reproduire dans sa traduction. Ce qu'il fait ici il le refait à plusieurs reprises au cours de la *Théologie naturelle*, évitant autant que possible d'entrer dans des

---

1 Scipion Du Pleix, *La Métaphysique, ou science surnaturelle,* Paris, Dominique Salis, 1610, p. 120.

2 *Ibid* p. 124

débats purement scolaires et sans utilité pour ses lecteurs.[1] En cherchant bien dans le reste de la traduction, nous avons découvert que Montaigne emploie indifféremment les mots “essence” et “estre” pour traduire *essentia, esse* et *existentia.* Cette inexactitude est systématique et universelle, et proviendrait probablement du fait que Montaigne, bien qu' élevé dans les meilleures traditions de l'enseignement classique, ne se souciait pas d'étudier les minuties de la philosophie scolastique. Il reste pourtant vrai que même si l'inexactitude de Montaigne dans ce domaine peut choquer des lecteurs accoutumés à la précision dans l'emploi de termes philosophiques, nous ne pouvons pas tirer de conclusions sur le choix éventuel et délibéré du traducteur de fausser le sens du texte de Sebond.[2] Le flou absolu qui règne dans son usage de ces termes est tel qu'il nous est impossible d'y voir autre chose qu'un manque d'intérêt, un désir de ne pas ennuyer ses lecteurs ou ses lectrices, et aussi peut-être un exemple de l'incapacité de la langue française à cette époque de reproduire la richesse et l'exactitude du champ sémantique du latin scolastique. Mais ce manque de souci d'exactitude montre le degré d'indépendance de Montaigne vis à vis de son texte de départ. Sa priorité absolue est de créer un texte, un discours lisible, à la portée de son public, et qui reflétera en même temps une bonne dose de sa propre pensée. Ainsi même si nous ne pouvons guère construire, à partir de son manque d'exactitude dans le domaine philosophique, une théorie selon laquelle il aurait délibérément faussé le sens de Sebond, nous pouvons très bien extrapoler à partir de ce fait pour proposer l'hypothèse d'une plus grande indépendance du traducteur et d'une volonté de création originale, sans obligation de suivre à la lettre la pensée de Sebond.

---

1 Nous ne saurions accepter l'argument de Jean Céard selon lequel l'incertitude qui règne à l'époque sur le sens des mots rend tout débat sur leur signification invalide. Comme nous l'avons déjà constaté, tout est significatif dans la traduction, tout est susceptible d'interprétation. Il nous semble que la lecture des pages de Gilson dans *L'Être et l'Essence* est loin de résoudre ce débat. Il est certain qu'il y avait des controverses interminables sur le sens de *essentia* et *existentia*, au moyen âge et après, et qu'il nous est difficile d'arriver à un jugement définitif et certain à quatre ou cinq siècles d'intervalle.

2 Notre interprétation dans un article récent “Traduttore traditore” a été peut-être excessive quant au détail. Nous en défendons, bien sûr, l'essentiel.

Psychologie

Si l'étude de l'aspect métaphysique de la traduction nous oblige à rester dans le domaine de l'hypothèse, il n'en est pas ainsi de la psychologie. Au Moyen Âge le système de la philosophie comportait ce que nous considérons aujourd'hui comme une science à part - la psychologie. Nous allons donc la traiter dans ce chapitre, tout en restant conscients du fait que certaines notions avaient changé de façon notable entre le temps de Sebond et celui de Montaigne. Elles ont changé bien évidemment encore plus au cours des siècles qui ont suivi l'époque de Montaigne.

Joseph Coppin a identifié les chapitres sur certains sujets comme ayant des qualités littéraires :

> Les chapitres... [qu'il] a traduits le plus brillamment, ce sont ceux qui replacent l'homme dans l'univers et montrent ses rapports avec tous les êtres, ceux qui traitent du bien moral de l'homme et du grand devoir de l'amour ; ceux qui exposent les maux issus de l'amour-propre ; ceux qui parlent de la pénitence ou du mariage.[1]

Cette liste correspond, pour la plupart, à ce que nous préférons appeler la psychologie. Coppin précise les qualités qu'il admire :

> Ainsi, entre les mains de Montaigne, le texte s'anime : les objets matériels prennent une âme ; les êtres spirituels et même les pures idées prennent un corps. L'intelligence, qui est en Dieu la qualité maîtresse, impose sa forme aux autres attributs.[2]

Nous ne saurions critiquer ce jugement, qui correspond tout à fait à notre appréciation de la traduction. Mais il nous semble qu'il faut aller plus loin et essayer d'en tirer des conséquences en ce qui concerne la nature de la traduction que Montaigne a faite de ces chapitres. C'est en poussant plus loin l'analyse entamée par Coppin que nous serons en mesure d'apprécier l'écart qui sépare le discours de Montaigne de celui de Sebond. Ce ne seront pas seulement les ornements superflus et la vie et le dynamisme de sa traduction, pour admirables soient-ils, mais le fond même de leur conception de l'homme et du monde qui se dégageront de

---

1 *Montaigne traducteur*, p. 97

2 *Ibid* p. 95

cette étude comparative. Quelques exemples suffiront pour illustrer l'importance de cet aspect de la traduction.

Les deux chapitres 127 et 128 présentent le thème de l'unité de l'homme qui, à l'image de son créateur, doit être considéré comme digne d'amour. Il n'y a pas de désaccord entre les deux écrivains sur ce sujet, mais il y a certainement une différence dans la présentation du sujet, si bien qu'on peut voir l'émergence d'une vue indépendante de la part du traducteur. Prenons la petite phrase de Sebond : "magis illi unitur", que Montaigne traduit ainsi : "s'estressit aussi et se lie plus ferme nostre union generale". Même si le dédoublement dans cette phrase "s'estressit... et se lie" est tout à fait banal à cause du fait de son ubiquité dans la traduction, il est certain que Montaigne ajoute une certaine force et une emphase à la phrase. Cet infléchissement de son texte se confirme un peu partout dans ces deux chapitres et il devient régulier et même répétitif :

Et exinde sequitur quod inter homines potest esse perpetuitas et perpetua unitas quia ista unitas quae provenit ex tali amore facit homines unum. Ideo mutat unum hominem in alium et transfert et econverso.	Parquoy elle peut estre perpetuelle entre nous, et si parfaite qu'il n'y ait rien plus un que le genre humain : car la conjonction qui s'engendre d'une telle amour bastist de nous une parfaite unité, elle change et fait d'un homme l'autre, et au rebours.

Il ne s'agit pas ici de simple ornementation de la prose de Sebond. À chaque mention d'unité de l'homme et entre les hommes, Montaigne ajoute une dimension à son texte : "si parfaite qu'il n'y ait rien plus un", ou "bastist de nous une parfaite unité", deux phrases qui vont dans le même sens, c'est-à-dire qu'elles augmentent et renforcent la notion d'unité, la rendant plus convaincante et plus précise. Le chapitre suivant, qui est un petit résumé des chapitres précédents, traite surtout des rapports entre l'homme et Dieu, et il s'y trouve le même genre de modification. Ainsi "quasi matrimonium" est rendu par "dressant par maniere de dire un tres-estroit mariage entre nous". Cette explication de la comparaison de Sebond lui confère un sens plus précis et en même temps plus ample, comme si Montaigne avait voulu interpréter le sens de la comparaison.

quia per amorem Dei amantur omnes creaturae et omnia quae sunt Dei. Et sic omnia amantur per unum amorem et in virtute unius amoris et nulla res est quin sit amata per virtutem istius amoris. Et ideo amor noster dum datur Deo est altissimus universalissimus et latissimus.	C'est luy qui produit et qui engendre l'affection que nous portons à toutes les creatures et à tout ce qui est à Dieu, c'est par la force et fertilité de ce seul amour que toutes choses sont aimees, et il n'y en a nulle qui ne le soit : Voila comme il croist et s'amplifie sans mesure.

Il en va de même avec cet extrait. Le passif "amantur" est amplifié et rendu actif : "qui produit et qui engendre l'affection", intensifiant ainsi les rapports de dépendance entre Dieu et l'homme. La deuxième phrase latine est entièrement réécrite de façon à la rendre plus élégante, moins plate et surtout moins répétitive. Ce remaniement, pourtant, ne s'arrête pas là, car il s'inscrit dans la mouvance générale du thème traité. Les mots "force et fertilité", sont particulièrement bien choisis, car leur union ajoute de la force à la phrase, la rendant plus frappante et plus persuasive. Avec le choix de "seul amour" pour "unius amoris", l'impression globale de la phrase est bien plus forte que dans le latin, plat et banal. Le dynamisme évoqué par le discours montaignien est centré sur l'idée d'une relation personnelle, réelle et tout à fait spéciale entre l'homme et Dieu, qui se trouve à cent lieues des abstractions de Sebond. L'engagement total de l'homme dans ses rapports avec Dieu n'apparaît pas dans le texte latin, qui, par ailleurs, reste statique et inactif. La dernière phrase confirme cette impression : au lieu des superlatifs "altissimus universalissimus et latissimus" nous avons l'usage plus direct de deux verbes "il croist et s'amplifie", indiquant non pas une qualité ou des qualités, mais plutôt un devenir, capable de s'élargir et de se transformer. Cette perspective sur l'homme et sur ses rapports avec Dieu diffère assez substantiellement de celle de Sebond, et elle caractérise la plupart des chapitres sur l'homme dans le monde et sur son interaction avec les autres créatures, qu'elles soient humaines ou pas. Il faut insister sur la nature précise de la différence que nous remarquons entre les discours des deux écrivains. Certains diront que le texte français est une simple traduction du latin, et qu'il y a très peu de différence entre "altissimus etc." et "croist et s'amplifie sans mesure". Si l'on reste dans le domaine de vagues équivalences linguistiques, on pourrait à la rigueur accepter ce jugement. Mais notre examen au premier chapitre de la nature de la traduction, et de la manière de traduire d'une langue dans une autre à toutes les époques nous a convaincus qu'il y a rarement de traduction "innocente", si proche soit-elle de l'expression du texte de départ. Toute traduction émane d'un choix de mots, d'expressions et de phrases, et ce choix ne peut pas être neutre. Il est tout à fait légitime, donc, de tracer, à travers les choix du traducteur, un fil conducteur de sa ligne de pensée et de sa perspective de créateur. Ce ne sera qu'après avoir parcouru tous les aspects de la traduction que nous avons choisi d'étudier que nous serons en mesure de déterminer la vision d'ensemble qui ressort de la traduction de Montaigne.

Le thème des chapitres 198 et 199 est l'honneur de l'homme, et nous retrouvons ici un effort considérable de la part du traducteur d'imposer sa propre perspective sur le discours de Sebond. Voyons d'abord un extrait du chapitre 198 qui est retravaillé d'une manière très astucieuse par le traducteur :

Immo nihil magis est contra Deum nihil magis repugnat Deo nihil magis inimicatur Deo quam talis honor proprius talis laus talis gloria et fama quia contrariatur et inimicatur de directo honori Dei et suae laudi et gloriae et statui toti divino extra se	car il ne luy est rien plus contraire qu'un tel honneur ennemy capital et juré du sien et de tout l'estat exterieur de la divinité,
qui consistit in laude in gloria et in honore quia Deus omnia fecit propter suum honorem	qui consiste en ce sien honneur pour lequel toutes choses sont faictes.
et soli Deo debetur laus et gloria et hoc est sibi proprium quia tunc homo facit per seipsum suum statum sicut Deus separatus et divisus a Deo et contra Deum et tollit rapit et furatur id quod est proprium Deo.	C'est à Dieu seul par un special et particulier privilege qu'appartient toute gloire : l'homme qui la luy desrobe et qui se pare de ce sien accoustrement et vestement royal veut mentir et contrefaire sa grandeur, et veut se faire Dieu luy-mesme.

Cet extrait peut se diviser en deux parties : dans la première, Montaigne abrège le texte, coupant et éliminant des mots. Ainsi le texte de Sebond compte 59 mots, alors qu'il n'y en a que 37 en français. Comme pour compenser ces coupures, Montaigne développe et élargit la deuxième partie, en y introduisant une nouvelle métaphore. D'abord les rapports sont personnalisés par le traducteur, qui réussit à créer un contraste plus dramatique entre l'amour-propre et Dieu en réduisant son texte au minimum. L'amour-propre est "ennemy capital et juré du sien", comme s'il s'agissait d'une personne, tandis que le latin accumule des qualités abstraites. La deuxième partie, où il est question de Dieu, parle d'un "special et particulier privilege", renvoyant la personne de Dieu à un domaine unique habité par lui seul, plutôt que de lui attribuer une série de qualités. Mais l'invention de Montaigne atteint son apogée dans la dernière phrase "l'homme qui la luy desrobe...". L'interaction entre l'homme rempli d'amour-propre et Dieu est rendue plus dramatique et plus dynamique. Ainsi les verbes "tollit rapit et furatur" sont réduits à un seul "desrobe" par lequel débute la phrase. Ce changement dans l'ordre des mots permet au traducteur d'ajouter la notion de travesti à celle de vol : "qui se pare de ce sien accoustrement et vestement royal". L'homme devient non seulement un voleur, mais un imposteur qui essaie de prendre la place de Dieu, et tel un personnage de la mythologie classique il veut se faire Dieu et prendre sa place. Ces résonances sont entièrement nouvelles et elles ajoutent une dimension tout autre au texte français. La folie de l'homme qui essaie de se faire Dieu est rendue plus théâtrale dans la traduction de Montaigne qui envisage les rapports entre l'homme et Dieu non comme une série d'états entraînés par des qualités appartenant à chaque partie, mais comme des actions inspirées directement par la personnalité de l'homme qui s'engage ainsi dans une lutte contre la personne de Dieu.

Le chapitre 199 a fait l'objet d'une étude détaillée de Joseph Coppin, qui y voyait un exemple de la traduction "brillante" de Montaigne. Nous ne voulons pas commenter en détail ici tous les points évoqués par cette étude, mais il serait intéressant d'en résumer l'essentiel. Ce qui frappe l'auteur c'est la deuxième moitié du chapitre, et là-dessus nous sommes entièrement d'accord. Le passage de la traduction qui commence "Gardon nous donc hardiment de la poursuitte du particulier honneur comme d'une tres-mortelle poison..." est un passage plein de vie et d'entrain et il éveille l'attention du lecteur. Après avoir signalé la monotonie du texte de Sebond, Coppin continue ainsi :

> Quelle différence chez Montaigne! Il conserve le tour interrogatif ; mais il varie la manière, tantôt parlant en général, tantôt interpellant directement l'homme orgueilleux. Il transpose heureusement, à la fin de son chapitre, l'une des idées du latin, qui lui fournit une bonne conclusion, et termine par une affirmation nette la série des interrogations oratoires.[1]

C'est comme si le but du traducteur était de traduire en embellissant, et en transformant la prose plate de l'original en une prose élégante du texte français. Ensuite (et à propos d'un autre chapitre) il signale la présence d'images dans le latin, mais il continue :

> Ayant l'imagination plus vive, et engagé d'ailleurs par la nécessité même de traduire, à ressaisir la valeur originelle des mots, Montaigne rafraîchit beaucoup de ces métaphores ; il fait reparaître sur la médaille usée l'effigie toute nette.[2]

Cette dernière image est révélatrice de l'approche entière de Coppin à la traduction. Il voit très clairement les qualités de la traduction et il est conscient de la démarche générale de Montaigne et de ses qualités de grand écrivain. Nous pensons, cependant, que l'analyse reste un peu vague et même impressionniste, et pour juste et élégante que soit ce dernier jugement de Coppin, il s'arrête devant la nécessité de pousser plus loin et de chercher les raisons précises qui auraient entraîné les modifications dans le texte montaignien. Nous allons essayer de mener à sa fin l'analyse de ce passage, qui mérite d'être cité intégralement :

Cavere ergo debet se homo tanquam a mortalissimo veneno et subito interficiente a proprio honore et propria laude et gloria et semper vigilare circa Dei honorem laudem et gloriam.	Gardon nous donc hardiment de la poursuitte du particulier honneur comme d'une tres-mortelle poison, et tres-soudaine.
Ecce ergo videte ad oculum quomodo homo qui occupatur et laborat circa	Car à la verité peut-il estre une plus vaine et plus sotte occupation ? peut-il estre de perte de temps et de loysir plus expresse ?

1 *Ibid*. p. 92.

2 *Ibid*. p. 93.

proprium honorem perdit
totaliter tempus suum
videte qualiter occupatur
circa vanitatem et nihilum.

Videte quomodo est servus
et servitor vanitatis et
nihili. Videte qualiter
facit Deum suum de
vanitate et de nihilo.
Videte qualiter exponit
seipsum et quicquid habet
et illa quae Dei sunt ad
vanitatem et nihilum.
Videte quomodo vult tenere
statum suum contra Dei
honorem et de his quae Dei
sunt et quomodo laborat
circa impossibile.

[Quia solus honor Dei fiet
et permanebit et omnis
alius peribit et destruetur
et ad nihilum revertetur.]
Quis potest manutenere
proprium honorem suum
nisi solus Deus
omnipotens ? Quae creatura
potest tenere honorem
proprium contra honorem
sui creatoris ?
Qualiter opus de nihilo
factum poterit tenere
proprium statum suum
contra statum et honorem
sui opificis omnipotentis ?

Quel empeschement de neant et
maniacle, se faire serviteur et
valet de l'inanité mesme ? se
bastir un Dieu du rien et du vuide ?
s'exposer soy-mesme et son avoir
pour la cause du monde la plus
frivole ?
desrober à nostre maistre les
choses que nous sçavons estre
justement et proprement siennes
pour un effect de nul proffit et de
nul nostre advantage ?
De vray qui peut garder et
maintenir sa propre gloire que
nostre Dieu tout-puissant ?
Pense-tu pauvre miserable
creature resister par ce bel
honneur que tu vas cherchant plein
de vanité et de vuyde à l'honneur
immortel de ton createur ?

Te pense-tu bien parangonner
facture et ouvrage à ton ouvrier et
facteur incomprehensible ?

Quae major stultitia quae
major inordinatio quae
major absurditas quae
major caecitas quid magis
contra rationem quid magis
contra naturam quam quod

Quelle plus grande absurdité, folie
ou desraison ? quel plus grand
aveuglement et desordre, que de
veoir la besongne produicte de
neant en queste d'une gloire et
renommee particuliere contre

proprium honorem propriam laudem et gloriam et propriam famam contra honorem et laudem sui creatoris et furetur et rapiat gloriam sui creatoris et constituat se inimicum capitalem sui factoris omnipotentis ? Et quid magis contra naturam quam quod opus specialiter factum ad laudandum honorandum et glorificandum et magnificandum suum factorem laboret et studeat totis viribus ad laudandum honorandum glorificandum honorandum et magnificandum seipsum in injuriam sui factoris ?	maistre artisan qui l'a produicte ? de veoir l'ouvrage se liguant et se bendant mortellement contre la grandeur toute-puissante de son facteur. Qu'est-il plus contre nature que de veoir la facture nee signamment et engendree pour l'honneur et gloire de celuy qui l'a faicte, s'estudiant et se travaillant pour la louange particuliere, à l'envy de l'ouvrier et à son tres-grand mespris et injure ? Mais un tel effort est en bon escient bien vain et inutile, car certainement le seul honneur de Dieu est permanent eternellement, et immortel, et tout autre honneur sera incontinent esvanouy et aneanty.

Regardons d'abord la dernière phrase du français qui traduit la phrase latine "Quia solus honor Dei..." vers le milieu du texte latin. Pourquoi Montaigne a-t-il cru bon de changer de façon si radicale l'ordre des mots ? On pourrait invoquer ici la volonté d'améliorer la logique de l'argument, mais nous ne croyons pas que cette raison soit la seule. Il s'agirait plutôt d'un désir de dramatiser la confrontation entre l'honneur de l'homme et celui de Dieu, et en terminant avec l'affirmation de la primauté divine il met en vedette le but véritable de l'homme, qui est constamment dévoyé par les tentations de l'amour de soi. Ce que Montaigne souligne tout au long de ce passage, et de beaucoup d'autres dans sa traduction, c'est l'absurdité et la folie de l'homme qui veut confronter son honneur à celui de Dieu au détriment de son devoir. Cette volonté d'injecter un élément de drame dans son texte ressort dès les premiers mots de l'extrait : "Gardon nous donc hardiment...". Des expressions de ce type sont assez répandues dans son texte, mais ici elle revêt une pertinence particulière. Car en traduisant l'expression latine "Cavere ergo debet se homo..." Montaigne en a changé la portée, en la rendant plus personnelle, plus active et plus vigoureuse. Ce n'est pas la prose seule qui est changée, mais la perspective même des acteurs qui est transformée. La passivité protectrice du latin devient action de l'individu dans le français. Et c'est cette action même qui représente le pôle extrême de cet amour-propre qui est faux et erronné. La responsabilité de lutter contre les tentations de la glorification de soi reste fermement celle de chaque homme. La responsabilité individuelle est primordiale, là où dans le texte latin elle est réduite à de banales recommandations d'ordre très général. L'éthique représentée ici passe de la conformité à un système moral à la responsabilité de chercher le droit chemin.

Dans la série de phrases qui suit, Sebond répète le mot "Videte" qui apparaît six fois. Montaigne évite de le traduire directement, car c'est le mot d'une didactique qui s'adresse au genre humain, l'expression d'une certitude qui doit être acceptée sans question par tous les hommes. En remplaçant le mot par une variété d'expressions, Montaigne rompt cette certitude doctrinale, pour poser des questions "peut-il estre..." et "Quel empeschement...". Mais ces questions sont loin d'être un effet d'incertitude qui cherche une réponse à la question posée. Ce sont plutôt des interrogations rhétoriques qui exigent une seule réponse, mais cette réponse doit être à la portée de chaque individu. En introduisant de la variété dans son texte, là où il y avait répétition dans le texte latin, Montaigne essaie de rompre avec la rigidité du discours épistémologique de Sebond, et même si les réponses à ses questions correspondent aux affirmations de ce dernier, c'est-à-dire si le but à atteindre reste le même chez les deux écrivains, le chemin parcouru pour arriver à ce but est distinctif dans le cas du texte français. Ce sera le début d'un processus qui va de l'affirmation logique de la scolastique à l'interrogation sceptique quelques années plus tard : *que sais-je ?* En traduisant la *Théologie*, Montaigne se sera posé des questions lui-même sur les grands débats de la philosophie, et ses adaptations du texte latin font ressortir une volonté de reposer ces questions dans une forme qui corresponde mieux à sa vision actuelle du monde.

Dans ce même passage nous trouvons sous des formes diverses la phrase "vanitas et nihil", qui apparaît quatre fois, mais que Montaigne traduit de quatre façons différentes. Si pour Coppin ce souci de variété provient de son désir de faire beau, nous pensons pouvoir développer un peu ce jugement.

Ecce ergo videte ad oculum quomodo homo perdit totaliter tempus suum videte qualiter occupatur circa vanitatem et nihilum.	Car à la verité peut-il estre une plus vaine et plus sotte occupation ? peut-il estre de perte de temps et de loysir plus expresse ?

En fait Montaigne intensifie l'expression de dédain et de mépris. Car en traduisant "homo perdit totaliter tempus suum" par "peut-il estre de perte de temps et de loysir plus expresse ? ", il élargit le champ sémantique, ou plutôt il explicite la notion abstraite de "tempus" quand il y ajoute "et de loysir" qui ramène la notion du temps à chaque individu. Et l'affirmation "occupatur circa vanitatem et nihilum" est transformée en interrogation "peut-il estre une plus vaine et plus sotte occupation ? ", s'attachant ainsi à la conduite de l'homme, plutôt qu'à la notion abstraite du latin. Ces changements vont toujours dans le même sens et ils contribuent à dresser une image des hommes en tant qu'individus, ayant des responsabilités individuelles, plutôt qu'une image abstraite de qualités absolues.

Videte quomodo est servus et servitor vanitatis et nihili. Videte qualiter facit Deum suum de vanitate et de nihilo.	Quel empeschement de neant et maniacle, se faire serviteur et valet de l'inanité mesme ? se bastir un Dieu du rien et du vuide ?

Cette fois Montaigne développe l'idée contenue dans le latin : il ajoute "quel empeschement de neant et maniacle" qui ne se trouve pas dans le texte de Sebond, et qui prête un caractère encore plus ridicule à l'homme qui cherche son propre honneur. Et pour remplacer l'expression statique "est servus" il écrit "se faire serviteur...", attribuant ainsi la responsabilité de ses actions à l'homme qui par ses propres actions a choisi la mauvaise voie. Remarquons aussi que Montaigne emploie "neant", "inanité", "rien" et "vuide" pour éviter la répétition et la monotonie qui caractérisent le latin de Sebond. Mais cette diversité dans la terminologie lui permet aussi de créer un tableau plus étendu du vide dans lequel l'homme choisit de se jeter. Ce n'est pas une seule voie, une seule direction, mais où qu'il tourne la tête, où qu'il cherche un bonheur factice ce sera un aspect du vide qu'il rencontrera. Il lui est impossible de contourner ce chemin, car sa diversité et sa variété signifient que toutes ses actions, dès qu'il est gouverné par l'amour-propre, mènent à sa chute.

La dernière version du traducteur pour rendre "ad vanitatem et nihilum" prend une autre tournure : "pour la cause du monde la plus frivole". L'emploi du superlatif crée une profondeur et une verticalité qui s'ajoutent à l'horizontalité des exemples précédents pour maximiser l'exploration du champ sémantique évoqué par l'expression latine. Il est intéressant aussi de noter que le mot "frivole", pour caractériser l'amour-propre et la poursuite de son propre honneur, indique déjà chez Montaigne une détestation de toute pomposité, trait qui paraît à maintes reprises au cours des *Essais*. De cette manière, le traducteur ne fait qu'exploiter les potentialités du texte latin, en vue d'imposer sa propre vision du monde sur la matière qu'il traduit. Cette domination du texte de départ est présente dans le travail de tout traducteur qui se veut plus que le simple reflet de l'original, et elle n'a rien d'exceptionnel. Ce que nous voulons surtout signaler dans ces exemples c'est que la vision qui ressort du texte de la traduction ne correspond pas forcément à celle du texte de départ, et qu'il est inutile de s'appuyer sur la notion de fidélité à l'original, car selon la grande majorité des théoriciens de la traduction, une telle fidélité est rare, voire inexistante.

Le reste du passage cité est un bel exemple du lyrisme et de l'entrain de la traduction de Montaigne. Il ajoute, il intensifie, il développe, il déplace des mots et des expressions dans un élan plein de rythme et de force. Une question simple du texte latin devient de la satire mordante sous sa plume :

Quae creatura potest tenere honorem proprium contra honorem sui creatoris ?	Pense-tu pauvre miserable creature resister par ce bel honneur que tu vas cherchant plein de vanité et de vuyde à l'honneur immortel de ton createur ?

En apostrophiant ce "pauvre miserable creature", Montaigne quitte le ton relativement neutre et calme de Sebond, et il exprime un certain venin à l'égard des faiblesses de l'homme. Il ajoute de l'ironie avec "ce bel honneur", et il reprend la phrase qu'on vient de voir plus haut "plein de vanité et de vuyde", la rendant plus efficace et plus forte dans son nouveau contexte qu'elle ne l'était dans les phrases répétées du latin. Avec ces adaptations il change les verbes "potest tenere", abstraits, pour donner l'expression active, dynamique et personnelle "que tu vas cherchant". L'image de l'homme qui ressort de toute cette phrase est très différente selon le texte qu'on lit. Dans le latin il y a contraste entre "proprium honorem" et "honorem sui creatoris", mais c'est un contraste fixe, universel et immobile. Dans sa traduction, Montaigne garde l'aspect de l'immobilité seulement pour caractériser Dieu, et il fait de l'homme une pauvre créature qui court à la recherche du néant, c'est-à-dire de son propre honneur. Même le choix des verbes "tu vas cherchant" implique la futilité de la quête, car en cherchant son honneur il cherche la vanité et le vide. Le mouvement caractéristique de l'homme n'a donc rien de positif dans ce cas, car Montaigne évoque l'image d'un être perdu qui tourne en rond, comme un chien court après sa queue. Cette image fait contraste avec l'image de la première partie de l'ouvrage dans laquelle l'homme occupait la place noble des êtres intelligents. Ce n'est pas que Montaigne rejette ce qu'il semble avoir accepté dans les chapitres précédents. Le sujet ici c'est l'éthique, et le traducteur est évidemment plus frappé que ne l'était Sebond par le contraste entre ce que l'homme doit être, selon l'idéal dressé par la théorie, et la réalité observée dans la conduite des individus. Son indignation et sa colère de jeune écrivain se font voir d'une façon évidente même dans cette oeuvre de traduction. Partant de la prose aride et sans vie de Sebond, il réussit à laisser percer ses émotions et ses sentiments profonds dans la version qu'il en donne en français.

Le traducteur continue sur le même ton dans la phrase suivante :

Qualiter opus de nihilo factum poterit tenere proprium statum suum contra statum et honorem sui opificis omnipotentis ?	Te pense-tu bien parangonner facture et ouvrage à ton ouvrier et facteur incomprehensible ?

Cette fois il simplifie son texte, mais c'est pour le rendre plus dramatique. La logique du latin est claire et son argument irréfutable. Une créature ne peut pas rivaliser avec son créateur. Ce thème devient plus personnel et plus vivant sous la plume du traducteur, dont l'indignation et le mépris se dégagent de la question ironique qui suggère que l'homme veut se comparer à Dieu. La colère de Montaigne s'attaque au péché d'orgueil dont l'homme est coupable quand il cherche son propre honneur. L'éthique montaignienne apparaît donc comme une émanation de tout l'être humain, pas seulement de son intelligence, mais aussi de ses émotions et de ses sentiments. Ainsi peut-on apercevoir les premiers bourgeons de la morale de Montaigne, qui se développera par la suite au cours des *Essais*.

Un dernier thème psychologique et moral qui apparaît de temps en temps dans la *Theologia* c'est le mariage, ou plus généralement les rapports entre les hommes et les femmes. Ce sujet n'y occupe pas une place de première importance, mais il est très intéressant de voir comment Montaigne l'aborde dans sa traduction. Les chapitres 135 et 136 offrent un premier aperçu de l'approche du traducteur à ce sujet. Les dernières phrases du chapitre 135 sont assez typiques du style de Montaigne quand il traduit des passages au sujet de l'amour et du mariage :

Unde dictum est enim quod per amorem voluntas mutatur convertitur et transformatur in rem amatam. Et etiam dictum est quod voluntas potest exaltari nobilitari et ascendere supra se ac etiam vilificari et descendere infra se et hoc secundum naturam et	Comme que la volonté se transforme en ce qui est aymé, que selon sa condition et nature elle change aussi de rang et d'estat, qu'autant qu'il s'estend et allonge, autant s'estend elle aussi et non d'avantage.
conditionem rei primo amatae. Et etiam quod tantum ascendit voluntas et ad tantum se extendit quantum res primo amata et caetera alia. Ut ergo omnia ista clare videamus exemplum tale faciemus.	Qu'il soit ainsi : Je m'en vay le monstrer par exemple.

Plusieurs lignes du texte latin sont supprimées juste avant cet extrait, et le texte français reste nettement plus court que le latin. Ce type d'abréviation du texte n'est pas rare dans la *Théologie*, et l'on pourrait l'expliquer comme un exemple de raccourcissement d'ordre stylistique. Et pourtant il se trouve que les petites suppressions, les modifications tendent toutes à accentuer la différence d'interprétation entre les deux textes. Par exemple l'omission de "per amorem" dans la traduction de la première ligne de cet extrait n'est pas en soi significative, car il est clair dans le contexte qu'il s'agit de l'amour, mais le texte français exprime ce fait indirectement, comme s'il y avait une réticence de la part du traducteur de parler trop ouvertement de ce sujet. Et l'emploi d'un seul verbe "se transforme" pour traduire les trois verbes latins "mutatur, convertitur et transformatur" accentue davantage l'affaiblissement de la portée de l'expression, surtout si l'on pense que les images de changement et de mouvement sont normalement plutôt développées dans la traduction. Les effets de l'amour sont pareillement minimisés par "elle change aussi de rang et d'estat", ce qui est plus général, plus vague et moins dynamique que l'expression latine "potest exaltari nobilitari et ascendere supra se...", phrase qui exprime un certain enthousiasme pour son sujet. De même l'expression positive "tantum ascendit... quantum res primo amata" est traduite de façon plus restrictive par Montaigne par l'ajout de la phrase "et non d'avantage" ce qui paraît limiter encore plus la portée du texte original. Ainsi, sans faire des transformations dramatiques, Montaigne réussit à donner l'impression de suivre Sebond à contrecoeur, comme si le thème ne lui convenait guère. Le chapitre 136 poursuit le même chemin comme le montre l'exemple suivant :

Ecce omnes istae puellae a principio de natura sua propria erant aequales nulla alia nobilior nulla potentior dicior seu dignior sed per copulationem cum viris videmus maximam differentiam inter eas et inaequalitatem.	Voila leur naturelle equalité merveilleusement diversifiee par ces mariages.

Il s'agit du cas de plusieurs filles de même souche qui ont épousé des hommes de rangs différents. Le résumé que nous offre Montaigne est parfaitement exact, et pourtant il manque à son texte l'expression précise et explicite du latin, exemplifiée par les mots "nobilior", "dignior" "copulationem", car il se contente de l'expression vague "merveilleusement diversifiee". Cette réticence fait contraste avec le prochain exemple dans lequel il s'agit de l'amour de Dieu :

Unde si Deus sit res primo amata necesse est quod per virtutem illius primi amoris amentur omnia quae Deus amat	Si nous espousons Dieu, ceste premiere affection que nous luy porterons, en engendrera infailliblement un million d'autres envers ses creatures.

Encore une fois la traduction est assez exacte, mais cette fois c'est le texte français qui fait preuve d'enthousiasme avec l'ajout du mot "infailliblement" et la traduction de "omnia" par "un million d'autres". Ce sont des changements subtils qui modifient le ton du texte et qui réussissent à donner l'impression que Montaigne est plus à l'aise quand il parle de l'amour de Dieu que lorsqu'il traite de l'amour entre hommes et femmes.

Le titre du chapitre 238 est aussi typique de l'approche de Montaigne quand il s'agit des femmes :

Quod ista culpa injuria et offensa contra Deum propter quam est poena et miseria in natura hominis fuit facta per primum virum et primam mulierem insimul.	Du peché originel, et comme la femme en est la plus coulpable.

Le latin est parfaitement clair. La faute appartient au premier homme et à la première femme. Cette fois Montaigne ne traduit pas : il interprète à sa guise le texte et l'adapte à ses propres préjugés. Dans le corps du chapitre il confirme cette tendance en traduisant "poenia et miseria est in utroque sexu" par "la punition touche les femmes comme nous", phrase qui semble mettre le doigt sur les femmes, alors que le latin reste neutre.

Le chapitre 283 donne un autre aperçu de cette approche, cette fois dans une discussion du Baptême :

Et merito etiam anima debet servare veram fidelitatem et integrum amorem tali sponso et omnia quae ei promisit merito etiam debet semper recordari de tanto matrimonio et de omnibus quae promisit et summe cavere ne corrumpat tantum et tam mirabile matrimonium.	[C'est] bien raison aussi que ceste espouse recognoisse par humilité, obeyssance et tous autres devoirs ce qu'elle doit à un tel mary, qu'elle garde tres-sincerement et inviolablement, sa foy, sa loyauté, se souvenant du rang qu'elle a acquis, de l'honneur qui lui est faict et du honteux et vilain changement qu'elle souffiroit, si elle en estoit desplacee par son demerite.

Le sujet du texte est évidemment le Baptême, et la comparaison entre l'âme et l'épouse est très répandue. Mais ici Montaigne choisit de renforcer l'image de l'épouse, surtout en ce qui concerne son devoir envers son époux. Le latin ne fait aucune mention d'humilité, d'obéissance ni "du rang qu'elle a acquis, de l'honneur qui lui est faict", termes qui indiquent tous une attitude d'esprit que toute épouse doit tenir envers son mari. Si pour Sebond le mariage doit être une relation entre deux êtres égaux, il n'en est rien pour Montaigne qui considère que l'épouse doit être soumise à son époux.

Le groupe de chapitres 315-318 ont pour sujet le mariage lui-même. Ici, aussi, Montaigne semble indiquer que la femme est très inférieure à l'homme. Ainsi il traduit "mulier est inferior" par "tout ainsi que la chair est moindre, inferieur et moins digne, aussi est la femme", au chapitre 315, amplifiant et renchérissant sur ce qu'avait dit Sebond. Et dans le chapitre suivant il y a des exemples pour montrer que Montaigne se sent mal à l'aise devant l'idée des rapports intimes et spirituels entre les hommes et les femmes. Nous en avons cité quelques-uns dans un article récent et il nous suffit de rappeler l'essentiel de ce que nous y avons constaté : que la femme est inférieure à l'homme de tous les points de vue : spirituel, corporel et affectif, et que Montaigne n'hésite pas à modifier le texte latin dans sa traduction.[1] Dans tous les chapitres dans lesquels Sebond parle des femmes, Montaigne choisit de traduire seulement les éléments qui conviennent à ses propres opinions et il se montre plus antiféministe que le théologien qu'il est en train de traduire.

Conclusion

Il y a de nombreux autres chapitres qu'on pourrait citer pour illustrer les divergences philosophiques entre Sebond et Montaigne, et qui ont aidé le traducteur, au fur et à mesure de son travail, à forger sa propre philosophie dans divers domaines. Insistons, toutefois, sur le fait que cette élaboration de sa propre pensée est fonction de ses réactions directes à celle de Sebond, qu'elle n'est nullement systématique, et qu'elle est limitée par la nature même de sa provenance. Nous ne prétendons pas avoir découvert en puissance l'essentiel de la pensée des *Essais*, ni même ses éléments les plus notables. Mais nous pouvons affirmer avec

1 "Montaigne's translation of Sebond : towards a re-assessment", *Montaigne Studies*, vol. V, no. 1-2(1993), pp. 49-64.

confiance que la formation de la pensée philosophique de Montaigne doit beaucoup à ses efforts pour reproduire en français les idées philosophiques, appartenant à une autre époque, de l'auteur de la *Theologia naturalis*. Nous avons trouvé plusieurs extraits de la traduction qui annoncent l'auteur des *Essais*, plutôt que de reproduire fidèlement l'essence de la pensée de Sebond. Notre analyse de ces extraits nous a permis de constater que les écarts entre le texte français et le texte latin témoignent d'une volonté de forger une version de l'oeuvre qui corresponde à l'époque du traducteur, à l'esprit du traducteur, et à la formation d'un esprit presqu' entièrement indépendant de celui de Sebond.

CHAPITRE 4

Théologie

Nous avons déjà remarqué que certains chapitres sur la théologie sont en général traduits plus littéralement par Montaigne. La menace de la censure est présente devant tout manquement et dans plusieurs passages on constate un effort de la part du traducteur de paraître ultra fidèle au texte de Sebond en ce qui concerne la doctrine de l'Église. Pour Jaume de Puig la partie théologique de l'oeuvre se réduit aux chapitres 223-330, les autres chapitres étant considérés par lui comme de la philosophie.[1] Cette division nous semble un peu trop schématique dans la mesure où certains sujets théologiques comme l'existence de Dieu, la Foi et l'immortalité de l'âme sont traités dans la première partie de l'oeuvre et il est difficile de les exclure d'une discussion sur la théologie. D'autant plus que pour le traducteur toute interprétation d'un texte portant sur des sujets théologiques entraînait des risques et des dangers devant les autorités religieuses. Le fait que le livre ait été à l'Index, même si ce fut pour une période très courte, forçait le traducteur à la prudence, et c'est pour cette raison que toute différence entre le texte original et le texte traduit doit être soigneusement examinée et si possible expliquée.

Les grands thèmes théologiques qui figurent dans la *Theologia naturalis* sont l'existence de Dieu, l'immortalité de l'âme, la chute, la Rédemption, la justification, la grâce, la foi et bien sûr les sacrements. Pour prouver le bien fondé de ces vérités sacrées les théologiens du moyen âge avaient construit tout un système de philosophie fondé sur une grande diversité de sources antiques et contemporaines. Ainsi Saint Augustin a élaboré son système à partir des idées philosophiques de Platon. Saint Thomas d'Aquin s'est appuyé sur les écrits d'Aristote pour créer sa *Summa Theologica*. Nous en avons évoqué quelques idées dans le chapitre précédent. Dans ce chapitre nous allons passer en revue les parties de la traduction de Montaigne qui traitent essentiellement de sujets théologiques, et nous tenterons d'établir un inventaire des différences

---

1 *Les Sources de la pensée philosophique*, p. 79.

d'interprétation entre le texte latin et sa traduction en français. A partir de cette liste nous nous efforcerons d'identifier les textes qui font preuve de divergence volontaire et d'en tirer des conclusions sur le sens du texte français. Les divergences qui ne feront pas partie de notre analyse théologique seront examinées dans le cinquième chapitre où nous parlerons de l'écriture dans le texte montaignien.

S'il convient au traducteur du seizième siècle d'être circonspect dans son traitement d'ouvrages philosophiques, cette circonspection est d'autant plus nécessaire quand il s'agit d'écrits théologiques. Rappelons le contexte religieux des années entre 1555 et 1568. Le Concile de Trente, qui avait commencé en 1545, avait pris fin en 1563. Après les bouleversements produits par la Réforme de Luther et celle de Calvin, l'Église avait décidé de reprendre en main la définition de limites doctrinales et de comportement tolérées. Pour les Catholiques c'était comme si la Réforme ne s'était jamais passée. Ils pouvaient agir comme si rien n'avait changé et comme si les vieilles certitudes restaient toujours valables. Tous les débats sur la justification par la foi ou par les oeuvres, sur l'autorité de la Bible, sur la validité des sacrements, et surtout celui de l'Eucharistie, sur la grâce, sur la Messe, étaient tranchés une fois pour toutes, et les fidèles se trouvaient dans l'obligation d'accepter tout l'enseignement de l'Église tel que le Concile de Trente l'avait décrété.[1]

Mais pour un jeune intellectuel comme Montaigne, vivant dans une période de tension forte au moment où les guerres de religion allaient s'amorcer ou avaient peut-être déjà commencé, les choses n'étaient pas si faciles. Fréquentant des milieux intellectuels dans lesquels il y avait plus d'un sympathisant avec les idées de la Réforme, il ne pouvait ignorer les débats sur des questions aussi importantes pour tout le monde, et en particulier pour les intellectuels. Il était sensible aux nuances et aux subtilités des arguments en matière théologique, quoiqu'il prétende ne pas

---

1 Voir Jean Delumeau, *Naissance et Affirmation de la Réforme*, 4e édition, Paris, PUF, p. 152 ; Hubert Jedin, *A History of the Council of Trent*, traduit de l'allemand par Dom Ernest Graf, tome 2, Londres, Edinburgh, Paris, Melbourne, Toronto et New York, Nelson, 1957 ; et M. A. Screech, *Montaigne and Melancholy, the Wisdom of the Essays*, Londres, Duckworth, 1983, p. 98, "A rendering as cautiously free as that betrays a keen awareness of the possibly heretical implications of Sebond's doctirne at this point".

s'y connaître en théologie. Quand il en vint à traduire la *Theologia naturalis* il ne sous-estimait certainement pas les difficultés de sa tâche. Si pour son père il s'agissait de combattre "les nouvelletez de Luther", le traducteur devait y voir plus d'un piège. Car il ne pouvait pas agir comme si les débats des cinquante dernières années ne s'étaient pas déroulés. C'était un homme trop intelligent pour pouvoir suivre aveuglement le nouvel enseignement de l'Église. Par contre c'était un homme trop habile pour essayer de se battre sur un terrain où la bataille était déjà conclue, et où il risquerait beaucoup pour rien. Il devait entreprendre sa traduction avec précaution, car il lui fallait en même temps être conscient des limites à sa liberté et traduire des chapitres sur des sujets polémiques en n'esquivant aucune difficulté d'interprétation. Comme on le verra, ce n'était pas tâche facile. Avant d'entamer l'analyse de certains chapitres théologiques, il convient de situer les débats religieux dans le contexte du Concile de Trente. Car bien que le catéchisme du concile ne fût publié en France qu'à partir de la fin des années 1560, les grandes questions qui séparaient Catholiques et Protestants avaient été définies dès 1548, lors de la première séance du concile. Les séances ultérieures se consacraient essentiellement aux questions de discipline à l'intérieur de l'Église. Nous ne pouvons pas affirmer avec certitude que les nouvelles de ce qui se passait au concile soient arrivées jusqu'à Montaigne, ni qu'il ait suivi de près les délibérations du concile, et il est plus prudent de supposer qu'il n'était pas en mesure de connaître les détails des décisions qui y étaient prises. Mais il semble tout à fait raisonnable de suggérer qu'il s'était informé auprès d'experts en théologie sur la nature des débats qui se déroulaient, et qu'il était suffisamment informé lui-même pour savoir si telle ou telle affirmation théologique tombait dans les limites de ce qui était toléré par les autorités religieuses. D'autre part il nous semble inconcevable que le bruit des décisions prises lors de la première séance du concile ne soit pas arrivé en France dès 1550, et que Montaigne n'ait pas été en contact avec des experts à Paris ou à Toulouse qui lui en aient parlé.[1]

---

1 Insistons, encore une fois, sur le fait que l'immense majorité des décisions sur la doctrine catholique avaient été prises au cours de la première séance du concile, 1545-1548.

Quand on considère le climat de haine et d'intolérance qui régnait au moment où Montaigne commença à traduire Sebond, on est forcé de croire que le traducteur ne s'était pas lancé dans le travail de traduction sans avoir acquis quelques connaissances en la matière. Quelles qu'aient été ses croyances personnelles, nous savons qu'il se conformait aux pratiques et aux coutumes de l'Église romaine, ce qui lui permettait de fréquenter des hommes qui s'y connaissaient en théologie, qu'ils soient prêtres ou évêques. Il avait la possibilité de leur poser des questions sur la nature des points difficiles et des questions contentieuses qui divisaient Catholiques et Protestants, et il ne pouvait pas ignorer les différences entre le point de vue traditionnel, et les réformes théologiques prônées par les adhérents de la Réforme. Nous ne pensons donc pas qu'il ait entrepris de traduire le livre de Sebond sans connaître les dangers en matière de doctrine, et les questions qui étaient susceptibles d'être à controverse pour les lecteurs de sa traduction.

La question la plus brûlante qui divisait les théologiens des deux côtés était celle de la nature de la Foi. Lié intimement à cette question était le grand débat sur la Justification, qui selon les uns dépendait uniquement de la foi, et selon les autres dépendait d'un mélange de bonnes oeuvres et de foi. Suivant l'interprétation de ces questions fondamentales on avait des points de vue divergents sur la grâce et sur la pénitence. Il y avait aussi des opinions différentes sur la Chute, et sur la responsabilité de l'homme dans son propre malheur. Et comme si cela ne suffisait pas, il y avait un grand débat sur le nombre exact de sacrements, à savoir s'ils étaient sept, selon la tradition, ou seulement deux, selon les novateurs. Tous ces sujets apparaissent à plusieurs reprises au cours de la *Theologia naturalis*, et il faudra considérer de près l'approche de Montaigne comme traducteur de questions épineuses. Nous avons suffisamment montré que le traducteur n'est pas un simple spectateur de ce qui se dit dans un texte qui lui est étranger, et que sa traduction implique nécessairement une série de choix et d'interprétations de la matière de son discours. Il sera d'autant plus intéressant, donc, de scruter la traduction de passages qui traitent des questions difficiles relatives à la théologie qui constituaient le terrain de lutte entre théologiens des deux bords à l'époque où Montaigne a produit sa traduction de Sebond. Après avoir examiné ces passages, nous passerons à la considération de quelques aspects de la traduction qui concernent l'immortalité de l'âme et l'existence de Dieu.

La Foi

La question de la nature de la Foi était fondamentale dans la théologie catholique et protestante dans la mesure où elle constituait la base de la doctrine de la justification. La Foi pouvait être considérée comme l'acceptation de la vérité des dogmes de la religion catholique ou, par contre, elle pouvait être considérée comme la soumission volontaire à l'homme-Dieu, Jésus Christ, comme sauveur de l'humanité (*fides fiducialis*, pour suivre la terminologie de Luther). Cette distinction capitale était à la base de maintes polémiques entre théologiens traditionnels et réformateurs au cours des 50 années entre l'entrée en scène de Luther et la publication de la traduction de la *Theologia naturalis*. Il sera donc intéressant de voir comment Montaigne aborde ce problème dans sa traduction, car le texte de Sebond est fermement ancré dans la tradition de la théologie catholique, et toute modification de son discours pourrait être interprétée comme une volonté de prendre en considération les discussions et les débats contemporains.

Nous trouvons une première mention de la foi au chapitre 72, l'un des chapitres les plus courts de l'ouvrage.

De veritate Dei et fidelitate et aliis proprietatibus.	De la verite et autres vertus qui sont en dieu.
Item bonum est homini habere Deum veracem ac summe veracem et summe fidelem summe benignum summe pium et summe clementem et misericordem. Et oppositum ejus est malum hominis. Ergo homo tenetur affirmare et credere Deum veracem fidelem et caetera et etiam negare oppositum quia tenetur facere bonum suum et non malum suum.	C'est aussi l'honneur et le proffit de l'homme d'avoir un Dieu plein de verité, de foy, de benignité, de pieté, de clemence, et de misericorde : et le contraire lui est entierement dommageable : il croira donc certainement cela et niera le reste d'autant qu'il est obligé de poursuyvre son bien et non sa perte.

Ce qui est intéressant dans ce court chapitre c'est le fait que Montaigne traduit "summe fidelem" par "plein de foy", prêtant ainsi au mot la notion de fidélité et d'engagement personnel. Vers la fin du chapitre il traduit "tenetur... credere" par "il croira". Le terme "foy" revêt donc les deux sens qui comprennent l'action de croire et la fidélité ou la constance. Il s'agit pour le traducteur d'élargir le champ sémantique du terme pour qu'il puisse couvrir les deux sens du concept de la foi. Pour l'instant il n'y a pas de développement du contenu sémantique dans un contexte déterminant qui permettrait d'interpréter le sens exact que Montaigne attribue au concept.

Un peu plus loin, au chapitre 78, les choses se sont développées un peu plus. Nous trouvons encore la formule latine "affirmare et credere" qui apparaît trois fois, et le verbe "credere" tout seul une fois. Dans le texte de traduction le mot "croire" apparaît une seule fois. Superficiellement, donc, il semble qu'il y ait une différence d'accent entre les deux textes, ce qui se confirme quand nous y regardons de plus près. Le chapitre commence avec une affirmation typique du latin : "Item melius est homini credere et affirmare..." (le sujet du chapitre est le jour du jugement). Montaigne commence différemment : "Si nous esperons assurément qu'il y ait...". Non seulement transforme-t-il l'affirmation positive en conditionnel, mais il évite de traduire le mot "credere". La substitution du verbe "esperons" pour "credere et affirmare" tend à rendre plus faible l'impact de la phrase latine, et surtout elle substitue au mot "credere" un vague espoir, plutôt qu'une confiance certaine.

Le deuxième exemple de l'emploi de "credere et affirmare" est aussi instructif. Le latin est tout à fait sans ambiguïté : "Item est necessarium homini credere et affirmare si vult esse bonus". La traduction est loin d'être aussi simple, si bien qu'il est difficile de découvrir comment Montaigne a traduit la phrase latine (au sens de rendre son sens exact). Nous offrons au lecteur le texte entier en français :

> Ce bien nous touche à la contemplation de nostre liberal arbitre, veu qu'estant en pleine liberté de choisir le bien ou le mal, et estant obligez par raison à faire le bien, ...

Nous ne trouvons nul signe de correspondance entre les deux morceaux, ce qui suggère ou bien que Montaigne a supprimé une partie de son texte pour éviter des répétitions inutiles, ou qu'il voulait minimiser la force des références à la foi (dans le sens de crédulité) comme base de notre conduite. Dans ce cas c'est plutôt un exemple où la peur de la répétition fut décisive, car dans la phrase suivante il traduit tout simplement "credere et affirmare" par "croire", et il traduit "Si autem non credit" par "sans ceste creance", ce qui laisse supposer qu'il était attentif au sens exact des mots, car il n'emploie pas le mot "foi", ce qui pour lui aurait des connotations différentes. À la lumière de ces exemples ce que nous pouvons suggérer d'ores et déjà c'est que Montaigne était très précis dans son emploi de termes relatifs à la foi, et qu'il n'employait pas le mot "foi" à la légère. Les exemples suivants pourront nous aider à pousser plus loin notre analyse de son usage de ce terme.

Le chapitre 80, bien que consacré entièrement au sujet de la foi, n'ajoute pas beaucoup à notre exploration du terme, car il est très clair que les deux écrivains prennent les mots "fides" et "foi" dans le sens d'acceptation d'un corps de doctrine, et il n'y a aucune ambiguïté ni aucune complexité dans les textes. Signalons seulement l'emploi de l'expression plus vigoureuse chez Montaigne de "qui embrasse nostre foy" pour rendre la formule latine "qui credit et affirmat fidem Christianam". Ce verbe comporte une émotivité qui n'existe pas dans la logique sèche du latin, et pourrait indiquer que même dans un texte aussi transparent que celui-ci, Montaigne a déjà apprécié la complexité essentielle de la foi chrétienne, mélange de raison et d'émotion. De même l'expression "Affirmare vel negare" est traduite par "choisir", qui est plus nuancé que la simple opposition du latin. La notion de choix personnel comporte un engagement de l'homme qui transcende le simple acte intellectuel d'affirmer ou de nier. Mis à part ces exemples, le chapitre 80 ne nous éclaire pas beaucoup sur la conception de la foi chez Montaigne.

Les deux chapitres 208 et 209 parlent longuement et incessamment de la foi, et il semblerait qu'il y ait dans les deux chapitres des différences assez sensibles entre l'interprétation du mot par les deux écrivains. Commençons par le titre du chapitre 208. En latin il est assez long et descriptif : "Confortatio et conformatio credentium in Jesum Christum tanquam in verum Filium Dei. Et increpatio non credentium ". Il n'est pas rare pour le traducteur de changer les titres, et dans ce cas il écrit simplement : "Confirmation de la religion chrestienne", façon d'alléger, peut-être la lourde prose du latin. Mais dès la première phrase du texte la divergence que nous avons constatée dans le titre reparaît :

Et qualiter increpandi sunt summe qui non credunt.	combien il y a de circonstances qui les consolent et confirment en leur foy.

Il ne s'agit évidemment pas d'une traduction, mais à la fois d'une omission et d'une élaboration du texte latin. Les effets néfastes de l'absence de la foi sont supprimés par Montaigne, qui souligne en même temps ses bienfaits, en les énumérant et en les concrétisant. Le passage qui suit, dans le texte latin, contient douze références à un aspect de la foi (le verbe "credere" 10 fois et le mot "credulitas" deux fois). Dans sa traduction Montaigne les supprime toutes, sans exception. Nous trouvons l'expression "accointance et societé" ; nous trouvons "vivre sous sa reigle, doctrine et protection" ; nous trouvons "avoir choisi", mais nous ne trouvons pas une seule référence directe à la foi, ou à l'acte de foi. Il est vrai que le texte latin comporte 280 mots, tandis que le texte français n'en comporte que 128, et qu'il y a des coupures importantes dans la version de Montaigne. Mais comment expliquer l'absence totale de mots référant à la foi ? Il semble qu'il s'agit d'un choix délibéré fait par le traducteur de ne pas limiter l'essentiel de la religion catholique à la seule question de la foi, surtout quand l'acceptation de la notion de foi se limite à la crédulité, c'est-à-dire à la réception passive d'un certain nombre de doctrines. Autrement les coupures dans le texte restent sans explication, car même dans les passages les plus plats, et les plus dénués d'intérêt, Montaigne reste, pour la plupart, fidèle à la lettre du texte de Sebond. Certes il les adapte et les modifie, selon sa compréhension de la matière en question, mais jamais il ne supprime de passages entiers, sans avoir de bonnes raisons de le faire. Avançons l'hypothèse donc d'une suppression voulue qui dénoterait son refus d'exprimer, même dans une forme modifiée, les idées de Sebond, et voyons si elle se confirme à la lumière d'autres exemples de la traduction.

La dernière page du chapitre 208 est un passage exceptionnel qui mérite d'être cité dans le palmarès des chapitres que Montaigne a le plus modifiés. Les modifications sont telles qu'il est difficile, voire impossible, de tracer les liens textuels entre le français et le latin. Nous croyons utile de citer le passage dans sa totalité :

Quinto considerandum est quod nulli homini constat de opposito scilicet quod Jesus Christus non sit Filius Dei verus et verus homo missus a Deo Patre nec constat alicui quod Deus coeli revocaverit Jesum Christum	Finablement il nous faut considerer qu'il n'appert aucunement du contraire de ce que nous croyons, et que nul ne nous peut monstrer que Dieu ait desavoué Jesus Christ pour son fils, ou qu'il ait revoqué son authorité et

et dixerit ipsum non esse Filium suum nec missum ab eo et tamen constat quod ipse Jesus Christus nomine et auctoritate Dei vivi patris sui regnavit et regnat et dominatur et imperavit et imperat. Etiam usus est et utitur tanquam Deus auctoritate et officio Deitatis supra totam Christianitatem et super omnes homines quos Deus coeli creavit et hoc per magna tempora. Et hoc est quintum quod debet confirmare credentes Conjungamus ergo omnia ista insimul et fiet unum confortativum corroborativum et confirmativum nunc omnium credentium in Jesum Christum et increpativum non credentium. Ecce melius securius amabilius et magis honorabile et gloriosum est sequi hominem Filium Dei quam quemcunque alium et credere in eum quam in quemcunque alium purum hominem et puram creaturam. Et quoniam Jesus Christus apparuit novus in mundo et dicit se verum Filium Dei et verum hominem missum a Deo Patre.

sa puissance : ce pendant nous le voyons estimé Dieu par tout l'univers, et le voyons regner et triumpher desja tant de siecles en la chrestienté. Tout cecy nous apprend clairement combien il y a d'avantage et de seureté en nostre religion, veu que, quand nous nous faudrions par ignorance (ce que nous ne pouvons, car il est incroyable que Dieu permist naistre soubs le nom de son fils un abus si evident et si general) encore serions-nous plus excusables envers luy faillant à la suitte de tant de si pressantes apparences, plaines de pieté et de reverence envers sa divine authorité, que ceux qui la mesprisent à credit de leur nue et simple fantasie, n'ayant rien qui face pour eux, que des vaines imaginations, ny rien qui vaille à nous destourner ou esbranler. Comparer à ceste heure la condition des Chrestiens plaine de tant de belles et grandes esperances et de tant de fiance à celle des infideles.

Qui creavit coelum et terram et nomine suo et auctoritate sua fecit omnia et fecit promissiones et

Compare le repos et l'asseurance qui est en nostre ame à la turbulente, inconstante et douteuse comminationes quae soli Deo pertinent et hoc omnibus hominibus in generali et dedit mandata et praecepta omni homini et toti mundo generalia dedit legem sanctissimam qua non potest esse purior nec verior nec sanctior et innumerabiles populi crediderunt jam in eum firmissime. Et secuti sunt eum et doctrinam suam fidelissime et cum summa devotione et non constat de opposito nec de revocatione et ex parte Dei. Ex omnibus istis sequitur quod valde securum est credere in Jesum Christum et sequi eum et quod valde detestabile et increpabile et nullo modo excusabile est non credere in eum quia illi qui non credunt nihil possunt allegare pro ipsis et nihil habent contra ipsos qui credunt et nihil potest allegari contra ipsos. Nec Deus coeli potest eos in aliquo increpare nec inculpare nec redarguere. Secuti sunt enim Filium suum et in eum crediderunt tanquam inmissum a Deo. Et si decepti sunt vel essent in nomine Filii Dei decepti essent quod summa Deitas pati non posset.

erreur, qui tourmente et martyrise continuellement les entendemens devoyez de cest sainte creance, ignorans, douteux et incertains, en ce qui les concerne principalement comme hommes : car indubitablement ils ne s'en peuvent resoudre que par opinion imaginaire, et appuyee sur des fondemens frailes, subjects à estre debatuz et controversez en mille manieres : de façon qu'il ne se presente sans cesse à leur ame ainsi irresolue qu'un horreur et espouvantement effroyable des menaces de Dieu, qu'une peur continuelle de s'estre mescomptees en chose où il alloit du bien souverain de l'homme et de son dernier mal : ils remachent et repoisent incessamment la disparité de leur condition à la nostre, et voyent avecques grand despit et desesperé remors de leur conscience, comme de nostre mescompte (quand il seroit possible qu'il y en eust) nous ne pouvons encourir nul danger et nulle perte, et n'en pouvons retomber qu'en ce mesme estat qu'ils esperent pour eux et qu'ils se proposent : là où le leur les pousse et les precipite en un abisme de malheur et d'angoisse immortelle.

En dehors des premières lignes, il est extrêmement difficile d'établir une correspondance précise entre ces deux textes. À peine pourrait-on dire qu'il s'agit d'un texte français "d'après un texte de R. Sebond". Si nous mettons de côté la première phrase, qui garde à peu près le sens de l'original, le reste de la page française s'inspire d'une façon très approximative du latin de Sebond. Il serait peut-être utile de faire une paraphrase de l'essentiel des deux textes pour montrer à quel point ils sont divergents, avant d'essayer d'expliquer ces divergences. Le latin de Sebond est, comme toujours, bâti d'une suite de phrases qui s'enchaînent logiquement pour construire son argument. Pour le théologien espagnol il est tout à fait préférable de croire en Jésus Christ, fils de Dieu que de ne pas y croire, car Dieu ne fera rien contre ceux qui ont mis leur foi en son fils. Montaigne prend le sujet par un autre biais, en ajoutant des observations qui n'existent pas dans le texte latin. Par exemple la phrase suivante

> que ceux qui la [la religion] mesprisent à credit de leur nue et simple fantasie, n'ayant rien qui face pour eux, que des vaines imaginations, ny rien qui vaille à nous destourner ou esbranler

n'a pas d'équivalent en latin. En effet elle anticipe en quelque sorte les condamnations de la raison humaine que nous allons trouver dans l'*Apologie de Raimond Sebond*, car elle affirme, quoique de manière négative, que la raison seule n'est pas capable de confirmer notre foi en Jésus Christ. D'autres additions vont dans le même sens, pour minimiser le rôle de la raison dans la foi :

> ils ne peuvent resoudre que par opinion imaginaire, et appuyee sur des fondemens frailes, subject à estre debatuz et controversez en mille manieres.

Montaigne insiste ici sur le manque de solidité de la raison humaine dans un domaine aussi important que la foi chrétienne, pour rappeler les débats et les controverses des années précédentes. Il n'y a dans le texte de Sebond aucune référence à des affaires contemporaines, et il est clair que Montaigne, emporté par son sentiment de piété et de colère contre ceux qui prêtent trop d'importance à la raison humaine, a donné libre cours à l'expression de ses convictions personnelles. Le sujet général du chapitre reste le même pour les deux écrivains, mais le développement de chaque version est très différent.

Il y a un deuxième développement dans cet extrait où Montaigne parle des malheurs de ceux qui ne croient pas. Il semble qu'il attribue plus facilement la culpabilité aux infidèles, comme s'ils avaient choisi délibérément de ne pas croire. Ainsi :

> de façon qu'il ne se presente sans cesse à leur ame ainsi irresolue qu'un horreur et espouvantement effroyable des menaces de Dieu, qu'une peur continuelle de s'estre mescomptees en chose où il alloit du bien souverain de l'homme et de son dernier mal : ils remachent et repoisent incessamment la disparité de leur condition à la nostre, et voyent avecques grand despit et desesperé remors de leur conscience, comme de nostre mescompte (quand il seroit possible qu'il y en eust) nous ne pouvons encourir nul danger et nulle perte, et n'en pouvons retomber qu'en ce mesme estat qu'ils esperent pour eux et qu'ils se proposent : là où le leur les pousse et les precipite en un abisme de malheur et d'angoisse immortelle.

Le langage de cette fin de chapitre est très éloigné de celui du latin. Montaigne rejette sur les non-croyants la responsabilité de leur état de détresse. Il y dresse un portrait qui ressemble étrangement aux portraits traditionnels de l'enfer. Les mots coulent naturellement, comme si le traducteur s'était laissé entraîner par l'enthousiasme du moment, une série de dédoublements est intensifiée par l'emploi de l'allitération, pour créer un dynamisme et un mouvement dans son texte qui fait contraste avec les plates prémisses du latin. La foi, donc, pour Montaigne, n'est pas seulement un état qu'on possède, mais une série d'actions, de choix et de prises de responsabilité, tout comme l'absence de la foi conduit à une série de choix et d'actions inverses.

Le chapitre 209 traite aussi du sujet de la foi. Les modifications au texte sont plus subtiles que celles du chapitre précédent, mais prises dans leur ensemble elles contribuent à nuancer le message communiqué. La phrase suivante est assez typique de ce genre de modification. Le traducteur reste fidèle à la lettre du texte qu'il traduit, mais en même temps il réussit à laisser une empreinte qui lui est propre :

Et per consequens debet homo credere quicquid Deus dicit ita quod tota causa tota radix totum fundamentum credendi verbis Dei debet esse quia	Tout le fondement, cause, et racine, de l'asseurance que nous mettons aux paroles de Dieu, ne doit estre tiree d'ailleurs que de luy mesme : et nous y devons fier, seulement par ce qu'il les a

ipse dicit et talem honorem tenetur et debet homo Deo et verbis ejus scilicet credere omnia verba Dei quia ipse dicit. Aliter sequeretur quod ipse faceret Deo maximum vituperium contra suum honorem quia reputaret eum mendacem vel velle mentiri vel fallere vel posse falli.	dictes, ou faict dire. C'est honnorer Dieu et ses paroles que de les croyre directement et sans moyen. C'est le mescognoistre et l'offenser, que d'en user autrement. De faire doute à ce qu'il dict, c'est l'avoir en opinion de menteur ou de trompeur, et avoir desfiance de sa vertu.

Nous avons tout d'abord un changement dans l'ordre des mots. En commençant sa phrase avec "Tout le fondement..." Montaigne ajoute une force et une énergie à la phrase, qui en latin est assez faible : "Et per consequens debet homo...". Et puis "credere quicquid Deus dicit" devient "l'asseurance que nous mettons aux paroles de Dieu", expression plus personnelle de l'acte de foi qui comporte aussi un élément d'engagement. De même "nous y devons fier", pour "debet homo credere" est non seulement plus personnel, mais il ajoute la notion de confiance à celle de la foi. La petite phrase "croyre directement et sans moyen" donne une autre dimension à la discussion. Le latin dit seulement "credere verba Dei", mais l'addition de Montaigne fait penser aux idées des réformés qui rejettent l'intercession des saints et qui prônent les rapports directs et personnels entre chaque individu et Dieu. Finalement l'expression "avoir desfiance de sa vertu" va dans le même sens, car le latin "reputaret eum fallere vel posse falli" met l'accent sur les qualités de Dieu, tandis que Montaigne rend l'homme le centre de l'action - c'est lui qui pèche, par manque de confiance en Dieu.

Un autre extrait de ce chapitre servira à confirmer la tendance que nous venons d'observer :

Et sic facio Deo maximum vituperium et contra suum honorem et pono me supra Deum quia primo credo mihimet ipsi et rationi meae et sensui meo plus quam Deo.	J'estime et prise mes conceptions au dessus des siennes par consequent je l'injurie grandement, presumant plus de moy que de sa grandeur infinie, et entreprenant toucher et examiner la verité de ses paroles, à mes frivoles raisons et vaines fantasies.

Le changement dans l'ordre des mots sert à mettre davantage l'accent sur l'action de celui qui ne croit pas, et qui de ce fait offense Dieu. Pour une fois c'est le texte français qui est plus logique en apparence, ayant le lien causal "par consequent" là où le latin enchaîne avec "et... et". Ce lien de cause et d'effet renforce la notion de la responsabilité de l'homme qui choisit de ne pas croire. Ce manque de foi est condamnée en des termes similaires à ceux du chapitre précédent : "à mes frivoles raisons et vaines fantasies". C'est la raison, encore une fois, qui est condamnée quand elle se mêle de contredire la Foi. Ce jugement est une interprétation du texte latin qui n'est pas justifiée par le texte lui-même, et que Montaigne fintroduit dans sa traduction pour lui donner l'orientation qu'il désire. Nous voyons, donc, dans ces deux chapitres, qui forment un tout, que la Foi, pour le traducteur, ne peut pas se réduire à la simple crédulité de celui qui croit. Certes, cet élément existe, mais Montaigne y ajoute la notion d'engagement personnel, de responsabilité de l'individu dans sa décision de croire, et surtout de ne pas croire. Cette interprétation de la Foi correspond mieux au concept de la Foi avancé par les réformés, et aussi, dans une certaine mesure, au concept de la Foi nouvellement défini par le Concile de Trente à la fin des années 1540. Voici donc un exemple du traducteur qui adapte son texte à l'époque où il vit, qui met à jour des notions qui étaient sans doute en accord avec le siècle pendant lequel elles furent écrites. Nous ne voudrions pas insinuer que Montaigne a essayé de trancher dans le débat qui séparait Catholiques et Réformés, car son texte ne prend pas vraiment parti pour l'un ou l'autre camp. Mais il est incontestable que les débats de son époque avaient profondément marqué son attitude, et que les attitudes contemporaines se dégagent très clairement de sa traduction.

Un dernier chapitre pourrait ajouter un nouvel élément au concept de la Foi qui ressort de la traduction. Le titre du chapitre 271 est sans ambiguïté : "Comme la damnation eternelle est certainement proposée à qui ne croit à la foy chrestienne." La première phrase reprend l'expression "embrasser la foi" que nous avons déjà notée dans le chapitre 80. Après quelques lignes, nous trouvons un changement, simple en apparence, mais qui modifie profondément le sens de la phrase :

Et sic in fide Christiana est vera redemptio et verum precium quod debetur pro peccatis. Et ergo extra fidem Christianam non potest fieri satisfactio pro peccatis nec potest remitti aliquod peccatum quia per Jesum Christum solum fit remissio peccatorum. Et ideo sequitur quod quicunque sunt extra Christum et extra fidem Christianam necessario damnatur in aeternum.	il est certain qu'il n'y a nulle redemption hors la foy chrestienne : Jesus Christ est la seule satisfaction de tous les pechez, et hors de luy il ne se peut trouver de franchise.

La traduction ici, bien que raccourcie, reflète fidèlement le texte latin sauf dans un détail : "hors de luy", expression qui renvoie à Jésus Christ alors que le latin dit "quicunque sunt extra Christum et extra fidem Christianam". Le raccourcissement de la phrase ajoute du poids à cet "hors de luy", mettant l'accent sur la nécessité de se rapprocher de Jésus Christ pour celui qui veut être sauvé. Il est vrai aussi que la formulation de Montaigne est plus positive que celle de Sebond, et que l'impression donné par le texte français est celle d'un encouragement à embrasser la foi, plutôt que de menaces envers les infidèles. Vers la fin du chapitre nous trouvons une référence au "seul rédempteur et sauveur du monde" pour traduire "talis novus homo qui necessarius erat mundo...", expression qui précise la nature de la Foi qui doit se reporter uniquement sur Jésus Christ. La Foi engage toute la personne de l'homme, mais en plus elle devrait avoir pour seul objectif le Christ. Ce sont ici des expressions qui ressemblent davantage au langage des réformés dans lequel certaines formules reviennent sans cesse pour souligner les points essentiels de leur pensée.[1]

---

1 Voir par exemple le langage de Calvin dans l'*Institution Chrétienne* : "Il y a bien un autre sentiment en la certitude qui est toujours en l'Écriture conjointe avec la foi, à savoir pour mettre hors de doute la bonté de Dieu telle qu'elle nous est proposée. Or cela ne se peut faire que nous n'en sentions vraiment la douceur, et l'expérimentions en nous-mêmes. C'est pourquoi l'Apôtre déduit de la foi la confiance, et de la confiance la hardiesse,

Finalement, dans les dernières lignes de ce chapitre, Montaigne développe ainsi une petite phrase de Sebond :

quia est membrum tanti hominis qui est Deus et homo et qualiter praevalet unus Christianus verus quam omnes homines qui non sunt Christiani quia illi sunt perditi.	de s'enroller en la maison d'un si grand Roy, d'estre en la bonne grace d'un tel Prince et d'estre faict membre de son Dieu tout puissant et immortel

L'affirmation de la valeur de la foi est bien plus positive chez Montaigne, qui accentue les bienfaits et l'honneur accordés au croyant, tandis que Sebond fait le contraste entre croyants et non-croyants. Il s'agit d'une différence d'approche à l'intérieur d'une même constatation, car les textes sont équivalents, mais orientés différemment selon la perspective de leur auteur. Montaigne choisit de ne pas traduire “praevalet... quam omnes homines qui non sunt Christiani quia illi sunt perditi” ici mais d'inclure l'idée générale de cette phrase dans la phrase suivante, évitant ainsi la répétition qui se trouve dans le texte de Sebond. Cette omission lui permet de développer davantage la notion que le chrétien est un être privilégié qui est accueilli au sein de la famille royale de Dieu. À la lumière de cette modification nous pouvons préciser encore un peu plus notre idée de ce qu'était la foi pour Montaigne. S'il ne s'agissait que d'un acte de foi (l'acte de dire “je crois..." sans autre engagement), comme le suggère le texte de Sebond, celui qui choisit de ne pas croire est évidemment coupable, car la raison prouve la vérité de la religion chrétienne, et celui qui la rejette doit être condamné sans appel. Mais étant donné que la Foi, au sens le plus moderne du terme implique aussi un acte d'engagement, de confiance en Dieu et de soumission totale à sa volonté, Montaigne souligne ses bienfaits, et bien qu'il n'aille pas jusqu'à parler

en disant que par Christ nous avons hardiesse et entrée en confiance qui est par la foi en Jesus Christ (Eph 3 : 12). Par ces paroles il dénote qu'il n'y a point de droit foi en l'homme, sinon quand il ose franchement d'un coeur assuré se présenter devant Dieu : laquelle hardiesse ne peut être qu'il n'y ait confiance certaine de la bienveillance de Dieu. Ce qui est tellement vrai, que le nom de *foi* est souvent pris pour *confiance.* “ Livre troisième, Éditions Kerygma, Éditions Farel, 1978, p. 35.

de justification, son langage rappelle celui des élus et pourrait impliquer un élément de justification.

La Justification et la Pénitence

Le thème de la Justification elle-même est abordé au chapitre 295, dont le sujet est le sacrement de la Pénitence. Montaigne y apporte dans sa traduction des changements significatifs qui semblent indiquer des divergences d'interprétation entre les deux auteurs. Dans un domaine si central et si fondamental, toute divergence revêt une importance accrue et mérite d'être étudiée de près :

Sed quia semel Deus homo mortuus est et amplius mori non potest quia factus est immortalis et sufficit mors sua semel facta pro omnibus peccatis mundi et quia esset inconveniens Christum totiens mori quotiens nos peccamus.	mais il est mort une fois, sa mort, comme j'ay dict, contrebalance et emporte au poix tous les pechez qui sont, qui seront et qui furent oncques : il nous suffist de celle-là, et estant faict immortel, il ne peut mourir secondement.

La différence entre les deux textes réside non seulement dans des changements apportés par le traducteur, mais dans une orientation différente qui, en utilisant les mêmes concepts et les mêmes données, réussit à donner un nouvel accent à la phrase. Ainsi Montaigne ne traduit pas tout de suite "et amplius mori non potest", mais il termine sa phrase avec "il ne peut mourir secondement". Les changements dans l'ordre des mots ont pour effet de changer le poids respectif des éléments de la phrase. Les mots les plus frappants du texte français sont "contrebalance et emporte au poix tous les pechez qui sont, qui seront et qui furent oncques". Le latin avait une expression toute proche : "sufficit mors sua semel facta pro omnibus peccatis mundi". Le mot théologique "sufficit" revêt une forme bien plus frappante et plus forte dans "contrebalance et emporte au poix" qui, même s'il s'agit du dédoublement que nous sommes habitués à lire, dépasse le vocabulaire d'école un peu sec du latin, et lui prête plus de force et d'importance. De la même façon l'expression simple "pro omnibus peccatis mundi" est développée par le traducteur dans un sens plus positif et plus convaincant : "tous les pechez qui sont, qui seront et qui furent oncques". Le concept de "omnibus" est traduit directement par “tous” mais ce même concept est développé et rendu plus universel dans le temps, ce qui affaiblit la notion de la capacité de l'homme à gagner sa justification par ses propres moyens.

Une deuxième modification à ce chapitre change de façon fondamentale la portée du texte de Sebond :

Et ideo prima reparatio hominis per Baptismum fit gratis et absque poenitentia exteriori sed sufficit fides propria et interior poenitentia seu displicentia et applicatur ei tota mors Christi gratis ad satisfaciendum pro omnibus suis peccatis ac si ipse sustinuisset pro seipso mortem illam.	Nostre premiere reparation au baptesme se faict gratuitement et sans nostre exterieure repentance, la mort de Jesus Christ nous y est liberalement appliquee, et nous purge entierement de toutes nos fautes. Tout ce que nous avons failly jusques lors par ceste propension vicieuse, qui estoit originellement en nous, nous y est effacé et aboly, pourveu que ceux qui sont en aage de vouloir ayent affection de se joindre à Jesus Christ, et soient marris interieurement du passé.

Les premières lignes de cet extrait sont traduites assez littéralement. Le reste de l'extrait est profondément modifié. Les mots clefs du latin “sed sufficit fides propria” ne sont pas traduits directement, mais par l'expression “ayent affection de se joindre à Jesus Christ”, ce qui confirme nos observations sur l'interprétation de la Foi chez Montaigne. La notion que la mort du Christ suffit automatiquement, pourvu que nous ayons la Foi devient autre chose en français. Ceux qui choisissent de se joindre à Jésus Christ remplissent les conditions nécessaires pour la rémission des péchés. La différence entre les deux textes est assez nuancée, et elle reflète les débats des premières séances du Concile de Trente en 1546. Il est peu probable que Montaigne n'ai pas eu connaissance de ces débats au cours des vingt années suivantes, et nous pouvons conjecturer avec confiance qu'il a modifié le texte de Sebond qui portait sur la Foi à la lumière de sa connaissance des querelles théologiennes. Ces querelles avaient toujours existé dans une certaine mesure, mais les affirmations de Luther leur avaient donné vie nouvelle, de sorte que les théologiens de l'Église catholique se trouvaient obligés de définir avec précision le dogme officiel, pour mettre fin au doute parmi leurs fidèles, et pour rétablir la suprématie doctrinale de Rome. Ainsi la position officielle de l'Église sur la Foi et sur la Justification, bien qu'opposée aux idées luthériennes, se distançait aussi des idées du scolasticisme du quinzième siècle. Montaigne ne pouvait pas traduire le texte de Sebond comme si ces débats ne s'étaient jamais produits, et comme si rien n'avait changé depuis le temps de la *Theologia*. Il est donc plus que probable qu'il ait cherché à rendre le sens général des idées de Sebond sur la Foi, tout en les adaptant et en les infléchissant dans le sens de la doctrine nouvellement définie par le Concile de Trente.

Une partie de l'extrait que nous venons de citer est traduite plusieurs lignes plus loin par Montaigne :

[quae de necessitate fecit quamvis voluntarie fecerit]	par ce que le peché jusques lors commis, a esté commis, bien que volontairement, par la force et necessité...

Ce déplacement a été effectué, sans doute, pour des raisons de clarté, car le texte latin du premier extrait est loin d'être transparent. Mais tout déplacement d'une phrase entraîne des changements dans son nouveau contexte. Ainsi nous trouvons d'autres modifications qui confirment notre jugement sur le sens que prenait la pensée de Montaigne dans ce chapitre :

Si ergo ad primam reparationem requiritur fides et credulitas in homine et displicentia de vita praeterita sine alia satisfactione et poenitentia exteriore et totum remittitur ei gratis ac si nunquam peccasset et hoc quia ab alio habuit lapsum et necessitatem peccandi	Ainsi en ceste premiere reparation on demande en nous du consentement, de la foy et de la repentance en nos coeurs sans autre satisfaction ou exterieure penitence, [par ce que le peché jusques lors commis, a esté commis, bien que volontairement, par la force et necessité toutesfois] de ce mauvais ply qu'avoit donné à tout le genre nostre premier pere.
sed postquam homo per Baptismum est regeneratus et reformatus et reparatus de primo lapsu in quo erat per alium et non per se	Mais apres que par le baptesme nous sommes renouvellez, reforme, rebastis et remis en nostre entier par le bien-faict d'autruy et sans aucun nostre merite,

si cadit ulterius in peccatum et offensam Dei tunc cadit in obligationem poenae aeternae.	si nous retombons au peché, nous retombons en l'obligation de la peine eternelle

Notons d'abord que Montaigne traduit "fides et credulitas" par "consentement... [et] foy", confirmant ainsi la même traduction dans d'autres passages qui prennent "fides" dans le sens d'un choix délibéré pour adhérer à Jésus Christ. Et le changement de "in homini" à "en nos coeurs", qui pourrait passer pour un simple changement de style, rend le mouvement de la Foi plus personnel et plus intérieur qu'il ne paraît dans le latin. Mais il y a des changements plus surprenants dans le texte français. Si le latin parle à deux reprises du manque de la culpabilité de l'homme dans le péché originel en des termes clairs : "quia ab alio habuit lapsum" et "de primo lapsu in quo erat per alium et non per se", Montaigne modifie sensiblement le sens pour donner au texte une tout autre résonance. Il utilise un terme moins transparent en disant "ce mauvais ply qu'avoit donné à tout le genre nostre premier pere", et au lieu de répéter cette observation il en renverse le sens en disant que l'homme est renouvelé "par le bien-faict d'autruy et sans aucun nostre merite". Ainsi Montaigne semble moins prêt à affirmer le manque de culpabilité de l'homme, et plus enclin à reconnaître la gratuité de son salut par la Rédemption. Ce glissement de sens est effectué avec beaucoup de finesse, car le français suit d'assez près la lettre du texte latin. L'effet sur le lecteur, pourtant, est indéniable, car le processus un peu mécanique incorporé dans le texte de Sebond est remplacé par une théologie bien plus moderne qui relève des préoccupations des débats du seizième siècle. En particulier, à ce moment de sa vie, Montaigne semble bien plus conscient de la responsabilité de l'homme, et de la bonté de Dieu qui lui pardonne ses fautes, que n'est le théologien qu'il traduit. La question à poser est celle du degré d'inflexion délibérée qu'il apporte à sa traduction. La réponse est loin d'être facile à trouver, car elle dépend de plusieurs éléments qui sont tous susceptibles d'interprétations différentes.

Le désir de rendre plus complexe le traitement de la question de la Justification et de la Pénitence (qui lui est intimement liée) est encore illustré dans la traduction de deux petits mots latins. Parlant quelques lignes plus loin des deux états de l'homme, Sebond écrit "perfectum et lapsum", que Montaigne traduit ainsi :

> la bonne en laquelle il estoit né, et l'imparfaicte en laquelle il estoit cheut

Évitant la dichotomie quelque peu simpliste du texte latin, Montaigne sent la nécessité de développer chaque terme, et cela en partie pour assouplir son texte, mais aussi pour assouplir les notions, trop manichéennes, du théologien scolastique. Au-delà de la volonté de créer un devenir, là où il n'y avait qu'immobilité, Montaigne veut moderniser l'expression théologique, pour prendre en considération les développements des années récentes. Mais il travaille aussi à rapprocher le texte de ses sentiments personnels. Ainsi un peu plus loin il traduit "instigans" par "esguillonne et achemine", ce qui est un dédoublement assez normal comme ceux que nous avons repérés tout au long de la traduction, mais qui prête plus de force à l'image de l'homme attiré vers le mal par des forces en dehors de sa volonté, mais néanmoins des forces qui se trouvent faire partie intégrante de son être.

Un dernier extrait de ce très long chapitre mettra la touche finale au portrait que se fait Montaigne de la Pénitence :

Sic ergo quia homo cadit a suo statu post Baptismum per se licet alio instigante sed non cogente nec de necessitate cum poterat stare si vellet ideo non ita leviter poterit reformari de isto secundo lapsu sicut de primo quia iste lapsus secundus est omnino suus.	si est-ce que d'autant qu'en ceste incitation et tentation il n'y a ny contraincte ny force, et que par consequent ceste seconde cheute est causee par nous-mesme, elle n'en est pas si aisee à r'abiller que l'autre, et à ceste cause sa reparation s'obtient bien avec plus de mystere.

La traduction recrée le texte original du point de vue du style. Non seulement avons-nous la traduction de "alio instigante" par "ceste incitation et tentation", et "non cogente" par "ny contrainct ny force", mais l'ordre des mots, et même des idées est aussi modifié. Même si l'essentiel du texte sebondien est traduit assez fidèlement, il reste vrai que l'équilibre entre la culpabilité attribuée à l'homme et son degré d'innocence, n'est pas maintenue par Montaigne. Il est vrai que le latin ici n'est pas très élégant, même selon les critères du latin scolastique, car certains textes latins de l'époque accusent un style limpide et élégant. La lourdeur de la phrase

> licet alio instigante sed non cogente nec de necessitate cum poterat stare si vellet

saute aux yeux. Montaigne évite la structure coupée de la phrase pour écrire simplement

> d'autant qu'en ceste incitation et tentation il n'y a ny contrainete ny force.

L'expression simple et directe transmet le message avec plus de force et de conviction que le latin, avec ses rajouts et sa syntaxe inégale. Le message devenu plus clair, l'accent est légèrement déplacé par rapport au texte latin. Le début et la fin de l'extrait en latin accentuent la culpabilité de l'homme dans cette deuxième chute : "homo cadit... per se" et "est omnino suus". Montaigne change la structure de la phrase, et réussit à changer en même temps l'orientation principale de son texte. Il souligne la difficulté pour l'homme de se faire pardonner : "n'en est pas si aisee à r'abiller' et "bien avec plus de mystere". Pour exprimer cette idée, Sebond avait seulement écrit en milieu de phrase les mots "non ita leviter poterit reformari". Il semble donc que Montaigne, tout comme il avait souvent mis en avant la notion de la responsabilité de l'homme envers ses propres fautes, suggère ici qu'il n'est pas aussi facile que l'on aurait tendance à le croire, de se défaire de ses fautes, une fois qu'elle sont commises. En ajoutant l'image de "r'abiller" et la notion de mystère à son texte, il ajoute un certain poids, une dimension non pas nouvelle certes car la notion de facilité se retrouve dans le "leviter" du latin, mais une insistance sur la difficulté de se faire pardonner des péchés dont on est entièrement responsable.

La Grâce et la Chute

Si la Foi et la Justification sont au centre des débats théologiques de l'époque, ces questions sont intimement liées aux notions de la Grâce et de la Chute, thèmes qui sont traités dans le groupe des chapitres 227, 234, 236, 240 et 255. C'est la présentation de la Chute surtout qui frappe chez Montaigne, et nous pouvons remarquer tout au long de la traduction de petites phrases qui indiquent le chemin qu'il adopte. Au début du chapitre 227, par exemple il traduit "ac si nihil mali esset" par "comme si ses affaires estoient au meilleur poinct du monde", phrase qui concrétise et qui rend plus vivante l'expression abstraite du latin, mais qui en même temps semble mettre davantage l'accent sur l'inconscience et l'insouciance de l'homme devant son état déchu. Le traducteur ajoute ainsi un élément supplémentaire à la condamnation de l'homme qui peut se lire chez Sebond, mais en des termes plus doux et moins indignés. En fait ce même chapitre contient un passage assez étendu qui va dans le même sens, et qui révèle l'attitude indépendante de Montaigne vis-à-vis de son texte de départ :

Et ideo quia homo in seipso non bene videt nec sentit suam corruptionem debet videre in aliis rebus extra se similitudinem suae perditionis et sui lapsus. Et facere sibi quoddam speculum in quo continue videat suum statum corruptum et mutatum ut non tradat oblivioni suum malum ut sic doleat.	Or puis qu'il est tel, puis qu'il est si perclus de tous sentimens, qu'il n'a pas de soy la force de cognoistre son mal et de descouvrir sa piteuse condition, faison-la luy veoir par la similitude des choses exterieures, presenton-luy quelques exemples, dans lesquels, comme dans un miroüer, il puisse ordinairement contempler sa corruption et son miserable changement : Car il n'est aucunement besoing qu'il s'y endorme ou qu'il l'oublie.
Postquam ergo homo comparavit seipsum et totum facere suum ad ipsum debitum per quod cognoscit se esse perditum et lapsum debet se comparare ad res alias extra se quando mutantur aut quando in contrarium suae naturae corrumpuntur vel debet fingere contrarium cujuslibet rei quam videt et corruptionem et cogitet qualis est quaelibet res quando mutata est in contrarium suae propriae naturae et quando corrupta est vel qualis esset si mutaretur et corrumperetur et cogitet quod pro certo	Puis donc qu'il vient de comparer au devoir et soy et ses actions et d'apprendre qu'il est merveilleusement transformé, faison-luy concevoir l'importance de ceste transformation par quelques pareilles considerations. Qu'il regarde aux autres choses hors de soy quand elles se changent, et quand par la corruption leur nature prend une forme nouvelle, ou bien qu'il imagine en chasque chose son estat contraire et l'entiere alteration de ses qualitez premieres, et qu'il face apres son compte d'estre tout tel au pris de son propre et naturel estat qu'il voit estre ces autres choses ou qu'il les imagine.

talis est ipse secundum jus
propriae naturae in quo
debet esse.

Dès la première ligne nous pouvons constater que la traduction développe l'idée exprimée par le texte latin. Par exemple "quia homo in seipso" devient "puis qu'il est tel", expression plus directe et en même temps plus explicite que le latin. En répétant, ce qui est assez rare, "puis que", le traducteur isole l'état de l'homme en tant que cause de son ignorance, alors que "in seipso [non bene videt]" est une simple qualification de "videt". C'est-à-dire que la phrase "puisque l'homme ne voit pas bien en lui-même" est modifiée de telle façon par Montaigne que les deux parties de la phrase sont séparées en vue d'ajouter de la force à l'expression. Et quoi dire de sa traduction de "bene videt" ? Nous trouvons à sa place "il est si perclus de tous sentimens", phrase bien plus accusatrice de l'homme. Celui qui ne voit pas n'est pas nécessairement coupable de sa faute, mais celui qui est privé de tout sentiment semble dans une position beaucoup plus désespérée, car il lui manque tout espoir de prendre conscience de son état. Dans la phrase suivante Montaigne traduit "nec sentit suam corruptionem" par "il n'a pas de soy la force de cognoistre son mal et de descouvrir sa piteuse condition". Ici encore une fois le traducteur explicite et amplifie le sens du latin, pour que le simple "nec sentit..." soit développé pour inclure deux handicaps précis et distincts : d'abord celui de ne pas connaître son mal, et deuxièmement celui de ne pouvoir découvrir sa condition misérable. Ainsi la notion vague du latin "corruptio" se trouve explicitée et rendue très réelle sous la plume de Montaigne. Cette modification semble dictée moins par le désir de rendre plus concret (phénomène que nous avons constaté universellement dans la traduction) que par le sentiment vécu et personnel de la fragilité humaine après la Chute. L'emploi de l'adjectif "piteuse" pour qualifier notre condition prête même au texte un élément de subjectivité et de souffrance de l'individu qui fait contraste avec la notion un peu vague de "corruptio" qui n'a aucune résonance personnelle.

La réaction que doit avoir l'homme contre cet état est exprimée tout aussi diversement par les deux textes. La simple prescription "debet videre..." est transformée en une incitation à l'action "faison-la luy veoir..." qui tout en impliquant le lecteur dans l'acte, donne au texte une vigueur et une urgence qu'il n'avait pas dans le latin de Sebond. De même, l'expression "debet se comparare" quelques lignes plus loin est traduite par "faison-luy concevoir". Il n'est pas question, pour Montaigne, que l'homme reste spectateur de son destin qui existe en dehors de lui, et pour donner plus de poids à ce sentiment il ajoute à son texte "Car il n'est aucunement besoing qu'il s'y endorme ou qu'il l'oublie", phrase inexistante dans le texte latin. La phrase ajoutée confirme l'impression que le traducteur a voulu communiquer sa propre pensée. Celle-ci tend à attribuer plus de responsabilité à l'homme pour ses actions, mais en même temps elle le considère en tant qu'être autonome qui doit prendre en main les moyens d'arriver à son propre salut.

Une autre tendance dans la traduction est de mettre l'accent sur le drame et l'intensité de la transformation qui s'est opérée chez l'homme au moment de la Chute. Ainsi il traduit "perditum et lapsus" par "il est merveilleusement transformé", termes qui soulignent le devenir plutôt que l'être, et qui donnent l'impression que l'immensité de la métamorphose est plus présente à son esprit que le fait même du mauvais sort dans lequel l'homme était tombé. Cette vision dynamique de la Chute de l'homme rend plus facile la notion d'une métamorphose en sens inverse, c'est-à-dire de la Rédemption, parce que dans un monde où tout est en mouvement, les choses peuvent se perfectionner aussi bien qu'empirer. Nous voyons la même tendance dans ce passage avec "se changent" pour "corrumpuntur", et "prend une forme nouvelle" pour "mutata est", mots qui sont très proches du sens de l'original, mais qui gardent quand même leur accent propre, qui s'éloigne de celui du latin.

Le drame de la Chute ressort de la traduction de Montaigne sous un autre aspect dans certains autres passages de ce même chapitre, dans lesquels son texte souligne, avec cette "merveilleuse transformation", le contraste infini entre ce qu'est l'homme maintenant et ce qu'il était avant la Chute : c'est-à-dire l'énormité de sa perte, et l'énormité du bien qu'il a rejeté avec son rejet de Dieu, et de son état d'innocence. Par exemple dans le développement de l'image du vin et du vinaigre représentant l'état de l'homme avant et après la chute, nous trouvons cette jolie phrase dans le français qui n'existe pas dans le texte latin : "et la douce saveur qui devoit estre en luy selon sa propre nature s'est du tout aneantie". Montaigne, en tant que seigneur ayant l'habitude de goûter des vins fins, sentait plus vivement la force de cette image, et il l'utilise dans son texte pour accentuer la distance qui sépare ce qui était de ce qui est, l'homme déchu de l'homme innocent, le monde actuel et le paradis perdu. Tout de suite après cet ajout Montaigne traduit la phrase "si cognoscat statum in quo debet esse" (il s'agit du vinaigre!) par une phrase plus complexe et plus développée :

> s'il y pense bien, [l'homme a] dequoy se contrister de la totalle subversion de sa dignité et noblesse ancienne

La modification dépasse l'ajustement de style ou de nuance. Cette fois il s'agit d'expliciter dans une forme directe et sans ambiguïté ce que Montaigne considère être pour l'homme la catastrophe de la Chute. Dans le même sens nous trouvons que le très simple "suum lapsum" à la fin du chapitre devient en français "la hauteur infinie de sa cheute", insistant une fois encore sur la grandeur de la transformation qui s'est effectuée chez l'homme.

Cette même tendance à souligner le drame de la Chute peut être repérée tout au long des chapitres 234-240, et nous n'avons pas besoin de citer chaque exemple individuel. Il serait utile, toutefois, de choisir quelques passages qui illustrent très bien la consistance de l'attitude personnelle de Montaigne envers cette question de la Chute, car c'est une attitude qui pourrait nous aider à comprendre certains passages des *Essais* dans lesquels il sera question de l'abaissement de l'homme. Évidemment les petits changements tels que ceux que nous avons déjà cités existent tout au long de ces chapitres : par exemple "contrario statui in quo modo est" est traduit par "entierement different de ce qu'il est à ceste heure" au début du chapitre 234, phrase qui semble un tout petit peu plus forte que la phrase latine, mais nous n'allons pas insister sur ce type de changement, car la différence d'accent est si nuancée qu'elle pourrait paraître à certains apporter peu à notre compréhension globale des deux textes.

Mais vers la fin du chapitre 234 Montaigne donne libre cours à sa plume dans la traduction suivante, pour imposer au texte sa propre lecture et sa propre expression :

Item mors est ultimum terribilium est odibilissima timendissima et horrendissima et nullo modo amabilis nec placibilis.	D'avantage veu qu'il n'est rien plus horrible, espouvantable et effroyable que la mort, rien plus hayssable, evitable et ennemy de nostre volonté,
Quare sequitur quod in	il s'ensuit qu'elle n'avoit nulle

primo statu mors nullo modo habuit locum sed solum vita quia est contra voluntatem.	place en ceste parfaicte condition de l'homme, et qu'il estoit lors fourny d'une vie perpetuellement tres heureuse :
Item per mortem homo desinit esse homo sed homo in primo statu semper vellet esse homo et nollet esse non homo nec mortuus homo quia homo nullo modo in primo statu potuit velle nec amare mortem immo odire quia nihil magis inimicum homini quam mors nihil magis contrarians.	Car jouyssant d'une felicité souveraine, il estoit impossible qu'il souhaittast de mourir, ou qu'il consentist de n'estre plus homme, nulle chose ne luy estoit tant à craindre que la mort :

Le sujet de cet extrait c'est la mort, qui par un télescopage des mots de la fin de la phrase "contra voluntatem" et des deux adjectifs "amabilis nec placibilis" devient pour Montaigne "ennemy de nostre volonté". Le concret remplace l'abstrait, comme toujours dans cette traduction et l'expression personnelle est substituée à l'impassivité des adjectifs latins. Cet engagement personnel de l'homme dans son destin est à la base de la plupart de ces chapitres. La perte de son état originel devient pour chaque individu une perte personnelle et actuelle, ressentie comme telle, plutôt que comme une discussion aride de doctrine théologique. Ainsi "in primo statu" est traduit par "en ceste parfaicte condition", pour mieux exprimer la gravité de la perte. D'autres ajouts contribuent à faire ressortir cet aspect du texte. L'excellence de la vie d'avant la Chute est évoquée à deux reprises par la traduction : "une vie perpetuellement tres heureuse", "jouyssant d'une felicité souveraine", phrases qui ne correspondent à aucune phrase latine, et qui changent donc la portée du texte rigoureusement neutre de Sebond. Cette tendance se poursuit dans le chapitre suivant. Par exemple, vers la fin du chapitre Montaigne parle de

> l'infinité des biens qu'il a perdus, et la grandeur incomprehensible des maux qu'il s'est acquis

là où le ton du latin est bien plus sobre :

> quot et quanta bona perdidit et quot et quanta mala nunc habet

de façon à ce que l'écart entre l'état présent et l'état passé semble bien moins dramatique que dans le français de Montaigne. Un autre aspect de la Chute de l'homme en tant qu'événement apocalyptique reparaît tout de suite au début du chapitre suivant :

Post praedicta oportet investigare originem corruptionis et mali ipsius naturae hominis et quomodo intravit et videre quis hominem fecit talem et in tali statu sicut modo est.	Il me faut à ceste heure trouver la cause de nostre corruption, il me faut trouver par où elle s'est insinuee en nostre nature, et par quels moyens nous nous sommes si estrangement eslongnez de nos conditions premieres.

La petite phrase "par où elle s'est insinuee en nostre nature" qui est censée traduire "originem... mali ipsius naturae hominis" évoque le drame d'un poison qui se glisse sous la peau de l'homme pour le corrompre, mais une fois cette corruption survenue la responsabilité des actions subséquentes semblent être imputée à l'homme lui-même, comme le fait entendre les mots "nous nous sommes si estrangement eslongnez de nos conditions premieres". Ainsi au sein d'une même phrase nous trouvons à la fois l'idée de la responsabilité et de l'impuissance de l'homme vis-à-vis de sa chute. Que de différences entre cette angoisse ressentie par le traducteur et l'indifférence froide du texte latin! En fait c'est la volonté même de l'homme qui est mise en cause par la Chute. Pour illustrer ce point Montaigne remplace la formule "Ergo sequitur" du latin, formule répétée tant de fois au cours de l'oeuvre qu'elle perd de sa force, par

> c'est un argument infaillible qu'il [le liberal arbitre] est luy-mesme desnaturé, corrompu, perverty et changé en son contraire

En insistant d'une façon si vigoureuse sur la vérité de ce qui suit, Montaigne ajoute une force et une vitalité à la phrase qui confirment la nature intense des changements qui se sont produits chez l'homme. En insistant à plusieurs reprises sur l'extrême bonheur de l'état originel et sur l'extrême misère de notre état actuel Montaigne dresse un portrait bien différent de celui de Sebond, dont le langage sec et rempli de formules tend à supprimer tout sentiment humain du drame de la Chute. La fin de ce même chapitre contient deux exemples supplémentaires de cette tendance. Pour traduire "[non] malum nec corruptum" Montaigne écrit "et exempt de toute violence estrangiere", et il introduit une bien jolie phrase pour terminer :

> s'est desvoyee de la droicte carriere, et precipitee au gouffre de tout mal et de tout vice

pour traduire la très simple "fecit seipsam malam". Comme presque partout dans la *Théologie naturelle* le sens global du texte latin est plus ou moins rendu dans la traduction. Il est clair dans ce cas, pourtant, comme dans bien d'autres à travers l'oeuvre, que le ton est sensiblement différent de celui du texte de départ, et que cette différence de ton ne peut se réduire à la simple question de style, d'élégance et de "qualités littéraires". D'abord tous les changements vont dans le même sens, et confirment que l'interprétation du traducteur suit la ligne qu'il s'est choisie. Les ajouts, les suppressions, les modifications de toute sorte semblent toujours concorder avec une certaine orientation du texte, qui dresse un portrait dramatique et personnel de la Chute.

Le chapitre 240 se propose de découvrir les raisons de la Chute, et dès les premières lignes nous voyons l'indépendance du traducteur à l'égard de son texte latin :

Sed valde mirandum est cum primus homo in primo statu esset ita perfectus ita completus in omni perfectione et in omni cognitione sibi necessaria esset etiam amicus Dei amaret Deum qui eum creaverat in tanta dignitate super omnes alias creaturas quomodo potuit velle offendere Deum et facere aliquod displicitum ei et contra suam voluntatem	Mais il est bien fort esmerveillable par quels moyens l'homme estant accomply en toute perfection estant parfaict en toute intelligence et science à luy necessaire, peut estre desmeu de son amour envers Dieu, engendree par la recente obligation de sa creation, et comme il peut estre poussé à l'offenser, et enfraindre sa première ordonnance

Notons d'abord le glissement subtil qui pourrait nous indiquer l'orientation de la pensée du traducteur. En effet il se sert du simple "l'homme" pour traduire la formule "primus homo in primo statu", formule bien précise qui est censée marquer la différence entre la responsabilité de l'homme avant et après la Chute. En supprimant cette distinction dans ce contexte précis, Montaigne serait-il déjà sur la voie qui le mènera au fameux abaissement de l'homme exprimé dans les *Essais* ? En tout cas il est évident que Montaigne ne perd jamais de vue la responsabilité de l'homme de sa propre condition, et qu'il accepte que la volonté soit corrompue et avant et après la Chute. La deuxième moitié de cet extrait est soigneusement rédigée par le traducteur, et sa structure est bien différente de celle du latin. Sebond se demande comment l'homme en tant qu'ami de Dieu qui l'a mis au monde dans une position privilégiée peut vouloir offenser Dieu et agir contre sa volonté. Montaigne pose la même question, mais sous une autre forme. Comment l'homme peut-il être détourné de son amour de Dieu, amour qui est engendré par sa récente création, et comment peut-il être poussé à l'offenser ? Des différences d'accent sensibles ressortent des deux textes. Pour Sebond, l'homme se trouvait dans un état privilégié et plein de bonheur. Pour Montaigne l'homme se trouvait dans un état qui l'obligeait à aimer Dieu. Sebond se demande pourquoi l'homme a voulu rejeter son rôle privilégié dans le monde. Montaigne se demande comment il a pu tourner le dos à Dieu qui l'avait créé. Finalement Sebond pose la question de l'offense contre Dieu en termes généraux "aliquod displicitum ei et contra suam voluntatem" alors que Montaigne est plus précis : "enfraindre sa première ordonnance". Que conclure de ces disparités ? Il nous semble que les trois différences que nous avons relevées contribuent à exprimer une interprétation différente des rapports essentiels entre l'homme et Dieu. L'impression que nous donne le texte latin est que l'homme a été stupide de tourner le dos à un état de bonheur. Par contre Montaigne semble nous indiquer que l'homme lui-même est en grande partie responsable de sa Chute. C'est lui qui a échoué dans son obligation envers Dieu, lui qui a choisi d'enfreindre la loi, et par conséquent la responsabilité de son état actuel lui revient.

Le texte français de la plupart du chapitre 240 est plus riche et plus développé que le latin, comme nous pouvons le constater dans l'extrait suivant :

Ergo multo magis in illo statu sano et perfecto cum homo esset bonus totus et gratus et talis erat. Ergo videtur quod homo proprio motu non offendit Deum nisi fuerit instigatus et inductus per alium aliquem.	Il n'est donc pas possible que l'homme en son entiere et nayfve excellence soit allé de gayeté de coeur et de son propre mouvement aigrir et picquer celuy duquel il venoit de recevoir sur l'heure tant de biens et tant d'avantage sur toutes ses autres creatures : Sans

> doute, il fut esmeu d'ailleurs, et incité par quelque autre à mespriser la volonté de son facteur, et à violer son commandement, et non incité seulement par conseil, mais par quelques grandes promesses et esperance de meilleure fortune.

Voilà un exemple de la rédaction de phrases entières à la base de germes d'idées contenus dans le texte latin. Les mots deviennent des phrases et le texte s'accroît en conséquence. L'idée contenue en germe s'épanouit pour prendre une forme complète et éloquente. Le résultat c'est que l'énormité de la Chute de l'homme est clairement exprimée en français, là où elle est plutôt suggérée en latin. Les mots "multo magis" ne renvoient à rien de particulier, si ce n'est la phrase précédente dans laquelle il est question de mourir pour ses amis, phrase qui n'est pas traduite par Montaigne. La jolie expression

> soit allé de gayeté de coeur et de son propre mouvement aigrir et picquer celuy duquel il venoit de recevoir sur l'heure tant de biens et tant d'avantage sur toutes ses autres creatures

ne se trouve pas chez Sebond, ce qui nous amène à poser la question de savoir pourquoi le traducteur l'a ajoutée. Le langage est très typique du style de Montaigne, et nous pousse à croire qu'il s'agit d'une addition de sa part, plutôt que de la lecture d'éditions différentes. Si le traducteur se donne la liberté d'inventer, d'ajouter à son gré des phrases qui n'existent pas dans le texte d'origine, nous croyons que c'est parce qu'il interprète différemment le sens du texte, et qu'il veut donner pleine expression à cette différence. Pour Montaigne il est impensable que l'homme "en son entiere et nayfve excellence" puisse vouloir offenser Dieu. La description pittoresque du péché originel contient deux éléments ajoutés. L'image de "gayeté de coeur" rend tout à fait absurde la notion d'un acte volontaire, car l'homme ne courra pas à sa perte "de gayeté de coeur". De même les mots "aigrir et picquer" celui de qui il dépend pour son existence est pareillement absurde. Ainsi le champ sémantique de la petite phrase "multo magis" se trouve ouvert à d'autres idées plus précises et plus probantes, qui permettent au traducteur de peindre le tableau de la Chute qu'il veut évoquer pour le lecteur. C'est pour cette même raison qu'il emprunte des mots et des bouts de phrase à d'autres parties du même chapitre, pour donner à son argument le plus de force possible. Ainsi, pour introduire un effet de surprise dans sa phrase il prend les mots "per alium aliquem" et il les explique, en citant la phrase qui paraîtra quelques lignes plus loin "par quelques grandes promesses et esperance de meilleure fortune". En rendant plus vigoureuse et plus robuste son expression d'étonnement envers la conduite de l'homme, il continue sur la même voie qu'auparavant, et réussit à rendre plus dramatique et plus désastreuse pour l'homme son expulsion du paradis.

Immortalité de l'âme

Un seul chapitre est consacré à l'immortalité de l'âme, le chapitre 217, extrêmement long. Il faut constater dès le départ que Montaigne semble accepter, dans son ensemble, la doctrine de l'Église sur ce sujet, et qu'il apporte des modifications aux détails plutôt qu'à l'essentiel du sujet. Il est intéressant, cependant, de s'arrêter sur quelques-uns de ces changements, car ils servent à confirmer ce que nous avons déjà constaté dans d'autres domaines. Les premières lignes du chapitre sont typiques de la traduction de ce chapitre :

Quoniam autem haec scientia est de homine et principalior res quae sit in homine est anima rationalis et quia forte plures credunt quod anima sine corpore nihil sit et quod mortuo corpore anima moriatur et non remaneat vivens et viva. Et per consequens non credunt bona aeterna et ideo non curant laborare pro illis nec etiam credunt mala aeterna nec per consequens curant fugere illa. Ideo ut omnis homo cognoscat quod ipse habeat animam immortalem quae in	Puis que ceste science est de l'homme, duquel la principale partie c'est l'ame raisonnable, et qu'il est par adventure grand nombre de personnes qui jugent leur ame n'estre rien sans le corps, et qui mesurent son vivre et sa duree à la vie, et au durer de leurs membres : nonchalans par consequent des biens à venir, desdaignans de mettre peine à les acquerir, mesprisans aussi la damnation eternelle, et ne se mettant en nul devoir de l'eviter : J'entreprens en ce lieu de

aeternum vivet. Hic probatur quod anima rationalis est immortalis.	convaincre leur opinion fausse et erronee, et de prouver clairement à tout homme que son ame est immortelle :

Le début de cet extrait est assez littéralement traduit, mais à partir du mot "credunt" il s'enrichit. Et d'abord la traduction du mot "credunt" permet à Montaigne de varier son expression de telle sorte que son texte présente une image de l'homme qui choisit délibérément de croire que son âme est mortelle, là où le texte latin indique seulement qu'il ne croit pas à l'immortalité de l'âme. Les mots employés par Montaigne sont plus précis : "qui jugent", la première fois, renforcé par "qui mesurent", phrases qui indiquent un élément de choix délibéré provenant d'une décision personnelle. De la même façon, "non credunt" est traduit par "nonchalans", et "nec credunt" par mesprisans". Tous ces mots ajoutent une connotation d'engagement et d'action volontaire de la part de celui qui ne croit pas, ce qui sert, dans le texte français, à le culpabiliser davantage. Cette impression est confirmée par les traductions de "non curant" et de "nec... curant" par "desdaignans" et par "ne se mettent en nul devoir". En choisissant des mots qui comportent une dimension de surenchère affective qui fait contraste avec le ton assez neutre du latin, Montaigne transforme la question de l'immortalité de l'âme d'abstraction intellectuelle en un drame personnel dans lequel le non-croyant devient plus coupable à mesure qu'il rejette ce principe qui est à la base de la religion chrétienne. Finalement l'annonce du contenu de ce chapitre est vide d'emotion dans le texte latin : "ut omnis homo cognoscat... hic probatur". L'universel est clairement indiqué par l'emploi du mot "omnis", mais le ton reste neutre. Le français, en revanche, annonce un débat entre l'auteur (Je) et "leur opinion fausse", débat qui prendra l'allure d'un combat personnel entre individus plutôt qu'un débat d'ordre purement intellectuel. Le reste de ce chapitre traduit assez exactement le texte latin, mais les phrases sont plus souples, les points de repère sont en général éliminés (des phrases comme "Primum fundamentum", "aliud fundamentum") ce qui a pour effet de réduire l'impression d'un exposé scolaire, et d'humaniser davantage l'argument. Il ne s'agit donc pas pour le traducteur de modifier en aucune manière la doctrine telle qu'elle est exprimée dans le texte de Sebond, mais de la présenter autrement, pour que le lecteur puisse mieux saisir la vérité de ce qui est dit.

L'Existence de Dieu

La question de l'existence de Dieu est traitée assez sommairement par la *Theologia*, au cours des premiers chapitres. Comme on s'y attendrait, la traduction de ces premiers chapitres est un peu incertaine, et en général elle suit de près le texte de départ. Il est très probable que Montaigne ait commencé à traduire dans l'ordre (à commencer par le premier chapitre et ainsi de suite) plutôt que de choisir des chapitres par-ci par-là, et sa traduction est peu expérimentale au début, avant qu'il n'ait trouvé sa propre voix. Et puis ces premiers chapitres appartiennent à la section métaphysique de l'ouvrage et Montaigne ne s'intéresse pas énormément aux éléments techniques de la philosophie. De plus il faut insister sur le fait que Montaigne n'hésite pas une seconde devant la vérité de cette doctrine de l'existence de Dieu, et il ne faut pas chercher dans son texte des preuves de doute à ce sujet. Il est cependant intéressant de voir comment il aborde la traduction de ces chapitres, car la comparaison des deux textes fait ressortir certaines différences d'accent qui vont dans le sens des autres modifications effectuées par le traducteur.

Le troisième chapitre est typique de cette série sur l'existence de Dieu et nous en citons les premières phrases :

Nunc oportet considerare quid debet homo arguere et concludere ex ista comparatione et quid debet exinde arguere ? certe quia homo habet conjunctim et similiter illa quae aliae res habent divisim.	Sçachon maintenant ce que l'homme peut tirer et conclure de ceste comparaison. Puis que ce que les autres ont en pieces, il l'a tout en un,
Debet arguere quod ille idem qui ordinavit divisim alias res et naturas dando cuilibet suam portionem quod ille idem numero et non alius conjunxit omnia simul in ipso homine scilicet conjunxit esse vivere sentire et	il s'ensuit que quiconque ait ainsi distribué et departy ses biens entre ses creatures, celuy-là mesme, et nul autre, les a aussi assemblez en un et amoncellé en l'homme, accouplant l'estre, le vivre, le sentir, l'entendre et le liberal arbitre : et que celuy

intelligere et liberum arbitrium. Ergo ille idem qui dedit rebus inferioribus hoc quod habent dedit homini hoc quod habet.	mesmes qui a donné aux choses inferieures ce qu'elles ont, luy a fait aussi present de ce qu'il a.
Ergo sicut homo non dedit alicui rei inferiori hoc quod habet. Ita sibimetipsi non dedit illud quod habet. Sicut ergo homo non dedit inferiori rei esse neque vivere neque sentire. Ita nec homo dedit sibiipsi neque esse vivere neque sentire neque intelligere. Ergo eadem manus omnia fecit. Idem dominus idem artifex omnia ordinavit proportionavit et limitavit. Quaeramus ergo quare res primi gradus non habent plus quam esse quia non habent neque vivere neque sentire ut elementa ? quis limitavit eis ut non plus haberent ?	Car tout ainsi que l'homme n'a pas donné aux autres creatures l'estre, le vivre et le sentir : ainsi ne s'est il pas donné à soy-mesme l'estre, la vie, le sens et l'intelligence. Parquoy une mesme main a fait et l'un et l'autre : un mesme architecte a proportionné, limité, et rangé toutes ces choses. De vray, pourquoy est-ce que les creatures du premier degré n'ont que l'estre : pourquoy sont les elemens privez du vivre et du sentir ? qui leur a taillé les morceaux si court ?

Notons tout d'abord la traduction de qualités abstraites par des images plus concrètes : "certe quia homo habet conjunctim et similiter illa quae aliae res habent divisim" est traduit dans un style moins académique et plus abordable : "Puis que ce que les autres ont en pieces, il l'a tout en un". Il ne s'agit pas simplement de modifications stylistiques, car la base même de l'argument de Sebond repose sur des notions abstraites, indiquées par "conjunctim et similiter... divisim". Dieu n'est pas une abstraction pour Montaigne, qui s'efforce de trouver une expression concrète qui touchera plus facilement ses lecteurs. Le concept de Dieu qui se dégage du texte français fait contraste avec cet être insondable du texte latin. Ce contraste est confirmé davantage dans la phrase suivante dans laquelle Montaigne élargit le vocabulaire désignant les actions de Dieu. Là où Sebond avait employé "ordinavit... dando... conjunxit... conjunxit" Montaigne enrichit le texte français d'une gamme de verbes : "distribué... departy... assemblez... amoncellé... accouplant". Ainsi son texte prête une variété et une diversité aux actions de Dieu, mais son emploi de l'allitération réussit à donner l'impression d'une harmonie à cette diversité. Avec ce mélange de diversité et d'harmonie, Montaigne donne l'impression que Dieu est plus proche de nous par un tout petit détail. La phrase "Ergo eadem manus omnia fecit" est traduite ainsi : "Parquoy une mesme main a fait et l'un et l'autre", ce qui relie directement Dieu, l'homme et les créatures, tandis que le mot vague et abstrait "omnia" n'exprime pas ce lien. Il est vrai aussi que Sebond répète "omnia" dans la phrase suivante, mais cette fois Montaigne le traduit par "toutes ces choses", qui est en même temps plus concret et plus directement lié à ce qui précède. Finalement la question latine "quis limitavit eis ut non plus haberent ? " est traduite d'une façon pittoresque : "qui leur a taillé les morceaux si court ? ", ce qui évoque l'image d'un Dieu qui prend un intérêt personnel et direct à ce qu'il fait, contribuant ainsi à dresser un portrait presque humain qui est bien loin du concept artificiel et abstrait du texte de Sebond.

Il n'est pas question, dans le texte montaignien, de douter de l'existence de Dieu, loin de là. Mais l'image de Dieu qui se dégage de la traduction est celle d'un être bien plus proche de nous, de nos expériences et de nos préoccupations que ne l'est celui qui se trouve dans le texte latin. Montaigne évite autant que possible les termes techniques de la théologie, préférant le langage de tous les jours pour communiquer son message. Dans ce sens il interprète constamment le texte latin, et même s'il ne déforme pas l'essentiel de ce que dit Sebond, il en modifie systématiquement la portée. Ainsi le concept de Dieu qui se dégage de l'argument théologique de Sebond est fermement ancré dans le système philosophique du Moyen âge. Le Dieu de la *Théologie*, par contre, est un Dieu plus humanisé, plus proche de nous et par conséquent plus en harmonie avec la vision du monde de la fin de la Renaissance.

Conclusion

Au terme de cette analyse de chapitres consacrés à des questions de théologie nous pouvons constater que Montaigne traduisait ces chapitres avec autant d'attention et de précision que les autres. Dans certains chapitres, en particulier ceux dans lesquels il parle de l'Eucharistie, il traduit très littéralement. Nous pensons que cette fidélité relève de la sensibilité de Montaigne à toute controverse susceptible d'attirer l'oeil du censeur qui surveillait tout manquement. C'est pour cette raison, croyons-nous, qu'ils paraissent, "moins brillamment traduits" pour emprunter l'expression de Joseph Coppin. Le manque de brillance est voulu par Montaigne, car il ne veut surtout pas s'attirer de regards hostiles. Les autres textes que nous avons examinés, par contre, révèlent un traducteur plein de verve, d'intérêt et de perspicacité à propos des questions théologiques, et qui hésite rarement devant les difficultés de ce qui est traité par le théologien. La différence la plus remarquable entre les deux textes nous semble exister au niveau des rapports entre l'individu et la doctrine qui est censée exprimer la réalité dans laquelle il vit. Si pour Sebond l'homme, en tant que membre de la race humaine, se trouve confronté à certaines vérités qu'il doit accepter comme faisant partie de sa Foi, les conditions de ces rapports se trouvent transformées par le traducteur, pour qui les rapports entre l'individu et les vérités de la religion appartiennent au drame humain, et puisent toute leur force dans les réalités du drame qui lie chaque homme à Dieu. La catastrophe du péché originel se trouve métamorphosée dans le texte de Montaigne où elle prend une forme bien plus vivante et plus personnelle qu'elle n'a dans le texte latin. L'image de la Pénitence qui ressort du texte traduit rejette la responsabilité de ses fautes sur l'homme, et semble suggérer que c'est l'homme lui-même qui doit accepter une large part de culpabilité pour sa condition misérable dans ce monde. En d'autres termes, et sans trop anticiper sur les notions qui seront développées plus tard dans le grand essai III, 2, nous pouvons suggérer que même pendant les années durant lesquelles il travaillait sur la traduction de la *Theologia naturalis*, Montaigne avait déjà l'intuition que "chaque homme porte la forme entiere de l'humaine condition". (805)

CHAPITRE 5

De la Traduction à l'Écriture

Nous avons déjà signalé l'existence d'un certain nombre de chapitres dans lesquels Montaigne s'éloigne tellement de son texte de départ que le lecteur serait justifié de parler de réécriture plutôt que de traduction. Dans ce chapitre nous allons essayer de déterminer dans quelle mesure Montaigne, dans ces exemples, traduisait avec l'intention de se forger son propre discours, axé certes sur des thèmes abordés par Sebond, mais lié seulement par des liens fluides et peu restrictifs à celui de la *Theologia naturalis*. Évidemment le discours du traducteur reste inséparable de la matière de son texte, et il ne peut pas modifier l'un sans conséquences sur l'autre. Il semble donc impossible de maintenir que le traducteur ait modifié seulement les mots du texte dans sa traduction, en restant totalement fidèle à la pensée qui s'y trouve incorporée. Puisque le sens et le texte sont un tout qu'on ne peut pas diviser en deux parties indépendantes, il paraît indéniable que Montaigne, tout en adaptant son texte au goût de ses contemporains, a aussi mis à jour le *signifié*. Les changements de sens ont été effectués consciemment par le traducteur, c'est-à-dire qu'il comprenait, au fur et à mesure qu'il traduisait, que le sens de certains textes, et peut-être d'un grand nombre des chapitres qu'il rendait en français, allait être par moments, lui aussi, modifié et remis à jour. Il s'agira donc dans ce chapitre, d'évaluer le niveau de créativité que se permettait Montaigne dans son travail, de mesurer l'étendue des contraintes qui l'entouraient alors qu'il s'efforçait de reproduire en français le discours de Sebond, et de juger des qualités qui font de cette traduction une "lecture écriture aventure personnelle" pour reprendre l'expression de Meschonnic citée dans notre premier chapitre.

La traduction ne peut pas se réduire à la reproduction d'un texte donné dans une autre langue. Elle est toujours jusqu'à un certain point le fruit d'un nouveau regard sur les idées et les opinions du discours du texte de départ. Il ne s'agit pas simplement de l'effort de découvrir une langue en termes de mots, d'idiomes et de syntaxe, mais de trouver un moyen d'exprimer dans un langage original la vision du monde du traducteur, vision qui est toujours en train d'évoluer, et qui est très différente de celui qu'on traduit. Si Montaigne, en tant que traducteur, n'a pas la liberté qu'il aura plus tard dans les *Essais*, néanmoins il s'exerce, à travers sa traduction, à reformuler le discours de Sebond dans un discours du seizième siècle. Ainsi, tout en reprenant et en reproduisant les notions exprimées par Sebond, la traduction reflète en même temps la conscience du monde de son époque qui a été bouleversée par les événements de la Renaissance et de la Réforme.

Nous avons déjà analysé le texte de Sebond et le texte de Montaigne du point de vue de la philosophie et de la théologie, les deux aspects qui dominent le projet sebondien. Dans ce chapitre il s'agira de comparer l'écriture dans les deux textes et d'en dégager des conséquences pour l'ensemble de la traduction de Montaigne. Il est facile d'identifier les différences entre les deux écrivains, et cela a été maintes fois entrepris au cours des siècles depuis la publication de la traduction. Le style de Sebond est généralement plat ; il se répète systématiquement ; il emploie des formules qui servent à lier des phrases, des paragraphes et des chapitres. Ainsi Joseph Coppin a signalé neuf chapitres qui débutent chacun avec la même formule :

> Sebon commençait uniformément neuf chapitres consécutifs par la formule : *bonum* ou *melius est homini*. Montaigne varie chaque fois la tournure... .[1]

Coppin a passé en revue les qualités littéraires de la traduction dans le sixième chapitre de son étude[2]. Il serait intéressant de citer le dernier paragraphe de son chapitre, pour donner au lecteur l'essentiel de son approche à ce sujet. En guise de commentaire de la traduction du chapitre 280, qu'il vient de citer il observe :

> Les pages correspondantes de Sebon ont déjà leurs qualités : elles sont claires, animées d'un sentiment sincère et noble ; elles ont surtout une simplicité vigoureuse qui ne cadre pas mal avec le sérieux de la pensée. Montaigne y a ajouté d'autres qualités : il a varié le vocabulaire ; il a réuni les courtes phrases du latin en périodes plus oratoires, ordonnées et harmonieuses ; il a ajouté, surtout dans la seconde partie où il représente le combat de l'âme contre la concupiscence, des images et

---

1 Coppin, p. 83

2 pp. 81-100.

> des termes pittoresques. C'est bien la pensée de Sebon, mais le vêtement est plus riche et plus orné. Sebon est désormais un autre homme ; il peut "se presenter en toute bonne compagnie" à ces délicats que rebuterait l'austérité d'une pensée nue, mais qui la goûteront enveloppée des grâces du langage.[1]

Voilà donc ce qui constitue, pour Coppin, l'aspect littéraire de la traduction de Montaigne : c'est l'élégance et la grâce, ce sont les images et les termes pittoresques ; somme toute, un vêtement plus riche et plus orné. La pensée de Sebond reste inchangée, mais la forme dans laquelle cette pensée s'exprime est modifiée, modernisée, rendue plus apte à séduire les lectrices et les lecteurs contemporains de Montaigne. Ce type de jugement implique une séparation totale entre forme et contenu, entre style et pensée, entre *verba* et *res*. Mais la pensée n'existe pas sans les mots qui l'expriment, et pour cette raison nous avons plutôt tendance de nos jours à adopter les termes *signifiant* et *signifié* pour indiquer les rapports entre l'énoncé et la réalité à laquelle il se réfère. Cette distinction adoptée par la plupart des critiques modernes, a été exprimée par Montaigne en termes plus simples et plus directs au début du chapitre II, 16 des *Essais*, "il y a le mot et la chose". C'est une question qui existe depuis longtemps, alors que nous avons parfois tendance à croire qu'elle fut inventée par Saussure, et la linguistique moderne. Il n'en est rien, comme nous pouvons le constater en relisant, par exemple, les chapitres 191 et 193 de la *Théologie naturelle*.

Le sujet du chapitre 191 relève de la philosophie et de la théologie, à proprement parler, car il s'agit de déterminer si Dieu peut acquérir gloire, honneur et renommée, question fort souvent débattue dans les milieux scolastiques. Étant donné que Dieu, qui a tout fait et à qui tout appartient, ne peut rien acquérir de plus, il faut trouver un moyen d'expliquer comment l'homme peut lui rendre honneur, le louer et le glorifier. La solution que l'on avait trouvée c'est que le nom de Dieu, mais pas Dieu lui-même reçoit tout ce qu'on lui offre. Ainsi c'est le nom de Dieu qui est glorifié, loué, honoré. Cet argument qui à certains peut paraître excessivement subtil, rejoint la notion clef de la linguistique qui fait une distinction entre le Mot et la Chose, distinction qui est tout à fait fondamentale pour toute étude de la traduction. Au cours de sa traduction

1 *Ibid.* pp. 99-100.

de ce chapitre Montaigne met davantage l'accent sur l'importance du nom, du mot, dans l'expérience de l'homme, que sur ce qui était, à ses yeux, les subtilités scolastiques qui portent sur des notions tout à fait abstraites. Certains passages permettent au traducteur de donner sa propre coloration au texte de Sebond :

quia ante nominis proprii impositionem nondum homo operatus est aliquod opus bene factum nec male factum sed significat rem nudam sine operibus.	car il est imposé a l'homme avant qu'il ait ouvré : mais il luy sert de signal et de distinction, et signifie simplement la chose sans les oeuvres.

Le mot "ouvré" dans cet extrait traduit "operatus est aliquod opus bene factum nec male factum", ce qui réduit au minimum la référence à la chose, dans ce cas l'activité de l'homme. Par contre le latin "sed significat rem nudam" devient sous la plume du traducteur "mais il luy sert de signal et de distinction, et signifie simplement la chose". Ce glissement qui déplace l'accent de la chose au nom (au mot) pourrait faire penser que la primauté, pour le traducteur revient au nom, aux *verba* plutôt qu'aux *res*. Du moins en ce qui concerne Dieu, il pourrait sembler que le signifiant nous est plus important que ce qui est signifié. Si cette interprétation n'est pas justifiée, nous pouvons néanmoins accepter que le concept de "nom" soit plus complexe pour Montaigne que pour le théologien, et que sa conception du langage soit plus développée que celle de Sebond. Un deuxième exemple confirme cette opinion :

Et ideo habere istud nomen non est acquirere honorem nec laudem nec gloriam nec famam sed postea homo per cursum vitae suae operatur bona opera bene facta et tunc acquirit honorem et laudem et gloriam et famam propter opera.	Ainsi avoir un tel nom ce n'est pas avoir de la louange ou de la honte, mais produisans apres des bonnes ou mauvaises oeuvres.

Sebond insiste sur la chronologie, à savoir que le nom précède les bonnes oeuvres et l'honneur qui les suit. Le texte français tend plutôt à mettre l'accent sur l'indépendance du nom vis-à-vis des oeuvres (bonnes ou mauvaises). De la même façon, parlant un peu plus loin du nom il traduit, "auditur" et "intelliguntur" par "sonne et signifie", mots plus actifs et plus dynamiques que le mot "nom". Ces quelques indications de la tendance chez le traducteur à privilégier le nom dans certains contextes font conjecturer que Montaigne avait peut-être une conception assez fluide des rapports entre mot et chose dans d'autres aspects de sa traduction, ce qui nous entraînerait assez loin dans notre évaluation de son travail, car il faudrait accepter que sa première préoccupation n'était pas toujours de rendre le sens exact ou la *matière* de ce qu'il traduisait, mais plutôt de dire en français ce que Sebond avait dit en latin, c'est-à-dire de se concentrer sur les *verba* dans sa traduction, même si les *res* ne s'y trouvaient pas exactement comme dans le texte original.

Un peu plus loin dans ce même chapitre 191 Montaigne fait un changement significatif dans l'ordre des mots quand il transporte une phrase qui dans le latin était un peu cachée au sein d'une proposition relative "quod importat totalem ipsum rem" pour en faire une phrase indépendante : "C'est le nom qui represente et signifie toute sa chose...". Il tire cette phrase de l'obscurité pour la rendre plus frappante et plus évidente au lecteur, et en ce faisant il la rehausse au premier rang des concepts qui doivent être retenus à partir de ce chapitre. Or nous savons qu'il existe bien des cas où le mot (ou le nom) ne peut pas exprimer toute la chose, ou que par contre il exprime plusieurs choses, mais ce qui est important ici c'est que Montaigne évoque la question, qu'il la souligne comme étant digne de notre attention tout spécialement, et qu'il est sensible aux aspects divers du débat sur *verba* et *res*. Cette sensibilité lui est d'une utilité certaine dans sa recherche de mots et de phrases pour sa traduction de Sebond. Elle lui servira d'autant plus pour inventer un nouveau mode d'expression littéraire quand il rédigera les *Essais*.

Le chapitre 193 continue la discussion du nom de Dieu que le traducteur appelle "le nom de Dieu acquis". Le début du chapitre marque clairement les limites pour les deux écrivains de l'étendu de ce débat :

Unde nomen rei extra rem est quia non est ipsa res sed repraesentat ipsam rem et significat et notificat	Le nom est hors de la chose, il n'est pas la chose, mais il la marque et signifie.

Aucune différence d'interprétation n'est visible dans cette traduction, et il est clair que Montaigne accepte sans réserves l'observation de Sebond. Mais nous constatons plus loin des signes qui indiquent que la pensée du traducteur n'est pas toujours identique à celle du théologien. Deux ajouts permettent à Montaigne d'ajuster le sens du texte et d'être un peu plus précis dans l'expression de sa pensée :

> Et istud nomen est signum ordinatum ad placitum ad significandum et repraesentandum secundum nomen et etiam primum. Et istud nomen magis est signum nominis quam sit nomen. Sed inquantum significat et repraesentat verum nomen dicitur nomen Dei.

> Ce dernier est un signe ordonné et inventé pour representer et signifier *le plus pres du vray qu'il est possible*, le second nom et le premier aussi : il est à la verité plus signe qu'il n'est nom : mais nous l'appellons nom, en-tant qu'il represente le vray nom de Dieu, et qu'il le signifie *proprement et vivement*.

Le premier ajout (ici en italiques) semble indiquer que le signe ne peut pas exprimer totalement la chose, mais seulement "le plus pres du vray qu'il est possible". Cet ajout renforce donc la constatation suivante selon laquelle "il est... plus signe qu'il n'est nom", observation qui est plus importante pour le traducteur qu'elle ne l'était pour le théologien. Il semble faire comprendre que le signe verbal, le nom, est au mieux un signe arbitraire qui représente certes la chose à laquelle il se réfère, mais qui reste quand même éloigné de cette chose, et qu'il ne faut pas confondre avec elle. Le deuxième ajout semble confirmer le premier, car il qualifie le sens de "il le signifie". Nous pouvons donc appeler "nom" seulement le signe qui signifie "proprement et vivement" le vrai nom de Dieu. Autrement il reste un simple signe sans signification particulière. Ces deux ajouts nous permettent d'observer, de capter la pensée du traducteur alors qu'il modifie le sens de ce qu'il traduit, et ils nous donnent un aperçu de ce qu'il comprend par les termes "signe" (ou signifiant) et "nom" quand ils s'appliquent à Dieu. D'autres indications paraissent ailleurs dans la *Théologie* pour nous permettre de conclure que Montaigne traducteur était non seulement sensible aux complexités de la linguistique, mais qu'il s'y plaisait et qu'il y puisait la source de quelques-unes des idées qui se retrouveront dans les *Essais*.

Pour pouvoir développer les rapports entre *res* et *verba* dans la traduction, il faut avant tout essayer de déterminer ce qu'ambitionnait Montaigne en traduisant Sebond. Comme nous avons pu le constater dans notre premier chapitre il ne s'agissait pas, pour Montaigne, de traduire littéralement le texte latin, et particulièrement ses aspects excessivement scolaires et pédants avec des répétitions de mots, de formules et de bouts de phrases. Mais cet abandon des *verba*, ou du moins de certains aspects des *verba*, ne veut pas nécessairement impliquer non plus l'acceptation inconditionnelle des *res*. Au cours de notre analyse de plusieurs passages de la *Théologie* nous avons repéré des exemples où Montaigne, en reformulant l'expression des *res* ou de la matière de son texte, aboutit à l'expression d'un tout autre aspect de cette même matière. C'est-à-dire qu'il était impossible de traduire le sens, en abandonnant la lettre des formulations de Sebond. Son texte polysémique renvoie certes au sens du texte latin, mais il contient aussi son propre sens, ou plutôt ses propres sens, car l'écriture de la *Théologie* est souvent plus riche et plus dense que celle de Sebond. Nous essaierons d'arriver à une formulation théorique de cette créativité du texte montaignien, mais avant de mettre en avant une théorie qui contribuerait à faire comprendre la démarche littéraire de Montaigne traducteur, il nous faudra analyser dans le concret quelques exemples de ce que nous entendons par le style créateur, ou le style lyrique ou même littéraire de Montaigne.

Joseph Coppin, dans son chapitre sur les qualités littéraires de la traduction de Sebond, identifie certains aspects de la traduction comme étant supérieurs au texte original. En particulier il signale la clarté du style de Montaigne, son souci de l'harmonie de la phrase (p. 87), les qualités de mouvement et de couleur (p. 88), la présence d'images dans son texte, et la suppression de répétitions excessives. Pour ce faire il dispose de "tout un jeu de synonymes"(p. 84) et il se préoccupe de la "noblesse" de sa traduction. Nous ne contestons nullement la justesse de ces observations, mais nous croyons qu'il faut considérer les qualités signalées par Coppin non pas comme des qualités figées d'un texte autonome, surajoutées comme des ornements à la traduction, mais en tant que composantes essentielles d'une traduction qui puise sa source dans le texte de départ et qui renvoie continuellement à ce texte. Les qualités littéraires de la traduction ne peuvent pas être séparées de l'acte traduisant qui les engendre, car le nouveau texte dont elles font partie dépend entièrement de la matière et de la forme (prises comme un tout) du discours énoncé par le texte de départ. Ce que nous voulons tenter ici c'est de reconstruire en quelque sorte le mécanisme par lequel Montaigne traducteur a créé son texte à partir de la *Theologia naturalis*. Si nous n'acceptons pas le jugement de Coppin comme définitif, nous ne saurions accepter non plus les propos de l'abbé Reulet : "En sa double qualité d'artiste et de sceptique, Montaigne est moins curieux du vrai que du beau".[1] La séparation et la mise en opposition de qualités appartenant au texte relève d'un parcellement de ce dernier en morceaux détachables, ce qui peut à la rigueur nous aider à formuler une analyse logique, mais ne permet pas d'arriver à un jugement d'ensemble de la traduction.

Nous allons donc choisir quelques extraits de la traduction qui semblent représenter particulièrement bien l'activité créatrice de Montaigne. Il s'agit de passages qui n'ont pas d'importance philosophique ou théologique en ce qui concerne sa façon de traduire, mais qui reproduisent exactement et fidèlement l'essentiel de ce qui est exprimé dans le texte latin. La différence, c'est que ces passages semblent revêtir des qualités littéraires qui n'existent pas dans le latin. Pour commencer nous allons choisir quelques extraits du chapitre 215, chapitre qui a été écrit avec beaucoup d'attention et qui a été élargi par le traducteur. Le sujet du chapitre c'est la comparaison de la parole de Dieu à la créature et dès les premières lignes Montaigne s'occupe de la lisibilité de son texte. Le latin "non sunt aequalia" devient "elles ne sont pas pourtant de pareille condition et nature". Un exemple similaire vient quelques lignes après quand il traduit "de ore Dei" par "du coeur de Dieu par sa bouche". Ces deux exemples s'inscrivent dans ce que nous pouvons appeler la littérarisation du texte de la *Théologie*. Ils n'ajoutent rien au sens, à la signification sémantique du texte, mais chacun sert à arrondir les formes un peu arides du latin. Le mot "aequalia" relève de la mathématique, alors que l'allitération de "pas pourtant... pareille" coule d'une façon limpide de la bouche, et communique au lecteur de manière tout à fait concrète, la prééminence du verbe sur le concept abstrait. L'explicitation de "condition et nature", qui ne se trouvent pas du tout dans le latin renforce cette notion. "Aequalia" est expliqué, interprété, élargi par le traducteur si bien que la constatation sèche et abstraite de Sebond est transformée en une phrase qui privilègie la parole (de Dieu) sur les concepts qui sont des créations de l'homme. Tout cela aide à préparer le lecteur, le pousse à

---

1 D. Reulet, *Un inconnu célèbre. Recherches historiques et critiques sur Raymond de Sebonde*, Paris, Victor Palmé, 1873, p. 179.

accepter non seulement intellectuellement mais aussi affectivement la supériorité de la parole de Dieu. Le deuxième exemple dans lequel nous voyons l'ajout du mot "du coeur" et la réduction du rôle de la bouche à celui d'instrument par lequel le coeur peut s'exprimer représente une précision qui exprime explicitement le fait que la parole n'est que l'expression du coeur, et que la bouche ne sert que de canal par lequel sort la parole. Cette précision semble aller à l'encontre du style normal de la traduction, car elle pourrait paraître pédante et carrément superflue. Cependant elle poursuit la même voie que le premier exemple en ajoutant un élément de profondeur et de solidité au texte français, qui fait contraste avec l'aridité du latin. Ainsi la traduction de Montaigne, en explicitant, en ajoutant des précisions, rend moins intangible et plus concrète l'expression des idées de la *Theologia naturalis*. En ce faisant elle devient différente du texte de départ, car les nouveaux éléments l'éloignent et la différencient de l'original. Elle prend sa propre existence dans laquelle la cohérence interne du nouveau texte revêt une importance que nous ne devons pas ignorer. Ainsi pour reprendre le terme de Meschonnic elle devient traduction-texte et l'impératif de transparence est transformé en impératif de transcendence, par laquelle le nouveau texte exige une fidélité à elle-même qui remplace la nécessité de rester fidèle au texte latin.

Vers le milieu de ce même chapitre 215 il y a un passage qui a été élargi et très enjolivé dans la traduction :

Si ergo homo tantum consolatur in creaturis Dei magis debet consolari et laetari in verbis Dei.	Si la commodité continuelle que nous avons des creatures, nous apporte de la consolation et du contentement, la gracieuse et fructueuse parole de nostre createur, nous en doit apporter beaucoup d'avantage.
Et si recipit creaturas Dei cum tanta diligentia magis debet recipere verba Dei et cum majori reverentia. Et si appreciat creaturas Dei multo magis debet appreciare verba Dei.	Si nous recevons volontiers les creatures, et si nous mettons de la peine et de la diligence à retirer d'elles le plus que nous pouvons d'usage, nous devons encore de meilleur coeur recevoir la saincte parole, et nous estudier plus songneusement, à nous

	acquerir le singulier fruict qu'elle apporte.
Valde enim contra rationem est quod homo quotidie utatur creaturis Dei et quod contemnat verba Dei et nolit audire verba Dei.	Ce seroit contre toute apparence, que l'homme usast journellement des presens que son maistre lui a faicts, et qu'il mesprisast son dire, et desdaignast d'ouyr sa parole.
Verba enim Dei procedunt et exeunt de corde Dei et ideo portant cor Dei et intentionem et voluntatem Dei et intrant in cor hominis. Sed creaturae exeunt de nihilo et ideo verba Dei sunt propinquissima Deo sed creaturae sunt quasi alienae a Deo quia de nihilo.	Nous nous rendons evidemment indignes des biensfaicts de Dieu, si avec toute reverence nous ne sommes attentifs à ce qu'il nous dict. C'est le maistre qui parle à son serviteur, le Roy à son subject, le createur à la creature, et l'ouvrier d'une majesté infinie à sa vile besongne, produicte de neant. Dieu s'abaisse tant en nostre faveur que de prendre la peine de parler à nous et nous refuserons de l'ouyr! nous penserons ailleurs quand il parle! nous empescherons plustost nostre entendement à concevoir les vaines inepties les uns des autres, que la venerable et sacrosaincte parole de sa divinité!

La phrase suivante du texte français nous met sur la bonne voie quant à l'interprétation de cet extrait : "Quelle comparaison y a-il entre ses mots et les nostres ?" Dans l'esprit du traducteur, tout comme il y a déséquilibre entre la parole de Dieu et sa créature (c'est le sujet même de ce chapitre de la *Théologie*) il faut reproduire dans son texte un écho de ce déséquilibre. À ce niveau superficiel le français tente de mimer le sens du latin. Mais il y a plus. Une analyse de la traduction montre que l'élargissement verbal et linguistique effectué par Montaigne lui permet d'étendre le champ de la comparaison et ainsi d'en développer des aspects nouveaux qui n'étaient que partiellement présents dans le texte latin. C'est ainsi que "homo tantum consolatur" devient "la commodité continuelle... nous apporte de la consolation et du contentement". L'allitération n'est pas le fruit du hasard, mais est introduite pour souligner la douce relation qui existe entre l'homme et les créatures, une relation de dépendance mutuelle et de plaisir réciproque. Tout cela sert à préparer le reste de la phrase dans laquelle "magis debet consolari et laetari in verbis Dei" est traduit par "la gracieuse et fructueuse parole de nostre createur nous en doit apporter beaucoup d'avantage". Il y a plusieurs changements dans cette traduction. D'abord et surtout l'accent s'établit fermement sur la parole de Dieu, et sur ses qualités qui dépassent de loin les simples plaisirs humains, car elle les a fait vivre (nostre créateur). Deuxièmement le traducteur parle des qualités de la parole de Dieu plutôt que des effets qu'elle devrait avoir, et il fait ressortir ainsi l'immense écart qui existe entre elle et nous. En plus du mouvement universel que nous apercevons à travers la traduction de Montaigne de l'abstrait vers le concret, du statique vers le dynamique, nous constatons ici l'expression d'un sentiment de respect et de proximité personnelle qui lie le traducteur au sujet de son travail, et cette expression elle-même, le langage utilisé et l'énoncé linguistique se révèlent faire partie intégrante du sentiment que la traduction dénote. C'est-à-dire que le signifiant et le signifié, grâce à la méthode de traduction employée par Montaigne, s'unissent pour présenter au lecteur sa vision de la parole de Dieu. Loin d'être une reproduction transparente et fidèle du texte sebondien, la *Théologie* représente une fusion de la pensée du théologien et de celle de son traducteur, toutes deux exprimées à travers les textes latin et français respectivement.

Poursuivons notre analyse de cet extrait avec la deuxième phrase : "Et si recipit..." "Si nous recevons...". Cette fois les "verba Dei" deviennent une première fois "la saincte parole", terme plus pieux et plus révérencieux. Et la deuxième fois "verba Dei" devient "le singulier fruict qu'elle apporte". Cette amplification de la notion de la parole de Dieu est le reflet de la réalité à laquelle elle se réfère. La forme de l'expression de cette réalité, le signifiant, par un effet d'imitation, ajoute une grâce et une harmonie au signifié, et contribue à rendre visible pour le lecteur les qualités dont parle le texte. Tout comme les qualités de la parole de Dieu surpassent l'ensemble des qualités des créatures, la richesse et la polyvalence de la parole de Dieu s'incarnent dans l'abondance du texte français par rapport au latin. On pourrait prolonger cette comparaison en disant par exemple que le pouvoir créateur de la parole de Dieu trouve son équivalent dans la créativité du discours de la traduction. Loin d'être simple écho du texte latin, le texte montaignien puise sa richesse dans la diversité infinie de la parole de Dieu. Dans ces exemples Montaigne ne traduit pas de texte à texte, mais il retourne aux sources du discours de Sebond, à la matière, aux *res*, et il tisse son propre discours sur la base de sa propre perspective de cette réalité.

Le reste de cet extrait n'est pas moins instructif. Dans la phrase "Valde enim...", le mot "rationem" est traduit par "apparence", plutôt que par "raison", signe évident que ce n'est pas la froide logique des scolastiques qui domine ici, mais plutôt ce qui est perçu par le lecteur. Dans un autre changement de détail, "creaturis Dei" est traduit par "des presens que son maistre lui a faicts", phrase qui souligne la totalité des rapports entre l'homme, Dieu et les créatures, et le rôle prédominant du créateur. Il serait tentant ici de comparer le rôle de Dieu à celui du traducteur, car dans la phrase suivante il ne s'agit de rien moins que de création à partir de deux phrases du latin, phrases qui sont mal exprimées, certes, mais qui dans le style des textes scolastiques, expriment une réalité claire et logique. Il s'agit de la comparaison des paroles de Dieu "verba Dei" qui proviennent du coeur de Dieu avant d'entrer dans le coeur de l'homme, et des créatures qui sont créées de rien et qui sont donc infiniment éloignées de Dieu. Ces deux phrases deviennent, sous la plume du traducteur, une série de reproches à l'homme qui ne respecte pas suffisamment la parole de Dieu, mais qui s'adonne plutôt à de vaines inepties de sa propre création. Voici un exemple de traduction créatrice, pas seulement d'imitation mais d'invention. Les données initiales du texte latin s'inscrivent dans la description statique et universelle d'une réalité figée, exprimées à travers un style traditionnel de l'école scolastique. La réaction de Montaigne devant ce texte est fort différente de celle d'un traducteur qui veut reproduire dans sa langue le discours original. Partant des données initiales, de la comparaison entre la parole de Dieu et les créatures, il construit un dialogue dans lequel le traducteur s'adresse à l'homme et lui reproche de préférer sa propre parole à celle de Dieu. Mais le traducteur parle en tant que créature, serviteur, subject, "vile besongne", vis-à-vis du Roi, du maistre, du créateur et de l'ouvrier, de sorte qu'il fait partie de ceux qu'il condamne. Ainsi le créateur du nouveau texte qu'il bâtit et qu'il érige sur les données très minces du latin est en même temps créature et créateur, sujet et objet, ouvrier et "vile besongne", et il donne libre cours à sa capacité de créer son texte dont il est maître souverain. Il ne dépend plus, dans ces quelques instants, du texte de départ de Sebond, il se libère et se défait des contraintes qui le lient normalement à la tâche de traducteur. Dans ce moment de libération nous pouvons déjà apercevoir un avant-goût du langage des *Essais*, dans lesquels "les vaines inepties" représenteront non seulement sa propre écriture, mais l'ensemble de l'existence humaine.

Il est vrai que le chapitre 215 se situe dans une série de chapitres particulièrement riches de la *Théologie* qui s'étend du chapitre 191 au chapitre 227, et que nous aurions pu choisir d'autres textes dans cette série pour illustrer la créativité de la traduction. Mais il est aussi vrai que cet aspect existe dans une certaine mesure un peu partout dans le texte montaignien. Car en effet la tendance vers la créativité sous-tend toute la traduction et si elle se révèle plus manifestement dans certains chapitres elle est présente presque partout comme les exemples suivants nous le montreront. Le chapitre 109 fournit un exemple de ce que nous pourrons appeler lyrisme, langage poétique, ou tout simplement créativité. L'amour est le sujet du texte, et en fait Montaigne donne vie et une emphase théâtrale à sa traduction. La deuxième phrase latine contient les mots "quid debet homo dare Deo", qui sont traduits ainsi : "de quelle monnoye il pourroit satisfaire à son debte", rendant tout de suite plus concrète l'expression et ajoutant un élément de réalité et d'action à l'expression abstraite et sèche du latin. La phrase latine continue ainsi :

> quia omnis debitor et qui est obligatus ad aliquid est obligatus et aliquid debet.

Cette phrase, avec son expression d'une vérité universelle est traduite très simplement et très brièvement par Montaigne qui lui enlève toute qualité d'universel en disant :

> car puis qu'il doit, il doit quelque chose.

Ce changement rend plus concrète et plus particulière la situation évoquée par le texte qui au lieu d'incarner des situations qui sont censées englober des vérités abstraites, évoque le cas concret et facilement reconnaissable d'un homme qui doit quelque chose. Le style est typique de la traduction dans son ensemble, car il tend toujours vers le concret, le vivant et le particulier, et fait partout contraste avec le style de Sebond qui privilégie l'abstrait, le statique et l'universel. Mais dans le reste du chapitre nous constatons une dimension supplémentaire, qui est moins facilement identifiable ou qualifiable.

Cette volonté d'ajouter quelque chose, une qualité lyrique et vivante à son texte commence à s'apercevoir dans le passage suivant :

Quae autem major poena quam se cognoscere debitorem et esse obligatum et velle solvere et tamen non habere unde posset solvere. Ergo est necesse quod homo habeat aliquid quod possit dare pro omnibus quae accepit.	En quelle plus grande peine pourroit-il estre se voyant accablé de debtes que d'avoir tres-bonne devotion de les payer, et de n'en avoir pas la puissance ? Parquoy il est necessaire qu'il ayt en soy quelque chose qu'il puisse rendre à Dieu.

Nous voyons ici un effort pour rendre plus personnel et plus dramatique la confrontation entre celui qui doit et celui à qui est dû. Au lieu de "Quae... major poena" il écrit "En quelle plus grande peine pourroit-il estre", expression qui met l'accent sur l'individu qui est "accablé de debtes", mais qui a "tres-bonne devotion de les payer". La couleur de la phrase vient de la caractérisation de l'infortuné, de la victime écrasée par ses dettes, et elle va agir sur le lecteur et l'obliger à réagir à l'émotion exprimée dans le texte. Et cette tendance à prêter de l'émotion au texte crée à son tour un élan et un lyrisme dans l'expression, si bien que nous trouvons ces qualités généralement dans un passage étendu qui a été probablement traduit d'un trait au cours d'une séance de travail. La vigueur et l'entrain du texte ne sont pas toujours présents dans la traduction, mais une fois sur sa lancée, il nous semble que Montaigne se laisse emporter par son enthousiasme, qui est l'expression de sa propre activité d'écrivain. Cet élan se présente souvent quand il y a un aspect dramatique ou une confrontation entre deux acteurs dans le texte, et quand il existe des possibilités de dramatisation de la situation. Par exemple dans l'extrait que nous venons de citer, Montaigne remplace "quod possit dare pro omnibus quae accepit" par "qu'il puisse rendre à Dieu". Même s'il s'agit d'écourter le texte et de ne pas exploiter les possibilités du latin, le traducteur simplifie et met simplement "Dieu" pour rendre la situation dont il parle plus confrontationnelle. C'est l'homme face à Dieu, et ce drame tend à évoquer chez le traducteur un sentiment d'enthousiasme littéraire qui le pousse à créer plutôt qu'à traduire ou du moins à traduire créativement.

La tendance vers le lyrisme qui se manifeste en début du chapitre, atteint son point culminant dans les dernières lignes du chapitre :

Habet ergo homo in seipso aliquid et in sua potestate quod dare potest Deo et de quo potest retribuere et recompensare ei. Tenetur ergo homo et obligatur Deo soli retribuere et dare sibi totum suum amorem quantum potest et meliori modo quo potest cujus solus est et totaliter. Totus ergo amor hominis est Deo debitus et obligatus de jure naturae. Invenimus ergo rem quam homo debet et tenetur Deo dare et retribuere pro omnibus acceptis et donis Dei scilicet ipsum amorem liberalem ac spontaneum et totum.	Or sus, voila donc l'homme fourny de bonne et loyale monnoye pour satisfaire à sa debte, et contenter ce grand creancier : mais aussi qu'il la garde qu'il la mesnage et reserve tout à ce besoin, qu'il se resouvienne que tout son amour est voüé et destiné à cet usage, qu'il le doit tout à Dieu pour la descharge de son obligation. Qu'il le luy paye donc, qu'il le luy donne en la meilleure et plus convenable forme qu'il pourra, car il luy est hypothequé et assigné tout entier pour la recompense de ses biens-faits.

Dans cet extrait le niveau lyrique de la langue est constant, et le texte français s'oppose à la prose plate du latin. Les deux premières lignes font appel au lecteur à considérer l'homme qui possède maintenant tout ce qu'il lui faut ("de bonne et loyale monnoye") pour satisfaire à sa dette. Au-delà du désir de faire plus concret, l'image de la monnaie est qualifiée deux fois de caractéristiques humaines, ce qui communique le message au lecteur bien plus directement et avec plus d'efficacité et de pouvoir persuasif que l'expression vague et sèche du latin. La confrontation entre l'homme et Dieu se dramatise et devient plus frappante avec la substitution de "Deo" par "ce grand creancier". L'entassement de verbes dans la phrase suivante : "garde... mesnage... reserve" maintient le mouvement et le dynamisme de cette confrontation. L'élan est tel que Montaigne perd de vue le texte de Sebond pour n'en garder que le mouvement essentiel. La logique un peu mécanique du latin devient flux et action dans le texte traduit, qui est bâti non de prémisses qui se suivent logiquement, mais de sa propre énergie qui se nourrit de l'idée originale transformée en une nouvelle forme de discours. Le rythme de la phrase française se fait miroir de l'élan de l'homme qui s'envole vers Dieu dans un mouvement de spontanéité et d'enthousiasme.

Dans les chapitres 142 et 152 nous trouvons la même tendance qui fait que la deuxième moitié du chapitre est traduite avec plus de vigueur et de lyrisme, ce qui semble confirmer notre observation que c'est le rythme et le mouvement de sa propre parole qui entraîne un changement de ton dans le langage de la traduction. Sans analyser ces chapitres en détail il serait quand même instructif d'en citer quelques exemples. Le thème du chapitre 142 c'est l'amour de Dieu et l'amour de soi, thème dont nous avons déjà discuté dans notre troisième chapitre.[1] C'est au moment où la discussion tourne à l'amour de soi que la traduction prend un aspect poétique et elle mérite d'être citée :

Sed amor suiipsius quia est tenebra et obscuritas prima de natura sua. Ideo abscondit et obscurat seipsum et celat ne videatur atque obscurat et excaecat intellectum ne videat ipsum amorem. Et ideo qui habet talem amorem omnia bona et mala hominis ignorat et nihil videt de bonis et malis hominis quia tenebrae totum possident et nulla lux est in eo et talis est ignorantissimus. Et quia etiam radix est semper occulta et latens. Ideo difficile est cognoscere ipsam radicem quia est causa latentissima omnium malorum. Sic igitur sicut habemus duas radices omnium bonorum et malorum. Ita habemus duas portas ad intrandum in cognitionem omnium bonorum et malorum.	Au rebours, l'amour de nous obscur de soy et tenebreux desrobe de nostre veuë et soy-mesme et son adversaire, tant il offusque et aveugle de sa nuict les yeux de nostre entendement, et quiconque s'en est garny, il s'est privé de la science du bien et du mal de l'homme : il est enseveli dans l'horrible et espois nuage de l'aveuglement et de l'ignorance. Car c'est une cause latente, et occulte racine de tous maux. Par ainsi comme nous avons deux fondemens du bien et du mal, ainsi avons nous deux advenuës pour arriver à leur intelligence.

1 Voir supra, p. 119ss.

Le rythme de la traduction est plus libre et coule d'un trait, alors que le style haché, coupé du latin interrompt et ralentit l'expression. Mais c'est vers le milieu de cet extrait que Montaigne semble le plus libre et le plus inventif : " il est enseveli dans l'horrible et espois nuage de l'aveuglement et de l'ignorance." Cette phrase incarne bien un certain aspect de la traduction qui apparaît à certains points de son texte où l'intensité de la parole fait écho à l'intensité du sentiment qu'elle est censée dénoter. Mais ce point culminant est préparé dans les phrases précédentes, si bien qu'au moment de lire cette phrase, le lecteur n'est aucunement choqué ni surpris. Les premiers mots de l'extrait soulignent cette volonté de bien dire : "Au rebours, l'amour de nous obscur..." possède certaines caractéristiques de l'incantation, avec répétition asonantique. De même, "tant il offusque et aveugle de sa nuict les yeux de nostre entendement" est une phrase rythmée et la juxtaposition de "yeux" et de "nostre entendement" ajoute une image concrète qui évoque le drame des conséquences de l'amour-propre. La transformation de "qui habet" en "quiconque s'en est garni" ajoute un élément de dynamisme au texte qui correspond à la course effrénée vers le gouffre de l'amour de nous-mêmes et qui nous prépare à l'éloquence de la phrase centrale. Toute cette éloquence dérive de l'imagination du traducteur, car le texte latin est tout aussi plat et logique ici qu'il est dans le reste de la *Theologia*. La différence de style entre les deux textes ne s'explique pas uniquement ici par une divergence de vues sur les aspects philosophiques ou théologiques, car nous ne constatons vraiment pas de grand écart entre les points de vue des deux écrivains sur ce sujet. Il nous semble plutôt que c'est le mouvement unilatéral de son propre texte qui permet à Montaigne de se lancer dans une prose lyrique et ornée qui, tout en restant fidèle à l'essentiel de la matière du texte de Sebond, développe en même temps sa propre dynamique, et que ce sont ses propres paroles qui l'inspirent. Si du point de vue de son origine la prose de Montaigne ne doit rien a Sebond, du point de vue de ses effets elle réussit à éloigner le lecteur de sa source pour lui suggérer d'autres avenues à explorer, d'autres voies, d'autres signes qui ouvrent d'autres possibilités d'interprétation du nouveau texte, qui de ce fait est plus riche et plus rempli de connotations que le texte de Sebond.

Le chapitre 152 suit le même schéma que le chapitre 142. Au début le texte de Sebond est traduit assez littéralement, mais peu à peu c'est l'écrivain, Montaigne, qui impose son style et sa vision. Voici un extrait de la deuxième moitié de ce court chapitre :

Nec oportet in hoc mundo habere aurum nec argentum neque abundantiam rerum temporalium ad habendum istud gaudium. Quia qui habet amorem Dei in hoc mundo habet suas divitias in seipso intra se quas nemo videt nemo scit nec cognoscit nisi qui habet. Et ideo qui habet amorem Dei nihil extra se desiderat nihil extra concupiscit. Ideo nulli invidet nil alienum desiderat.	L'or, l'argent et autres biens mondains ne sont rien au pris de ce riche joyau : Qui s'en est garni, il s'est garni des vrays et solides thresors, thresors tous siens, qui ne l'abandonnent jamais, et qu'il ne peut perdre, desquels la valeur n'est cogneuë, ny le pris [in]comprehensible, que par celuy qui en jouist : il n'y a que luy de content au monde, il ne desire rien hors de soy, il ne voit rien qui vaille le souhaitter, il n'envie nul bien à autruy ny ne l'appete, ...

Pourquoi donc ce soudain lyrisme qui pourtant suit de près un texte plat et fidèle au latin ? Il s'agit de décrire les bienfaits de l'amour de Dieu pour celui qui le possède, sujet important, certes, mais qui est loin d'être un des sujets les plus privilégiés dans le texte de Montaigne. Une analyse de la traduction nous permet d'y voir un peu plus clair. D'abord Montaigne crée une opposition verbale (linguistique) dans son texte qui développe les concepts de Sebond. L'opposition "rien" "riche joyau" n'existe pas dans le texte latin, car Sebond avait seulement écrit que l'or et l'argent ne servent pas à l'acquisition de cette joie. Cette opposition contribue à créer un dynamisme dans le texte, dynamisme qui est exploité par "thresors tous siens, qui ne l'abandonnent jamais, et qu'il ne peut perdre". Cette double action dont parle le texte, et qui est inscrite dans le texte, ne peut pas se réaliser à cause de la nature innée de l'amour dont il est question. Il n'y a donc pas de rapport de référence entre le texte et la réalité, et de ce fait la réalité n'est que le texte, se suffisant à lui-même. Le texte, même s'il s'agit d'une traduction, est lui-même créateur de sa propre réalité, et il devient le lieu où se déroule l'action. En même temps le texte de la traduction projette une certaine vision de la réalité qui est différente de celle dont parle le texte de Sebond. Le monde de Sebond est un monde rempli de vide et d'absences : "nemo", "nihil", "nec", "neque" "nulli". En revanche le texte de Montaigne est dominé par des valeurs positives :

"L'or, l'argent", "riche joyau" "garni" "thresors" "valeur", et ces valeurs compensent les références au vide et au "rien". La richesse du contraste entre l'amour de Dieu et son absence est à peine indiquée par le texte latin, ou du moins elle n'est pas pleinement exploitée. Montaigne aperçoit les possibilités de ce contraste, possibilités linguistiques d'abord, mais aussi par delà son emploi de mots, possibilités de création d'une vision qui trouve son point de départ dans la parole et qui trouve sa réalisation dans l'imagination créatrice du traducteur. Il semble donc que le lyrisme de Montaigne surgit à des moments où le potentiel du texte latin n'a pas été réalisé par Sebond, et où l'imagination créatrice de Montaigne trouve un point d'inspiration dans ce qui reste non-dit par le texte latin ; en d'autres termes la traduction ne se borne pas à répéter ce qui a déjà été dit par le texte original, mais Montaigne en fait le véhicule de sa propre évocation, sa propre vision qui se dégage de son texte et qui aboutit à une création linguistique et littéraire qui fait écho à la réalité dont parlent les deux textes.

Un dernier chapitre qui est particulièrement riche pour ce qui est de l'écriture est le chapitre 162, avec pour sujet les souffrances de l'âme damnée. Comme partout ailleurs dans sa traduction, l'un des principaux soucis de Montaigne est de concrétiser des idées et des valeurs abstraites. Ainsi dans le titre de ce chapitre il traduit "in clara experientia" par "par divers exemples tirez de l'experience". La concrétisation est assortie d'une fragmentation de l'idée générale en une série d'exemples précis. Nous pouvons apprécier le sens de son texte par sa traduction, un peu plus loin de "potest manifestari", phrase qui est parfaitement claire, mais un peu minimaliste, par "peut estre rendu manifeste et plus aisé à concevoir", phrase qui explicite les significations potentielles du latin. Le reste du chapitre, donc, nous donne un bel exemple d'un texte qui réalise ce voeu de "rendre plus aisé à concevoir" les sentiments décrits par Sebond. Un premier élément que nous avons déjà noté dans le texte montaignien est une tendance à dramatiser des situations dans lesquelles existe un potentiel de conflit ou d'opposition violente. Ainsi il ajoute la phrase "duquel dependist la bonne fortune de toute sa vie" pour qualifier "quelque grand bien fort souhaitable". Cet effet de contraste exagère la distance entre les extrêmes, entre la possession et la perte, et ici l'effet d'abondance est souligné par l'abondance de la phrase qu'il agrandit et rend plus importante.

Le rythme de ce chapitre devient plus intense au fur et à mesure de son développement. Deux exemples suffiront à en communiquer l'intensité :

Et sic cum anima non posset currere nec ambulare nisi secundum duas vias scilicet per viam amoris Dei vel per viam amoris proprii nam semper multiplicat et auget sibi causam suae tristitiae vel sui gaudii. Si ambulat per viam amoris propriae voluntatis tunc ambulat extra Deum vel contra Deum et sic multiplicat et auget malum suum. Et totum apparebit dum separabitur a corpore et a carne.	Il ne se presente à nous que deux voyes par où aller. Celle de l'amour de Dieu et celle de l'amour propre : l'une selon Dieu, l'autre contre. Chasque pas de nostre ame faict nombre à multiplier son aise ou sa tristesse : et ce compte se veoit à clair et se manifeste le jour de sa séparation et de son partement.
Item tertio potest manifestari tristitia animae quia ipsa anima sentit in corpore dolorem et infirmitatem et vulnera et mala corporis et laesionem et statim sentit quicquid est contra corpus et quicquid non convenit corpori aut quicquid est in corpore superfluum	Par une autre experience nous pouvons nous encore esclarcir de la cognoissance de ce dernier mal, considerant comme nostre ame se sent ça bas des playes et infirmitez du corps, comme tout ce qui blesse nos membres la touche incontinent, comme elle ne peut souffrir rien qui leur soit contraire ou superflu.

Pour une fois Montaigne esquive le dédoublement du latin, et il traduit "currere nec ambulare" par "aller". Cette omission est voulue, car elle sert à rendre plus dramatique le choix qui se présente à l'homme. L'expression française est plus sèche et plus péremptoire, mettant ainsi l'accent sur la qualité vivante et dramatique du dilemme qui confronte l'homme. La substitution de "l'une selon Dieu, l'autre contre" pour la phrase entière "Si ambulat..." va dans le même sens, car elle contribue à la dramatisation du texte. Ayant établi les bases de l'image, le reste suit aisément : "Chasque pas de nostre ame fait nombre à multiplier son aise ou sa tristesse". L'image du chemin à parcourir permet l'usage de "pas", qui à son tour souligne le mouvement inexorable vers un but ou vers l'autre. L'abréviation du texte permet à Montaigne de rehausser la tension exprimée dans le choix qui confronte l'homme, car le drame tend à se perdre et à s'estomper dans le langage excessivement lourd et répétitif du latin. Cette volonté de rendre plus clair et plus brutal le texte est soulignée par la traduction de "apparebit" par "se veoit à clair et se manifeste", où le texte explicite ce qui a déjà été implicite dans le choix de mots et la manière de traduire. La traduction de "dum separabitur a corpore et a carne" par "le jour de sa séparation et de son partement" est une transposition du dédoublement de "a corpore et a carne" vers l'essentiel de l'acte dramatique, c'est-à dire la séparation. La formule linguistique reste la même, mais elle se sépare des éléments formels du corps et exprime à sa place le drame et la peine du moment de la séparation. La phrase suivante reprend explicitement le thème de l'éclaircissement, où "potest manifestari tristitia animae" devient en français "nous pouvons nous encore esclarcir de la cognoissance de ce dernier mal", expression plus précise que le latin, car elle souligne le sentiment personnel de l'individu qui se rend compte de l'énormité de ce qui lui arrive à ce moment décisif. L'intensification de l'expression en ce qui concerne l'éclaircissement met l'accent sur la prise de conscience de l'individu plutôt que sur le fait reconnu de la tristesse de l'âme. Nous voyons donc dans cet extrait un mouvement double qui d'une part rend plus dramatique et plus intense l'émotion du moment de la séparation de l'âme et du corps, et qui d'autre part rend plus claire la nature de la douleur ressentie par chaque homme lors de cette séparation.

Les changements que nous venons de noter ne suffisent même pas au traducteur dans l'extrait suivant :

Ergo cum anima portet secum totum suum malum dum separabitur a corpore necesse est quod sentiet illud in aeternum et doleat. Unde tunc anima vulneratur et laeditur quando voluntas inclinatur voluntarie per consensum contra Deum contra rationem contra ordinem contra regulam et mensuram contra Deum et	Combien à plus forte raison devons-nous croire qu'elle se resente plus vivement de ses propres blessures et maladies : combien sans comparaison luy doivent poiser d'avantage les offenses faictes à soy- mesme et à sa propre substance et nature ? Sans doute elle s'en doit d'autant plus attrister qu'elle est

contra seipsam. Et talis inclinatio est suum malum suum vulnus sua laesio et sua infirmitas sua turpitudo sua deformitas et sua obliquitas sua tortuositas sua malignitas suus casus sua perversitas sua injustitia sua inordinatio suum opprobrium suum vituperium suum vitium sua deviatio.

plus proche à soy-mesme que n'est le corps. Et puis que ses infirmitez la doyvent accompagner au partir de ce monde, sans esperance de remede, tenons nous pour tout certain que sa douleur sera tres-griefve et immortelle.

Ce passage est réécrit par le traducteur, et au cours de cette modification importante, les listes de sept, et puis de dix-sept noms des deux dernières phrases sont supprimées entièrement. Ceci dit, le sens général de la traduction reste le même. La conclusion que nous pouvons tirer de ces faits nous laisse supposer que Montaigne a voulu modifier le texte de sa traduction pour ne pas être obligé de reprendre les listes du texte latin, et qu'il a cherché une expression plus fluide et plus dynamique dans sa traduction. La manière dont il a réalisé ces modifications fait preuve d'un soin très poussé à polir son propre style, et dans ce cas à remodeler le texte latin à sa façon. La première phrase semble du moins respecter la forme du texte sebondien. Le traducteur substitue "plus vivement" pour "in aeternum", ce qui entraîne un certain changement de sens, car il néglige l'aspect de la durée de la peine pour insister davantage sur son intensité. Cette modification va de pair avec les extraits que nous avons déjà analysés. Mais après cette première phrase, le texte de la traduction suit sa propre voie qui l'écarte considérablement du texte latin. Les sept termes "contra Deum etc." contribuent à créer un argument par cumul d'expressions qui indiquent le mal que se fait l'âme qui préfère son bien propre à celui de Dieu. Les sept termes du latin parlent du mal fait par cette âme-là ainsi que du mal fait à soi-même. La version de Montaigne choisit un autre aspect de cette phrase pour en faire le centre de son attention, et il parle exclusivement du mal souffert par l'âme, sans faire mention du mal contre les autres et contre Dieu :

> combien sans comparaison luy doivent poiser d'avantage les offenses faictes à soy-mesme et à sa propre substance et nature.

C'est la souffrance de l'individu qui est le sujet principal de cette phrase, plutôt que les actions qui la causent. En fait c'est une phrase qui découle de celle qui la précède, et dans ce sens elle fait partie de la création littéraire plutôt que de la traduction, car le souci principal de Montaigne dans ce texte est d'exprimer clairement et avec finesse l'idée de la souffrance intérieure et des tourments psychologiques qui peuvent affliger l'âme damnée. Dans le texte de Sebond il y avait seulement "contra seipsum", mais c'est cette expression qui a inspiré la "traduction" de Montaigne, traduction qui doit beaucoup plus à son inspiration personnelle qu'à toute notion de fidélité à l'original. Tout comme dans les *Essais* nous devrons chercher par-ci par-là le mot d'enchaînement qui relie une idée à l'autre, ici aussi nous devons identifier l'aspect particulier du texte de Sebond qui provoque des digressions dans l'acte de traduire.[1] Mais le nouveau texte ne tire pas toute son inspiration du texte latin. Souvent, comme c'est le cas ici, c'est le texte propre à Montaigne, sa propre écriture qui contribuent à produire le texte final de la traduction.

Une dernière phrase dans ce chapitre remarquable nous donne un autre exemple de traduction créatrice :

> Et ipsa anima tunc cognoscet per intellectum suum quod hoc est totum contra rationem contra veritatem et quod totum deberet esse per oppositum. Et ideo tristabitur in aeternum. Et quanto magis cognoscet tanto magis tristabitur. Et magis ex hoc tristabitur quia cognoscet quod ipsamet ex sua propria voluntate et libertate nullo cogente eam fecit seipsam talem.

> cognoissant par son intelligence, son ordure et sa miserable condition, et cognoissant qu'elle s'est precipitee elle mesme volontairement, librement et sans contraincte dans ce gouffre de mal'heur et de mal'encontre, il ne faut croire qu'il se puisse imaginer nul estat miserable au pris du sien.

1 La petite phrase de l'essai III, ix vient à l'esprit ici aussi : "C'est l'indiligent lecteur qui pert mon subject, non pas moy ; il s'en trouvera tousjours en un coing quelque mot qui ne laisse pas d'estre bastant, quoy qu'il soit serré". (994)

Il y a très peu de rapports textuels entre les versions latine et française de cet extrait. À part les mots "cognoscet per intellectum suum" qui sont traduits presque littéralement "cognoissant par son intelligence" le texte de Montaigne suit sa propre voie, ayant des rapports d'ordre général, mais pas textuel avec le latin de Sebond. Les mots "son ordure et sa miserable condition" n'ont aucun équivalent dans le latin, si ce n'est "contra rationem contra veritatem" qui n'ont pourtant aucune connotation de mépris de soi. En fait le texte français se compose à partir de lui-même, car l'ordure dont il est question au début devient un "gouffre" dans lequel se précipite l'homme coupable. Il ne s'agit pas simplement d'un choix d'images pour donner vie à la traduction, car ces images apportent une nouvelle dimension à son texte, et une nouvelle richesse thématique. La logique superficielle du latin est remplacée par un langage poétique qui se nourrit de lui-même et qui pousse le lecteur vers la contemplation des profondeurs intérieures de l'âme qui souffre.

Après avoir analysé quelques extraits de chapitres que nous qualifions de traductions littéraires, il est temps de nous demander si nous pouvons arriver à une formulation théorique de la démarche de Montaigne traducteur. La première chose que nous constatons c'est qu'il existe une tension entre la double tâche de traducteur et d'écrivain. La distinction établie par Meschonnic nous sert de point de départ à cette discussion :

> le traducteur qui n'est que traducteur n'est pas traducteur, il est introducteur : seul un écrivain est un traducteur...

D'après ce que nous avons déjà vu de la traduction de Montaigne, il est indiscutable qu'il se situe entièrement dans le camp des écrivains. Mais cette activité d'écrire l'entraîne assez souvent dans une voie qui dépasse la simple activité de traduire. Parfois il s'agit d'interprétation, comme nous l'avons vu dans le cas des passages philosophiques et théologiques. Dans ce cas le texte de Sebond est infléchi dans le sens que veut lui attribuer Montaigne. Parfois il s'agit de conférer une modernité à son texte, ce qui l'éloigne de la lettre de l'original pour lui donner un goût, une expression contemporaine qui reflète la réalité moderne telle que la perçoit le lecteur de la Renaissance. Cette expression permet à Montaigne traducteur de transformer sensiblement le point de vue de Sebond et de présenter au lecteur sa propre vision du monde, formée par la révolution des humanistes en lettres, en philosophie et en religion. Mais il existe un troisième type d'exemple dans la traduction, celui dans lequel le texte devient source d'inspiration pour lui-même, et ce troisième type a été illustré au cours de ce chapitre. Évidemment ces trois types de texte peuvent coexister au sein d'un même chapitre et même au sein d'une même page ou à la limite au sein d'une seule phrase, et c'est dans ce contexte que la tension entre traduction et création fait son apparition.

Cette tension, elle-même source de créativité, trouve sa source dans la motivation originale de Montaigne de traduire Sebond. Si nous acceptons que l'une des raisons les plus importantes qu'il avait de tant travailler pour produire cette traduction de la *Théologie naturelle* était qu'il s'était donné comme tâche d'émuler les Anciens et de se former en tant qu'écrivain en apprenant à traduire les autres, il n'est pas surprenant de le découvrir à s'essayer à l'écriture de temps en temps au fur et à mesure qu'il acquiert confiance en sa capacité d'écrivain. Nous sentons à plusieurs reprises dans cette traduction que Montaigne se trouve excessivement contraint par les règles de la traduction, et qu'il cherche à s'en libérer à tout moment. Tout imprégné qu'il était de la culture ancienne il connaissait parfaitement les grandes idées des théoriciens latins comme Cicéron, Horace et Quintilien sur l'art de l'éloquence, et parmi les éléments les plus importants de cet art se trouvaient les thèmes de l'imitation et de l'interprétation. Si nous rappelons encore le mot de Peletier du Mans que "la plus vree espece d'imitacion c'et de traduire", nous pouvons apprécier les liens étroits qui existaient entre traduction et imitation dans l'esprit des écrivains de la Renaissance. Mais Peletier et les autres commentateurs sur ce sujet pensaient pour la plupart à des traductions de textes littéraires, et à la difficulté de rendre exactement en français l'esprit de l'original, sans perdre quelque chose d'essentiel alors que Montaigne travaillait en sens inverse, et avait pour but d'injecter un élément littéraire dans un texte qui n'en avait pas dans sa forme originale. Est-il exact pour autant de dire qu'il ne pouvait pas, à cause de la nature non-littéraire du texte qu'il traduisait, appliquer les démarches et les pratiques de l'imitation à sa traduction ? Il est peu probable qu'il ait adopté une telle attitude et qu'il ait négligé tout un corps de pensée et d'idées qui pouvait lui être utile dans son travail. Car les notions englobées dans la théorie de l'imitation avaient occupé une place importante dans tous les écrits théoriques sur l'art poétique de la Renaissance, et Montaigne, en tant qu' écrivain apprenti et en tant que lecteur assidu de tous ces textes-là, ayant comme un de ses objectifs principaux de se former comme écrivain, gardait ces préceptes bien en tête en travaillant sur sa traduction. Il est donc raisonnable de chercher du côté de la théorie de l'imitation pour comprendre l'aspect créateur du texte de la *Théologie naturelle* de Montaigne. Nous l'avons déjà abordé de façon générale dans notre premier chapitre, mais il convient maintenant de l'appliquer directement à la traduction de Montaigne.

Le point de départ de toute discussion de l'imitation est le deuxième chapitre du livre X de Quintilien. Il commence par une affirmation du désir universel d'imiter ce qu'on admire chez les autres.[1] Or nous savons que Montaigne admirait les "conceptions hautaines et la contexture bien suivie" de la *Theologia naturalis*, et il est clair qu'il voulait reproduire ces qualités dans sa traduction. Mais Quintilien poursuit sa discussion en déclarant qu'il ne suffit pas d'imiter servilement, et que dans tous les cas toute imitation sera imparfaite, parce qu'il y aura toujours des différences, même là où on avait pour objectif de calquer exactement. La prochaine étape est donc de tester ses propres capacités ("consultat suas vires") pour se mesurer contre celui qu'on est en train d'imiter. Et Quintilien de répéter qu'il ne faut pas se limiter aux seuls mots, mais qu'il faut chercher les autres qualités essentielles de tout texte éloquent : les qualités du jugement et de l'expression des idées (*dispositio*). Et le parfait orateur sera celui qui pourra ajouter ses propres qualités à celles de celui qu'il imite, qui pourra supprimer les fautes de l'original et corriger ses faiblesses. Ce texte de Quintilien peut s'adapter très facilement à l'activité traduisante de Montaigne. Car n'oublions pas que le traducteur lui-même avait déclaré qu'il n'y avait guère que "la matière" à traduire, c'est-à-dire que le texte de Sebond ne méritait pas qu'on s'y attarde, mais les *res* de son travail constituaient le vrai but à reproduire. Montaigne se sentait donc parfaitement libre de forger son propre texte, pourvu que la matière de Sebond puisse être respectée. En d'autres termes il pouvait s'octroyer le rôle d'écrivain qui exprimait le sens du texte latin non seulement en français, mais dans un langage de sa propre création dans la mesure où il

1 "Atque omnis vitae ratio sic constat, ut quae probamus in aliis facere ipsi velimus. " *Institutio Oratoria*, X, 2, 2.

s'efforçait de former son propre style d'écriture, tout en se servant du texte de Sebond comme point de départ.

La théorie de l'imitation à la Renaissance a été développée dans les années 1540 et 1550 par Dolet, Sebillet, Du Bellay et Peletier, c'est-à-dire juste avant que Montaigne ait entrepris de traduire Sebond.[1] Il s'agissait de résoudre un problème de taille : comment développer sa propre voix littéraire tout en suivant le précepte des Anciens selon lequel l'imitation était le meilleur moyen de le faire ? Il y a une contradiction inhérente à ce précepte, car si l'on fait tout pour imiter une autre voix, comment va-t-on trouver sa voix personnelle ? Les débuts d'une réponse se trouvent dans la petite phrase de Dolet selon laquelle il faut respecter "la propriété de l'une et l'aultre langue".[2] La langue française des anées 1560 ne peut pas imiter directement le style latin de la *Theologia*, car il lui manque cette "enargie" qui est exigée par le français de la Renaissance. Montaigne lui-même était conscient de la nécessité d'écrire dans un style vivant et dynamique qui pouvait en même temps rivaliser avec les meilleurs écrivains de Grèce et de Rome, et incarner, de la façon la plus naturelle possible, l'esprit de la langue française. Son appréciation de "la propriété" de chaque langue sera exprimée fort éloquemment dans le cinquième essai du Livre III des *Essais* :

> Quand je rumine ce "*rejicit, pascit, inhians, molli, fovet, medullas, labefacta, pendet, percurrit*", et cette noble "*circunfusa*" mere du gentil "*infusus*", j'ay desdain de ces menues pointes et allusions verballes qui nasquirent depuis. A ces bonnes gens, il ne falloit pas d'aigue et subtile rencontre ; leur langage est tout plein et gros d'une vigueur naturelle et constante ; ils sont tout epigramme, non la queuë seulement, mais la teste, l'estomac et les pieds. Il n'y a rien d'efforcé, rien de treinant, tout y marche d'une pareille teneur... Quand je voy ces braves formes de s'expliquer, si vifves, si profondes, je ne dicts pas que c'est bien dire, je dicts que c'est bien penser. (872-873)

Ce passage remarquable, tout en faisant l'éloge du latin de Virgile et de Lucrèce, réussit à donner l'exemple d'un français tout aussi vivant et nerveux que le latin. Dans sa traduction de Sebond, le style du texte qu'il

---

1 Nous suivons en partie, ici, le chapitre de Terence Cave sur l'imitation dans *The Cornucopian Text*, pp. 35-77.

2 *La Maniere*, p. 15

traduisait (imitait) ne lui offrait pas la possibilité de s'inspirer de la même façon. Mais la matière de la *Theologia* était souvent une source d'inspiration pour le traducteur. Dès que telle ou telle idée lui semblait belle, il lui fallait chercher à l'exprimer en français de la manière la plus appropriée, c'est-à-dire dans un langage qui contribuait à l'expression de l'idée par sa propre force et son propre dynamisme. Ainsi l'imitation permet toujours à celui qui imite d'accentuer la *différence* entre son texte et le texte imité. Et cette différence se trouve dans l'application de l'*elocutio*, dont parle Du Bellay dans la *Deffence*. Avec le mot *enargie* on trouve les mots *genius*, *vertu*, *esprit* pour caractériser cette créativité que tout imitateur et tout traducteur doit rechercher dans son discours.

Dans le contexte de la théorie de l'imitation, la traduction de Montaigne peut être vue comme étant à la fois typique et originale. Dans la mesure où la matière de la la *Theologia* provoque en lui l'inspiration nécessaire pour créer son propre discours qui, à sa façon, reproduit la beauté de l'original, Montaigne remplit les conditions de l'imitation. Tout traducteur devait chercher le meilleur moyen d'exprimer dans sa propre langue la réalité (la nature) qui se trouvait exprimée dans le texte de départ. Mais cette recherche de la version naturelle du texte original peut amener le traducteur à s'éloigner de ce même texte pour créer son propre texte. En essayant d'imiter la nature (c'est-à-dire la réalité exprimée par le texte de départ), le traducteur cherche sa propre voie qui peut être (et qui parfois doit être) différente de celle qu'il traduit. Montaigne traduit, comme nous l'avons vu dans notre deuxième chapitre, de diverses manières. Parfois il traduit assez littéralement, mais dans bien des chapitres il traduit à sa façon, et sa prose ressemble à une imitation de celle de Sebond plutôt qu'à une traduction de ce dernier. Dans la mesure où il construit sa propre version, sa propre vision de la réalité dont parle le texte de la *Theologia*, il réussit en même temps à développer sa propre capacité de s'exprimer, à trouver non seulement l'esprit et l'*enargie* de sa langue, mais sa propre voix personnelle qui, même si elle s'exprime à travers une traduction et ainsi fonctionne à l'intérieur de certaines contraintes, lui permet de forger son discours à lui et de développer son propre génie.

CHAPITRE 6

Traduction, trahison : une question mal posée

On se demande depuis des siècles si Montaigne, dans l'*Apologie de Raimond Sebond*, a délibérément trahi celui qu'il était censé défendre. Donald Frame a peut-être été le premier à poser la question dans ces termes précis,[1] mais la question elle-même le précède de plusieurs années, et elle sous-tend maintes discussions sur le sens de l'*Apologie*. Dans les termes les plus simples le débat tourne autour des prémisses suivantes : Montaigne a traduit la *Theologia naturalis* en 1569 à la demande de son père. Cette traduction reproduit fidèlement les thèses du théologien espagnol, et elle indique grosso modo la fidélité la plus absolue de Montaigne vis-à-vis de la religion catholique. Une crise sceptique a suivi, quelques années plus tard, vers 1576, secouant cette foi, et c'est au cours de cette crise qu'il a écrit l'*Apologie*. La défense de Sebond, entreprise avec énergie et vigueur, entraîne l'auteur dans des chemins qui semblent contredire les fondements mêmes sur lesquels se construisait l'oeuvre de Sebond, c'est-à-dire la raison humaine. C'est à partir de cette contradiction apparente que les interprétations de l'*Apologie* suivent des routes diverses. Certains y voyaient la subversion délibérée de toute théologie, et un effort de se moquer de la religion, de ses contradictions et de ses paradoxes. D'autres, quoiqu'embarrassés par les difficultés évidentes du texte, expliquaient les contradictions de différentes manières : Montaigne, séparant strictement les domaines religieux et philosophique, avait suivi les thèses fidéistes, construisant ce qu'on appelait une "cloison étanche" entre sa religion et sa pensée philosophique ; ou bien il s'était laissé entraîner par sa fougue, et sa colère contre les docteurs de Genève, jusqu'à se contredire sans le vouloir ; ou finalement il avait évolué depuis 1569 jusqu'à ne plus pouvoir accepter la religion doctrinaire incarnée dans l'ouvrage de Sebond, et l'optimisme excessif du théologien, et il avait cru bon de modifier sa pensée à la lumière de ses nouvelles idées.

---

1 Donald Frame "Did Montaigne betray Sebond?", *Romanic Review*, XXXVIII (1947), pp. 297-329.

Claude Blum, dans un article récent, pose les termes du débat d'une manière fort subtile et convaincante.[1] Après avoir esquissé dans leur essentiel les grandes lignes des interprétations récentes, il pousse plus loin l'analyse de l'essai le plus long de Montaigne. Selon lui la contradiction apparente entre le projet de l'*Apologie* et sa réalisation "est soumise en général à deux présupposés :

(1)- que Montaigne devait "défendre" la *Theologia* telle qu'elle était ; autrement dit, qu'il devait, d'une façon ou d'une autre, reprendre en charge l'essentiel de l'argumentation de la *Theologia*.

(2)- que la contradiction entre le projet initial et sa réalisation est l'expression d'un renoncement au projet initial.

Or, ces deux présupposés passent à côté de l'essentiel. Nous reprenons la thèse de Blum : "le problème que soulève alors l'essai de Montaigne est celui du passage d'une telle prise de conscience [de la misère de l'homme] à la connaissance de vérités qui sont des mystères incompréhensibles... .. L'*Apologie* contourne cette réponse en passant par une théologie de l'acte de foi... qui se trouve de cette façon déplacé de l'acceptation des dogmes particuliers au discernement de l'autorité divine."

La conclusion de Blum :

> L'*Apologie* instaure là un nouvel ordre du discours apologétique que l'on peut bien appeler moderne...
> La contradiction initialement perçue entre le projet et sa réalisation n'apparaît plus alors comme l'expression d'un renoncement, d'une ironie voilée ou d'une duplicité mais comme le lieu même d'une transformation.[2]

Cette dernière remarque est un excellent point de départ d'une discussion des rapports entre la *Theologia*, la *Théologie*, et l'*Apologie*. En situant le débat sur l'*Apologie* dans un contexte de l'apologétique, Blum a bien signalé la nature de ces rapports, et il a identifié le chemin à suivre pour les chercheurs futurs. Trop de commentateurs ont passé sous silence l'immense travail de traduction qu'était la *Théologie* dans leurs analyses de l'*Apologie*, et il ont ainsi négligé l'un des indicateurs les plus

---

1 Claude Blum, "L'*Apologie de Raimond Sebond* et le déplacement de l'apologétique traditionnelle à la fin du XVIe siècle", *Le Signe et le Texte*, éd. L. Kritzman, Lexington Kentucky, French Forum, 1990, 161-173.

2 *Ibid*, p. 171.

importants de la ligne de pensée de son auteur. Nous pouvons maintenant, à la lumière des analyses des chapitres précédents, affirmer avec confiance que le processus pour formuler sa pensée et surtout ses idées philosophiques et religieuses, a commencé chez Montaigne avec sa volonté de concilier l'humanisme du seizième siècle et la théologie du Moyen Âge, telle qu'elle s'exprimait dans l'ouvrage de Sebond. Ou plutôt que c'était un effort pour comprendre comment les certitudes de la théologie et de la philosophie médiévale, telles qu'elles subsistaient dans les doctrines de la religion catholique, pouvaient résister aux arguments, internes et externes, à la fois des protestants et des humanistes, avec lesquels il partageait plusieurs valeurs. Il ne s'agissait pas pour lui de défendre une citadelle contre toute attaque de l'extérieur, comme s'il voulait préserver intactes les anciennes valeurs, mais il apercevait clairement les contradictions qui existaient et qui se créaient chaque jour, et il se rendait compte de la nécessité de faire une synthèse qui permettrait aux hommes et aux femmes de la Renaissance et de l'humanisme, de continuer à croire à la vérité de leur religion. Cette synthèse n'était pas facile à construire, mais le processus pour traduire la *Theologia* lui montrait le chemin, et lui permettait de trouver une solution personnelle aux contradictions réelles et apparentes qui s'offraient au fur et à mesure qu'il traduisait.

Jusqu'à maintenant dans cette étude nous nous sommes efforcés d'analyser la traduction de Montaigne en tant que telle, sans nous laisser influencer par les textes qui seront publiés plus tard dans les *Essais*. Dans ce chapitre nous allons considérer la traduction de la *Theologia naturalis* dans la mesure où elle anticipe quelques-unes de ces idées, et nous essaierons de faire le point en ce qui concerne le développement philosophique, théologique et littéraire de Montaigne. Si certains textes ont déjà été examinés dans les chapitres précédents, nous allons les considérer ici sous une optique différente, et nous allons y ajouter plusieurs textes que nous n'avons pas encore eu l'occasion d'analyser. Dans cette sorte d'exercice il est trop facile de travailler à l'envers, et d'interpréter la traduction à la lumière de l'*Apologie* et des autres essais. Conscients de ce danger, nous essaierons de garder une juste mesure, et de ne tirer de conclusions que quand elles seront justifiées par les textes eux-mêmes.

Le grand thème de l'*Apologie* sera l'incapacité de la raison humaine à atteindre la vérité. À première vue ce thème semble être le contraire du thème principal de la *Théologie*, et il pourrait sembler que le travail de la traduction a été utile pour Montaigne seulement dans le sens où il provoquait chez lui une réaction contre la thèse centrale de l'oeuvre qu'il traduisait. Ainsi, quelques années après avoir fait la traduction, il se serait aperçu que cette thèse n'était plus valable à ses yeux et il aurait alors élaboré sa propre vision sur la raison humaine. Nous pensons avoir suffisamment montré au cours des chapitres précédents qu'il n'en est rien, et que Montaigne avait fréquemment infléchi le sens du texte de Sebond pour le rendre moins dogmatique et plus souple dans son raisonnement. Ceci dit, nous ne pouvons pas nier que certaines affirmations du texte de la *Théologie* vont totalement à l'encontre de ce que dit Montaigne dans l'*Apologie*. Par exemple lorsque Sebond déclare dans son 34e chapitre que l'homme seul peut connaître Dieu :

Quare sequitur quod solus homo in mundo potest cognoscere et apprehendere Deum et quod animalia bruta nullo modo possunt cognoscere Deum. Et ideo propter hoc homo habet intellectum ut possit cognoscere conditorem suum.	Voila comme de toutes ses creatures, le seul homme peut parvenir à sa cognoissance, et luy a Dieu fait present de ceste grande et particuliere partie de l'entendement afin qu'il le puisse recognoistre.

Montaigne le traduit presque littéralement, sans aucun changement de sens ni inflexion du texte. Ces phrases semblent contredire absolument l'esprit de l'*Apologie*, texte dans lequel Montaigne fait tout pour prouver qu'il n'y a rien de très exceptionnel chez l'homme qui lui donnerait une supériorité quelconque sur les autres créatures. Encore moins admet-il que cette soi-disant supériorité pourrait provenir de son intelligence et de sa capacité à arriver à la vérité. Voilà donc une contradiction absolue entre ce que dit Sebond, ce que dit Montaigne dans sa traduction d'une part, et ce qui se trouve dans l'*Apologie* d'autre part. Comment expliquer cette contradiction ? Il y a trois explications possibles. Premièrement Montaigne a trahi Sebond dans ses *Essais*, car il rejette l'une de ses notions les plus fondamentales, tout en feignant de la défendre. Deuxièmement, dans l'hypothèse où il croyait en ce qu'il traduisait, sa pensée a évolué considérablement au cours des années qui séparaient les deux textes (c'est-à-dire en toute probabilité une dizaine d'années). Que sa philosophie ait tellement changé dans une période si courte est peu probable. La troisième possibilité est tout simplement que Montaigne a traduit ce passage exactement tout en rejetant intérieurement ce qu'il disait. Il n'est pas possible de fournir une réponse définitive à propos d'un seul petit extrait, mais dans une certaine mesure, quelle que soit l'explication elle est pertinente pour les trois textes (*Theologia*, *Théologie*, *Apologie*) et il faudra chercher les éléments d'une réponse globale à ce problème, ce que nous essaierons de faire dans la conclusion de ce chapitre.

Un autre thème qui figure largement dans l'*Apologie* c'est celui de l'abaissement de l'homme, surtout quand on le compare aux animaux. C'est un thème qui surprend le lecteur qui aurait déjà lu dans la *Théologie* plusieurs chapitres dans lesquels la supériorité de l'homme sur les bêtes brutes est non seulement explicitement exprimée, mais forme la base de toute l'argumentation de l'oeuvre. Il suffit de citer un exemple choisi au hasard parmi les multiples textes qui traitent ce sujet :

Sed solus homo habet hoc specialiter et accepit de suo conditore quod non solum habet excellentiam et dignitatem super omnia alia immo accepit illud cum quo potest cognoscere se habere talem dignitatem.	L'homme a reçeu de son createur non seulement l'excellence sur le reste, mais encore la suffisance de l'appercevoir.
Homo ergo non solum plus et majorem dignitatem habet sed etiam cognoscit se habere et accepisse plus et majorem dignitatem quam aliae creaturae. Et sic habet plus et cognoscit plus se habere et etiam	Il n'a pas seulement plus de dignité et de noblesse, mais en outre il le sçait et la cognoist, et cognoist que les autres creatures ont ce defaut de ne se pouvoir pas cognoistre, et que luy seul est capable de ce faire.

cognoscit quod aliae res non cognoscunt se habere id quod habent. Et cognoscit quod ipse solus est qui cognoscit et suam excellentiam et aliarum rerum. Accepit etiam solus quod potest judicare et discernere inter meliores res ac pejores nobiliores ac viliores.	Luy seul voit les natures et rengs des autres, seul peut discerner et juger les bonnes choses et mauvaises, les prisables et desprisables.

Cette conclusion au chapitre 93 est typique de ce que Sebond écrit au sujet de l'homme, et Montaigne traduit presque littéralement. Il y a certes des suppressions et des coupures, mais nous n'apercevons aucune différence fondamentale entre ce que dit Sebond et ce que dit son traducteur. Il est difficile d'imaginer comment l'auteur de l'*Apologie* aurait jamais pu écrire les lignes que nous venons de citer s'il n'avait pas été contraint par les exigences du texte qu'il traduisait.

Comment répondre, donc, à la suggestion que Montaigne aurait délibérément trahi Sebond dans l'*Apologie* ? Nous sommes confrontés à des contradictions évidentes entre les deux textes, et ces contradictions n'appartiennent pas à des questions de détail, mais elles s'articulent autour de thèmes d'importance primordiale. En fait la base même de l'ouvrage de Sebond, c'est-à-dire la capacité de la raison humaine d'atteindre la vérité sans aucun support extérieur, est transformée en une thèse fort contestée dans l'*Apologie de Raimond Sebond*. La réponse se situe au niveau de la traduction tout entière. Car si dans certains chapitres la traduction reste fidèle à la lettre et à l'esprit du texte de Sebond, d'autres font preuve d'une plus grande indépendance de la part du traducteur, et souvent il s'agit de différences d'approche au même sujet dans des textes différents. Cette inégalité, que nous avons étudiée dans notre deuxième chapitre, rend difficile tout effort d'appréciation du développement de la pensée du traducteur, et encore plus difficile l'étude des rapports entre ce texte et l'*Apologie*. Nous pourrions sans difficulté choisir des extraits à l'appui d'arguments contradictoires, pour prouver que Montaigne avait accepté, puis rejeté certains points de vue, ou au contraire qu'il avait déjà à l'époque de la traduction commencé à remettre en question certains sujets qui feront l'objet de son attention dans l'*Apologie*. Le choix d'extraits isolés de la traduction ne semble donc pas être le meilleur moyen d'arriver à une compréhension de l'attitude globale de Montaigne envers les sujets traités dans la *Théologie*. La longueur du texte de la *Théologie* permet au traducteur de donner des versions différentes de ce que dit Sebond, surtout, comme cela arrive très souvent, quand celui-ci se répète. Tout jugement, donc, sur l'interprétation que donne Montaigne au texte qu'il traduit doit reposer sur l'ensemble de sa traduction de textes portant sur un sujet donné, d'autant plus que notre but ici est de comparer ce qu'il dit dans la *Théologie* à ce qu'il dira dans l'*Apologie*.

Non seulement faut-il citer des passages de chapitres différents de la *Théologie*, il faut aussi citer le texte latin. Dans le chapitre qu'il consacre à l'*Apologie*, Joseph Coppin cite Sebond dans la traduction française de Montaigne, et en ce faisant il accepte l'unité de point de vue et de pensée des deux auteurs.[1] Nous ne pouvons pas accepter que le texte de Sebond puisse être cité dans sa version française sans perdre ou changer quelque chose de sa signification. Pour arriver à une appréciation valable de la pensée qui s'exprime à travers le texte de la *Théologie*, il faut considérer séparément les textes latin et français, car nous insistons sur leur identité indépendante, malgré les rapports inévitables de dépendance qui les rapprochent. L'extrait du 97e chapitre qui commence "il n'y a rien en ce monde qui ne travaille jour et nuict pour le bien de l'homme..." est cité par Coppin après l'extrait de l'*Apologie* qui commence "Qu'il me face entendre par l'effort de son discours, sur quels fondemens il a basty ces grands avantages qu'il pense avoir sur les autres creatures."[2] Et Coppin de commenter : "C'est renverser l'édifice de Sebon..." Or nous avons déjà analysé la traduction de ce passage dans notre deuxième chapitre et nous avons constaté la distance qui sépare le sens de la traduction de celui de l'original.[3] En fait Montaigne avait déjà transformé le message du texte pour en faire une expression de la vision de la Renaissance qui voit l'homme moins au centre de l'univers que ne le plaçait Sebond. Le texte de l'*Apologie* contredit directement ce qu'avait dit Sebond, mais Montaigne en traduisant ne s'était-il pas déjà interrogé sur l'exactitude du

1 Coppin, pp. 141-163

2 *Essais* II, 12, pp. 449-450.

3 Voir supra ch 2, pp. 60-63.

texte de Sebond. Ainsi loin de tourner le dos à ce qu'il avait une fois accepté, Montaigne continue sur la même voie. L'*Apologie* fait partie d'un processus de réflexion sur les idées exprimées dans la *Theologia*, processus qui avait commencé dès la traduction, et qui continuait à travers les différentes éditions des *Essais*. Il faut voir ce processus non comme une série d'étapes différentes, mais plutôt comme un continuum qui est capté à des moments différents de son évolution. Ce qui nous frappe ici c'est le degré de la réflexion qui a été inspirée par l'acte de traduire, et qui peut être facilement repérée par tout lecteur qui essaie de pénétrer le texte pour en découvrir les richesses.

D'autres exemples cités par Coppin pour montrer comment Montaigne avait délaissé Sebond quand il écrivait l'*Apologie* se situent dans le même processus. Ainsi par exemple l'extrait suivant sur la comparaison entre l'homme et les animaux a été partiellement cité par Coppin pour faire ressortir les changements qu'avait apportés Montaigne :

Et ideo quia solus homo hoc accepit et aliis deficit homo accepit pro omnibus. Ergo omnia faciunt cum ipso unum corpus unam civitatem et unum regnum ubi ipse homo est caput et rex.	Puis donc que l'homme a ceste qualité qui leur manque, et qu'elle luy a esté donnee pour toutes les autres choses, certainement elles sont avecques luy un corps, une societé et un royaume, duquel il est le chef et le prince.
Cum enim omnes creaturae inferiores et ipse homo acceperint quicquid habent ab uno et eodem et soli homini datum est ut possit cognoscere seipsum et quicquid ipse accepit et quicquid alia habent et acceperunt et ipse solus possit cognoscere illum qui dedit tenetur illi regratiari pro se et pro omnibus aliis.	Et ayant par la liberalité de mesme main qu'elles, *reçeu tout ce qu'il a, en ayant reçeu seul et particulierement la suffisance de se cognoistre, de voir les qualitez qui sont en soy, et celles qui sont en autruy, de sçavoir qui en a esté le dispensateur, et de le pouvoir recognoistre : il s'ensuit que c'est à luy seul sans doute de le remercier* aussi, non pour soy

Signum enim verissimum est quod omnia sunt data homini et omnia sunt unum cum homine. Et ideo solus homo dicitur accepisse proprie. Et aliae creaturae non dicuntur proprie accepisse quia non pro se sed pro homine acceperunt quod acceperunt. Quia si pro se ipsis accepissent haberent cum quo cognoscerent se habere et accepisse. Et possent illum cognoscere a quo acceperunt et illi regratiari sicut homo potest.	seulement, mais pour toutes les autres creatures : car il ne fait qu'un avecques elles ; et à la verité c'est à lui qu'on a donné les biens qu'elles ont, luy seul les a prins à proprement parler, veu que les autres les ont reçeus pour son profit, non pour le leur. Et si c'estoit pour le leur, infalliblement elles fussent garnies de capacité pour sentir qu'elles les auroient reçeus, elles eussent dequoy venir à la cognoissance de celuy qui les leur a donnez, et dequoy luy pouvoir rendre graces, comme nous avons.
Sic ergo tu solus homo accepisti. Accepisti enim quicquid habes in teipso et accepisti quicquid habent aliae creaturae quia illae nihil acceperunt pro seipsis sed tu es accipiens et acceptor in universo...	*Or sus donc homme, tu es seul obligé de tout ce qui est en l'univers, tu as prins seul le bien qui est és autres choses, elles n'ont rien que pour toy : il n'y a que toy de receveur en ce monde,* non plus qu'un seul donneur qui est Dieu.[1]

En guise d'introduction à cet extrait il dit qu'on "pourrait imaginer une sorte de dialogue, où chaque affirmation de Sebon serait détruite par Montaigne." Et tout de suite après il cite cet extrait de l'*Apologie* :

> Ce privilège qu'il s'attribue d'estre seul en ce grand bastiment, qui ayt la suffisance d'en recognoistre la beauté et les pieces, seul qui en puisse rendre graces à l'architecte et tenir conte de la recepte et mise du monde, qui luy a seelé ce privilege ?[2]

Ici encore il faut considérer les trois textes pour juger du degré de changement dans la pensée exprimée par Montaigne. Il ne suffit pas de comparer les seuls textes de la traduction et de l'*Apologie*. La première constatation qui s'impose c'est que Coppin avait sélectionné son extrait

1 Nous avons souligné les parties de l'extrait qu'avait citées Coppin

2 Coppin, p. 153.

pour les besoins de l'argument qu'il proposait, et qu'il a omis certains passages importants de cette page. Ce n'est pas en choisissant de petits extraits dans un ouvrage si vaste que l'on arrive à un jugement global de l'oeuvre. Voyons donc les phrases qui ont été omises par Coppin. Notons d'abord la traduction de "pro se et pro omnibus aliis" :

> Non pour soy seulement, mais pour toutes les autres creatures : car il ne fait qu'un avecques elles ;

L'accent est mis fermement sur les liens qui unissent toutes les créatures, là où Sebond avait suggéré que l'homme devait agir au nom de tous (sous-entendu qu'il était supérieur aux autres). Montaigne ressent la nécessité d'ajouter en guise d'explication, de glose à la pensée de Sebond les mots "car il ne fait qu'un avecques elles", ce qui change sensiblement la portée de la phrase. En fait cet ajout rejoint la première phrase de notre extrait, phrase que Montaigne avait traduite avec une grande exactitude :

> certainement elles sont avecques luy un corps, une société et un royaume, duquel il est le chef et le prince.

Montaigne agit ici comme il le fait souvent, en reprenant un bout de phrase, une idée qui avait déjà paru dans le texte de Sebond, pour les développer dans le sens de ses propres idées. Même à l'époque de la traduction il avait donc certaines réticences à l'égard des affirmations de Sebond qui lui paraissaient trop simplistes et trop dogmatiques et les amendements qu'il y apporte sont tout à fait compatibles avec les idées qu'il exprimera dans l'*Apologie*. Il ne s'agit pas, insistons là-dessus une fois encore, d'infléchir délibérément le texte sebondien dans le sens de ses propres idées, mais plutôt de concilier l'expression des idées du texte de Sebond avec ses propres convictions profondes qui sont en train de se former, et dont il ébauche ici une première énonciation. Il y a un dialogue continu entre les deux écrivains. Tantôt c'est la voix de Sebond qui prend le dessus, tantôt c'est celle du traducteur. Dans une activité où le traducteur travaille sans arrêt à comprendre le sens du texte original, et après l'avoir bien digéré à l'énoncer dans un nouveau langage, il est impossible que le nouveau texte ne soit pas empreint des idées de celui qui fait la traduction. Dans le cas de Montaigne traducteur nous sommes dans une position inouïe dans la mesure où le processus amorcé dans l'acte de traduire peut être jaugé à la lumière de ce que ce même auteur dira plus tard sur le même sujet dans un texte qui sera l'expression directe de ses propres idées. Et il nous semble indéniable que le travail de la traduction s'avère être le premier pas dans le processus d'évolution de la pensée exprimée à travers le corpus entier des écrits de Montaigne. Dans bien des cas nous assistons dans la *Théologie* à une première ébauche de ce qui sera plus tard exprimé avec plus de confiance et de force quand Montaigne en viendra à écrire ses *Essais*.

Le grand extrait que nous venons de citer démontre bien la méthode de Montaigne traducteur. Parfois il s'agit pour lui de rallonger son texte pour lui donner une orientation particulière. Parfois il télescope son texte d'une façon qui pourrait suggérer qu'il veut attribuer moins d'importance à l'idée qu'il exprime. Ainsi cette page se trouve être un mélange habile des deux approches, qu'il adopte au fur et à mesure qu'il veut mettre l'accent sur tel ou tel propos de Sebond. Il suffit de regarder la mise en pages que nous avons choisie pour constater la manière dont est bâtie la traduction. On pourrait objecter, évidemment que toute traduction raccourcit et rallonge le texte à traduire selon les exigences de ce texte et de la langue de traduction. Mais dans la *Théologie* en général nous trouvons que même si la tendance générale est au raccourcissement, les exemples de rallongements que nous trouvons ne sont pas imposés par la nécessité mais par le choix du traducteur pour donner à son texte un sens qui s'accorde mieux avec ce qu'il croit, ou ce qu'il préfère comme expression de l'idée en question. Regardons encore les phrases au milieu de ce long extrait du chapitre 96 :

Signum enim verissimum est quod omnia sunt data homini et omnia sunt unum cum homine. Et ideo solus homo dicitur accepisse proprie. Et aliae creaturae non dicuntur proprie accepisse quia non pro se sed pro homine acceperunt quod acceperunt.	et à la verité c'est à lui qu'on a donné les biens qu'elles ont, luy seul les a prins à proprement parler, veu que les autres les ont reçeus pour son profit, non pour le leur.

Les changements apportés par Montaigne ici vont tous dans le sens d'une transformation du message de l'original. D'abord l'affirmation "Signum enim verissimum est" est affaiblie pour devenir presque une réflexion après coup "et à la vérité". Et au lieu de l'expression "omnia sunt data homini et omnia sunt unum cum homine", qui confère à l'homme une excellence et une dignité exceptionnelle, nous trouvons "c'est à lui qu'on a donné les biens qu'elles ont" ce qui est beaucoup moins absolu comme expression. Et la phrase de conclusion "Et ideo solus homo dicitur accepisse proprie" devient en français "luy seul les a prins à proprement parler", phrase bien moins emphatique que le latin. Et la dernière phrase "Et aliae creaturae..." est réduite considérablement dans la traduction, ce qui a pour effet de diminuer la force et la conviction du texte, car la réduction du nombre de mots, prise avec les changements de syntaxe, rend plus souple et moins rigide l'expression des distinctions entre l'homme et les autres créatures. Cet effacement de distinctions rigides va dans le sens de la pensée de l'auteur de l'*Apologie*, et il est impossible de prétendre qu'il aura changé totalement et tout d'un coup le sens de Sebond quand il en viendra à écrire son essai le plus long, car nous venons de constater que le dialogue créateur entre Sebond et Montaigne avait commencé dès la traduction de la *Theologia*. Pour en finir avec cet extrait, notons que Montaigne ajoute la petite phrase "non plus qu'un seul donneur qui est Dieu", pour renforcer la notion que l'homme, même s'il est exceptionnel par certains côtés, dépend totalement de Dieu, de qui il a tout reçu. Cet ajout ramène l'homme de l'état de chef absolu de la nature, tel qu'il apparaît dans le texte de Sebond, au niveau de toutes les autres créatures dans la mesure où il partage avec elles cette dépendance absolue de Dieu.

Après Coppin, d'autres commentateurs ont suivi le même chemin, en acceptant que l'*Apologie* est en quelque sorte une réponse et en même temps un reniement de la *Théologie*, et encore plus de la *Theologia* (bien qu'ils ne fassent pas très souvent de distinction entre ces deux textes). Ainsi dans l'édition des *Essais* de Thibaudet et Rat, nous trouvons une note en référence à la page 504 qui, nous dit-on, est une réponse à certains chapitres de la *Théologia*, notamment les chapitres 97 et suivants. Le texte de Montaigne est le suivant :

> Or rien du nostre ne se peut assortir ou raporter, en quelque façon que ce soit, à la nature divine qui ne la tache et marque d'autant d'imperfection. Cette infinie beauté, puissance et bonté, coment peut elle souffrir quelque correspondance et similitude à chose si abjecte que nous sommes, sans un extreme interest et dechet de sa divine grandeur ?[1]

1 *Œuvres Complètes*, éd. Thibaudet et Rat, Bibliothèque de la Pléiade, Gallimard, 1962, p. 504. La note se trouve à la page 1562.

Or justement nous avons choisi le chapitre 97 comme l'un de ceux dans lesquels Montaigne dans sa traduction s'était le plus éloigné du texte de Sebond.[1] Nous avons noté en particulier que l'image du monde qui ressort du texte de Montaigne diffère sensiblement de celle du texte sebondien, et que le rôle de l'homme dans ce monde est vu différemment par les deux hommes. Le monde fixe et rigide de Sebond devient dans la traduction un monde en mouvement, plein de flux et d'interaction entre les divers éléments qui le composent. Il s'ensuit que le rôle de l'homme dans ce monde ainsi que ses rapports avec son créateur changent nécessairement dans une telle optique, et que les changements apportés par Montaigne dans sa traduction annoncent l'approche radicalement différente qu'il présentera dans l'*Apologie*. Quelques exemples tirés de ces chapitres nous aideront à justifier cette thèse.

Admettons tout d'abord que ce chapitre 97 contient plusieurs passages qui seront contredits dans l'*Apologie* et qui justifient la note de l'édition de Thibaudet et Rat. Étant donné que la traduction est tenue à suivre les grandes lignes de la pensée de Sebond il n'y a guère lieu d'en être étonné. Cette phrase française reproduit exactement, presque littéralement le texte de Sebond :

Sic ergo omnia quae sunt in mundo sunt pro homine et die ac nocte laborant pro homine et serviunt sibi continue. Et sic universum est pro homine et propter hominem et propter bonum suum sic mirabiliter ordinatum.	Parquoy il n'y a rien en ce monde qui ne travaille jour et nuict pour le bien de l'homme, l'univers est pour luy, à cause de luy, et a esté d'une merveilleuse structure compassé et ordonné pour son bien.

En dehors de quelques modifications sans grande importance, le texte français exprime dans son intégralité le message énoncé dans le latin. Mais dans ce même chapitre que de changements, d'omissions et d'additions qui tendent à contredire, ou du moins à estomper l'essentiel de la pensée sebondienne. Et même le texte de Sebond lui-même est bien plus riche et plus polyvalent que nous avons coutume de le croire.

1 Voir supra chapitre 2, p. 60.

L'extrait suivant est suffisamment fertile pour permettre à Montaigne de l'exploiter dans son propre sens :

Cogita ergo homo quis hoc instituit quis istud praecepit naturae ut sic unanimiter tibi serviat. Beneficium sentis et hoc negare non potes. Quare ergo datorem tanti beneficii non cognoscis ? Quoniam hoc datum non est tuum debitum sed alienum beneficium.	Pense donc, pense qui est le createur de ce bel ordre, qui d'un si ferme et durable lien a voulu attacher la nature à tes commoditez. Tu sens bien la grandeur de ce present, tu ne le sçaurois nier. Mais pourquoy ne sçais-tu soudain qui en a esté le donneur ? C'est par ce que ce n'est pas une debte qu'on t'ait payee, ains un bienfait party de la franche liberalité d'autruy.

Sebond rappelle à l'homme sa véritable situation face à Dieu, et il n'est guère étonnant que Montaigne développe ce texte pour lui donner toute sa signification. Et d'abord il y a la répétition du début "Pense donc, pense" qui rend plus urgent et plus insistant le message, et la traduction de "hoc" par "ce bel ordre". Et puis il traduit "Beneficium sentis" par "Tu sens bien la grandeur de ce present", modification qui tend à établir les rapports de grandeur et de petitesse de Dieu et de l'homme respectivement. De même, la traduction de "sed alienum beneficium" par "ains un bienfait party de la franche liberalité d'autruy", en accentuant la générosité de Dieu et la gratuité de ses dons, contribue à remettre à sa juste place l'homme, qui ne mérite en aucune façon cette générosité. Dans les passages où Sebond suggère que l'homme n'est pas dans une situation de chef et de roi, mais plutôt dans une situation de dépendance extrême envers son créateur, Montaigne développe et élargit l'expression de cette idée, ce qui laisse entendre que s'il n'avait pas été contraint par les limites de l'acte de traduire il aurait continué dans le même sens une fois libéré de ces contraintes et pouvant donner libre cours à ses propres idées.

Cet autre extrait du chapitre 97 donne au texte traduit une résonance qui n'existe pas du tout dans le latin de Sebond :

Ergo alicui alteri obligaris non alicui inferiori ergo alicui superiori qui omnes res tibi sic servire facit.	Garde donc ceste obligation pour un autre : inferieur à toy ne peut-il estre, il est donc superieur. C'est luy

Multum ergo tibi dedit qui tibi hoc totum dedit.	qui a rengé les autres creatures soubs ton obeyssance, il t'a fait sans doute un beau et riche present,
Multum ergo illi obligaris et teneris illi regratiari qui tibi tantum dare voluit. Unde omnis creatura clamat tibi. Accipe redde accipe beneficium accipe servitium redde debitum.	tu luy es merveilleusement tenu : et serois estrangement des-naturé, si tu ne le remerciois de toute ta puissance. Escoute la voix de toutes les creatures qui te crie, reçoiy, mais paye : prens mon service, mais recognoy-le : jouis de ces biens, mais rends-en graces :

Il s'agit certes d'une traduction, mais cet extrait possède en même temps le caractère d'un commentaire. La première phrase est traduite presque littéralement, mais nous constatons tout de suite l'intervention du traducteur avec "C'est luy qui a rengé les autres creatures soubs ton obeyssance" pour traduire le latin "qui omnes res tibi sic servire facit". Montaigne met l'accent sur l'activité de Dieu le créateur tant par la syntaxe ("c'est luy..") que par le verbe plus actif "rengé". Mais la suite est bien plus libre :

"Multum ergo illi obligaris et teneris illi regratiari", phrase typiquement plate et sèche du latin est transformée par Montaigne en :" et serois estrangement des-naturé, si tu ne le remerciois de toute ta puissance." Au lieu de l'exhortation abstraite à remplir l'obligation de remercier Dieu Montaigne ajoute une dimension morale qui condamne l'homme qui refuse de se donner totalement à Dieu. Cette inflexion du sens du texte va tout à fait dans la direction que prendra l'*Apologie*, et dans ce contexte le paragraphe que nous venons de citer de l'*Apologie* ne constitue pas une réponse à Sebond, mais il complète et achève le processus dialogique qui avait commencé avec la *Théologie*. La dernière phrase de notre présent extrait, tout en exprimant l'essentiel du texte latin, lui donne un autre ton. Le latin est bref et délibérément sec : "accipe beneficium accipe servitium redde debitum". Montaigne traduit ainsi : "prens mon service, mais recognoy-le : jouis de ces biens, mais rends-en graces". La personnification des autres créatures est plus développée chez

Montaigne, créant un véritable dialogue entre l'homme et le reste de la création, et éliminant ainsi la notion de hiérarchie qui placerait l'homme au-dessus des autres êtres. Dans le texte français nous voyons d'une part le monde créé dont fait partie l'homme et les autres créatures ; d'autre part il y a Dieu qui est tout à fait séparé et de l'homme et du reste de la création. Cette distinction est certes assez subtile mais nous n'avons aucune hésitation à reconnaître sa présence dans le texte de Montaigne.

Il en va de même avec les autres chapitres qui suivent le chapitre 97. Pourtant les changements apportés par le traducteur ne vont pas toujours uniquement dans le sens de notre argument. Ainsi par exemple dans le chapitre suivant, chapitre 98 nous tombons sur l'exemple suivant :

> Ideo homo potest gaudere de se et de aliis creaturis et totum gaudium hominis est quod aliae creaturae habent id quod habent ad gaudium hominis. Et ipsae nullum gaudium habent de his quae habent sed totum gaudium quod quaelibet res deberet habere de his quae habet et de sua pulchritudine solus homo habet quia solus homo cognoscit ipsas res habere id quod habent et gaudet quia habent id quod habent maxime quia cognoscit quod illa quae habent habent pro ipso. Et ideo quia homo gaudet de his quae habet ipse in seipso sic etiam gaudet de his quae aliae creaturae habent pro ipso.

> et l'une des plus plaisantes et agréables imaginations qui tombe en nous, c'est considerer ce que est és autres creatures y est pour nostre seul contentement, et que nous jouyssons seuls de tout le plaisir que chacune d'elles devroit avoir de sa beauté et de sa nature. Il y a donc double joye en nous, à sçavoir celle qui naist des nobles et excellentes qualitez, desquelles nous sommes naturellement prouveus, et celle que nous tirons de voir une si grande diversité de proprietez singulieres mises és autres choses à notre occasion.

Voici un passage qui à première vue va à l'encontre de notre thèse que la traduction prépare le terrain pour la rédaction de l'*Apologie*, car il semble que Montaigne y ajoute des éléments qui approuvent et qui confirment ce qui est exprimé dans le texte latin. En particulier l'expression "l'une des plus plaisantes et agréables imaginations qui tombe en nous" semble exagérer la notion de plaisir et de joie qui était exprimée dans le texte de Sebond. Et plus loin les mots "nobles et excellentes qualitez" et "une si grande diversité de proprietez singulieres" n'ont pas d'équivalents dans le latin. Comment expliquer cet apparent changement d'attitude du traducteur qui dans maints autres passages avait plutôt tendance à minimiser l'excellence de l'homme et de son rôle dans le monde ? Regardons d'abord le passage du point de vue purement linguistique. L'extrait latin contient 103 mots, avec un vocabulaire total de 35 mots. Il y a donc beaucoup de répétition ce qui n'est pas rare chez Sebond. Ainsi le verbe *habeo* apparaît 15 fois, le mot *gaudium* 4 fois, le verbe *gaudeo* 4 fois, *homo* 6 fois, le mot *quia* 4 fois, etc.. Le contraste avec le texte français est frappant : Montaigne, avec un total de 91 mots seulement emploie 60 mots différents et il se répète rarement. Une première remarque s'impose, c'est-à-dire que Montaigne avait comme l'un de ses objectifs principaux dans ce passage d'introduire de la diversité dans son texte. Après tout l'exercice d'entraînement littéraire sur lequel il s'était lancé devait lui apprendre à développer le fameux *copia verborum* dont parlaient les experts, et nous avons ici un excellent exemple de cette sorte d'exercice. Mais la créativité linguistique ne doit pas obscurcir le fait que dans cet extrait Montaigne semble agrandir le rôle de l'homme dans le monde et lui attribuer des qualités qui confirment sa position d'excellence dans la nature.

Nous avouons ne pas pouvoir expliquer à notre satisfaction totale cette contradiction apparente dans sa traduction. Pourtant trois hypothèses sont possibles. La première concerne l'aspect psychologique de ce passage. Car Montaigne insiste sur la joie qu'éprouve l'homme devant le monde quand il se rend compte de son rôle privilégié. Cette satisfaction de soi sera condamnée et ridiculisée plus tard dans les *Essais*, mais ici il s'agit surtout d'éviter la répétition des mots *gaudere* et *gaudium* et d'exprimer autrement ce sentiment qui fait partie de la nature humaine. Pour justifier les termes qu'il emploie il se sent obligé d'ajouter explicitement des références aux qualités qui donnent tant de satisfaction à l'homme. Regardons une fois de plus les premiers mots de l'extrait : "l'une des plus plaisantes et agréables imaginations qui tombe en nous, c'est..." Le choix de mots est fort instructif. Le mot "imagination" veut dire "sentiment" ou "opinion", et cette imagination ne fait pas partie intégrante de l'homme mais elle "tombe en nous". En plus "plaisantes et agréables" sont des mots qui invoquent des sentiments passagers et transitoires plutôt que de sentiments profonds de joie intense et durable. Toute la première phrase est dominée par ces mots du début, mots qui déterminent le sens que prendra la phrase entière. Ce dont parle le traducteur est donc un sentiment superficiel et pas nécessairement justifié de la part de l'homme qui l'éprouve. C'est l'élément psychologique qui prédomine et qui permet à Montaigne d'énoncer des opinions qu'il aurait normalement tendance à esquiver. La deuxième phrase continue à développer la dimension psychologique amorcée dans la phrase précédente. Cette fois le traducteur ajoute, en guise d'explication de ce sentiment d'autosatisfaction, des termes identifiant la source de cette joie tant chez l'homme que chez les autres créatures. Ainsi l'expression "une si grande diversité de proprietez singulieres mises és autres choses" indique la complexité et la richesse du monde qui nous entoure, et elle fait contrepoids à la louange de l'excellence de l'homme à cause de ses propres qualités. L'homme ferait partie d'un monde riche et divers, et il s'en réjouit. Pris dans ce sens, l'extrait exprime moins l'orgueil d'une situation permanente et fixe, que la joie passagère devant l'infinie variété du monde qui nous entoure. Le traducteur réussit à transformer l'expression d'un état dans l'expression d'un devenir dans un monde ondoyant et divers. Cette optique ne contredit nullement la tendance générale que nous trouvons dans la *Théologie*.

La deuxième hypothèse abandonnerait tout effort de conciliation entre cet extrait et les autres textes que nous avons analysés, pour se concentrer sur l'effet de l'exercice de style. Pourvu que son texte soit moins répétitif et plus élégant que celui de Sebond, Montaigne se soucie peu des idées qui s'expriment à travers ses paroles. Cette interprétation oublie de tenir compte de la matière de la *Théologie*, et considère que Montaigne ne s'en soucie guère, tout voué qu'il est au développement d'un style élégant et littéraire. Mais d'après ce que nous avons vu dans tous les exemples de la traduction examinés jusqu'à maintenant, Montaigne n'emploie presque jamais le langage isolé de la matière dont il parle. Nous ne voyons donc pas le mérite d'une telle lecture de cet extrait. Enfin la troisième possibilité c'est que Montaigne croyait vraiment à cette époque, avec Sebond, que l'homme se situait dans une position privilégiée par rapport au reste de la création, et que ce n'était qu'après avoir beaucoup réfléchi et beaucoup lu les auteurs grecs et romains qu'il aurait changé d'avis. C'est l'interprétation selon laquelle Montaigne aurait tout accepté chez Sebond, et que sa crise de scepticisme des années 1570 lui aurait fait subir un changement profond dans sa croyance et dans sa vision du monde. Quant à nous, nous trouvons la première hypothèse la plus convaincante. Dans tous les extraits que nous avons analysés au cours de cet ouvrage, nous avons découvert un traducteur profondément enclin à la réflexion sur le texte de Sebond. Il ne traduit jamais aveuglement les phrases qui contredisent ses propres sentiments, du moins dans le contexte de chapitres auxquels il s'intéresse. Certes il lui arrive de traduire assez automatiquement certains chapitres qu'il ne croit pas pouvoir adapter à ses propres idées, mais dans l'ensemble de l'ouvrage il lui arrive rarement de modifier le texte de Sebond pour lui donner un sens qui va à l'encontre de ce qu'il dira plus tard dans l'*Apologie*.

Un dernier exemple de cette série de chapitres qui suit le chapitre 97 sera instructif. Il s'agit du chapitre 103 dont le sujet est l'excellence du libre arbitre. Cet extrait de la dernière page pose des problèmes du même genre :

Et quid altius dignius et nobilius et quid melius esse poterit imagine Dei vivi ? Multum autem dedit Deus homini quando dedit sibi esse cum non esset adhuc plus quando dedit sibi vivere et multo plus quando dedit sibi sentire sed maximum quando dedit sibi liberum arbitrium quod est immortale et perpetuum et dedit sibi suam imaginem suam similitudinem quia tunc fecit eum sibi similem in natura et quasi de suo genere et nullam aliam creaturam mundi ad hanc dignitatem elevavit.	Et que peut tomber en nostre imagination de plus noble, plus digne et meilleur que l'image de Dieu vivant ? Il nous donna beaucoup quand il nous donna l'estre du non estre : plus quand il nous pourveut de vie : plus encore quand il l'accompagna du sentiment : Mais le comble de sa liberalité et de sa magnificence fut, de nous estrener du liberal arbitre immortel et incorruptible : car par ce moyen il nous fist semlable à sa grandeur et quasi de son genre, laissant le monde et les autres creatures bien loin au-dessous de nous.
Unde sine dubio in homine est plena Dei imago et similitudo creata nec ultra est ascensus.	Le plus parfait de la creation de Dieu c'est d' avoir creé et fait en nous son image : rien ne peut estre au delà.

Voici un texte qui semble être totalement contredit par certaines pages de l'*Apologie*. Le texte latin pose la question directement :

> Qu'est ce qui peut être plus haut, plus noble, plus digne que l'image de Dieu vivant ?

Évidemment c'est une question qui n'exige pas de réponse, car c'est une évidence aux yeux de Sebond. Mais la traduction est bien plus subtile :

> Et que peut tomber en nostre imagination de plus noble, plus digne et meilleur que l'image de Dieu vivant ?

Nous retrouvons l'expression que Montaigne avait déjà utilisée pour traduire l'extrait du chapitre 98.[1] Dans cet extrait l'expression a pour effet de détourner la portée de la phrase. Ce n'est plus la situation réelle de l'homme image de Dieu qui est exaltée, mais notre idée, notre sentiment "nostre imagination" qui est l'objet de ces superlatifs. Ainsi tout en restant fidèle à la lettre du texte original "altius, dignius et nobilius", le traducteur filtre l'idée principale de la phrase à travers sa propre vision de l'homme, et dans ce processus de filtrage, l'un des éléments clefs du message de Sebond est transformé. S'agit-il d'une interprétation délibérément inexacte du latin ? Ou s'agit-il plutôt d'une ré-énonciation du message du théologien dans un langage qui convient mieux à l'idéologie et à la vision du monde de l'époque de Montaigne ? Nous ne saurions trancher dans cette question avec certitude, mais nous préférons la deuxième hypothèse, qui nous semble plus probable. C'est une question qui va au fond des choses en ce qui concerne la traduction de la *Theologia*, car elle comporte toute l'attitude de Montaigne envers sa source. Nous y reviendrons dans notre conclusion à ce chapitre.

Montaigne apporte une deuxième modification dans cet extrait avec sa traduction des deux mots "sed maximum", qu'il traduit par "Mais le comble de sa liberalité et de sa magnificence. .", ce qui ajoute beaucoup au début de la phrase, car l'expression détourne le centre de l'intérêt de l'excellence de l'homme à la grandeur de Dieu. L'addition de ces quelques mots donne une autre couleur, un autre ton à la phrase française et l'écarte doucement de ce qui est énoncé dans le texte latin. La modification subtile est poursuivie quand Montaigne omet la petite phrase "et dedit sibi suam imaginem suam similutidinem". Cette omission réduit dans une moindre mesure l'image de l'excellence de l'homme, car il n'est plus, dans le texte français à l'image de Dieu, mais seulement "semblable à sa grandeur". Ce

1 Voir supra p. 218.

sont certes de petits changements, et ils ne détruisent en aucune façon le sens global du message de Sebond, mais ils grignotent par-ci par-là de manière persistante, et ils finissent par affaiblir l'effet du message. Nous y sentons une réticence dans sa traduction qui hésite en face de l'enthousiasme et de l'hyperbole du texte latin. La dernière phrase confirme cette impression. Au lieu de la certitude "Unde sine dubio in homine est plena Dei imago et similitudo creata" (sans doute en l'homme se trouve la pleine image de Dieu et une ressemblance créée), Montaigne exprime encore une fois son appréciation de ce que Dieu a fait pour nous : "Le plus parfait de la creation de Dieu..." Ce glissement par lequel le traducteur déplace le centre de l'intérêt du lecteur de l'excellence de l'homme vers la grandeur et la bonté de Dieu révèle un traducteur en train de réfléchir non seulement sur le meilleur moyen d'exprimer sa pensée, mais aussi sur la forme précise que devrait prendre cette pensée.

Une lecture rapide et superficielle de cet extrait pourrait bien amener à conclure que Montaigne traduit Sebond avec fidélité et avec exactitude. Ce n'est qu'à la lumière d'une analyse détaillée de la traduction que nous apercevons les modifications subtiles mais constantes apportées par le traducteur. Notre analyse est informée davantage par la comparaison du texte de la *Théologie* avec certains passages de l'*Apologie*. Il serait inexact de dire que Montaigne avait déjà formulé les idées qu'il exprimera dans l'*Apologie*, mais nous avons constaté une tendance certaine qui nous permet de conclure que ces idées ont trouvé leur source non pas directement dans le texte latin, mais dans le travail de traduction qui l'obligeait à tailler sa propre expression, à développer non seulement les *verba* mais aussi les *res* qui formeront la base des *Essais*. Dans le cas précis de l'*Apologie de Raimond Sebond*, il est certes vrai de dire que ce qu'y dit Montaigne contredit l'essentiel de certaines idées qui se trouvent dans la *Theologia* et dans la *Théologie*, mais nous pouvons en même temps identifier un processus, un mouvement qui fait partie de l'opération traduisante et qui aboutira à l'élaboration des idées qui seront exprimées dans l'*Apologie*.

Conclusion

Tout au long de ce chapitre nous avons choisi des passages précis de la *Théologie* qui semblent être contredits de façon directe dans le texte de l'*Apologie*. L'analyse individuelle de ces extraits révèle parfois que les contradictions ne sont qu'apparentes, et qu'en fait Montaigne avait déjà indiqué dans sa traduction qu'il n'acceptait pas totalement ce qui s'exprimait dans le texte qu'il traduisait. D'autres extraits sont moins susceptibles d'être interprétés de cette façon et, même après une analyse détaillée, ils résistent à des explications convaincantes. C'est dans ce contexte que la proposition de Claude Blum selon laquelle "la contradiction initialement perçue [apparaît] comme le lieu même de la transformation" permet une approche plus globale au dilemme.[1] Les transformations que nous avons repérées un peu partout dans le texte traduit contribuent à créer le portrait d'un esprit en train de se former dans des domaines intellectuel, moral et linguistique. Le traducteur explore à tout moment le champ sémantique du texte de Sebond pour y trouver le sens qui correspond à ses propres inclinations, ses propres idées, ses propres sentiments. Au fur et à mesure qu'il élabore son mode d'expression d'idées souvent complexes et parfois controversées il se trouve confronté à une réalité nouvelle : que bon nombre des thèses fondamentales de Sebond ne concordent pas avec sa vision personnelle des choses. Il ne s'agit certes pas d'une révélation soudaine, mais d'un processus continu par lequel il découvre l'écart qui le sépare du théologien. Ce processus commence avec le travail de la traduction mais il ne s'arrête pas là. Quelques années plus tard les grands thèmes de l'*Apologie* seront développés par Montaigne et il commencera à écrire son essai le plus important. Si certaines idées de Sebond seront rejetées sans appel au cours de l'*Apologie*, ce ne sera pas à la suite d'une décision rapide, prise sur le coup d'une crise personnelle ou la conséquence d'un désir de trahir Sebond, mais l'aboutissement de ce long processus qui avait commencé lors des premières lignes de la *Théologie*.

---

1 "L'*Apologie de Raimond Sebond* et le déplacement de l'apologétique traditionnelle", p. 171.

CONCLUSION

La traduction de la *Theologia naturalis* par Montaigne fait ressortir plusieurs points importants. Prenons d'abord celui qui semble être le moins controversé, c'est-à-dire le fait que le traducteur s'est fixé comme but de développer son propre style. Coppin l'avait déjà remarqué dans son étude de 1925. Nous avons depuis appris à mieux connaître l'énorme influence de la rhétorique ancienne sur les écrivains de la Renaissance, et plusieurs études ont signalé l'importance de leur formation au collège sur les futurs écrivains. La traduction était l'une des méthodes les plus recommandées comme exercice d'entraînement pour ceux qui avaient des ambitions littéraires. Rien d'étonnant, donc, à ce que Montaigne ait suivi ce chemin. Mais il avait choisi, non pas une oeuvre littéraire, mais un traité philosophico-théologique, écrit par un théologien du début du quinzième siècle, et ce choix indique d'autres motivations possibles pour sa décision de traduire.

Sans pouvoir donner des réponses certaines sur les raisons qu'aurait pu avoir Montaigne de choisir Sebond comme sujet de son travail de traduction, nous croyons qu'il y avait plusieurs motivations possibles. Il avait certes des raisons personnelles de le faire. La demande de son père a probablement joué un rôle, mais elle ne suffisait peut-être pas à le pousser à consacrer tant de mois à traduire un texte si long et si vide d'intérêt littéraire. Des raisons historiques et religieuses ont sans doute aussi contribué à l'encourager à entreprendre cette tâche. Mais c'est surtout au niveau de l'entraînement littéraire, de l'apprentissage de l'écrivain qu'il faut chercher pour trouver une explication convaincante de sa décision de traduire. Les Anciens avaient recommandé la traduction du grec en latin comme exercice pour les futurs écrivains, et la traduction faisait partie intégrante de toute éducation à la Renaissance. La rhétorique voyait dans la traduction l'une des meilleures manières de développer, chez le jeune écrivain cette *copia verborum* et cette *copia rerum* dont il avait besoin pour mieux exploiter son talent.

Mais le développement de la facilité d'écrire, *copia verborum*, entraîne des conséquences au niveau de la traduction. On ne peut pas avoir en même temps comme but de parfaire son style littéraire et de reproduire, en français, le discours du texte de départ. Toute modification du texte, tout effort de rendre moderne l'énoncé de Sebond, toute adaptation qui a pour objectif de rendre plus acceptable pour le lecteur le message, contribue à creuser un fossé entre le texte de départ et le texte de la traduction. La vision du monde est différente, et le temps des théologiens a cédé la place au temps des humanistes. Le français poli, travaillé de Montaigne évoque des images d'élégance, de mouvement et de dynamisme qui font contraste au monde aridement intellectuel, statique et artificiel de la *Theologia naturalis*. Bon nombre de chapitres de la traduction font preuve d'une volonté de s'échapper aux liens contraignants du texte de Sebond, et ce ne sera que dans les chapitres à sujet très technique, comme certains chapitres sur la métaphysique, ou d'autres à caractère controversé que Montaigne se pliera aux exigences de l'énoncé du texte latin. Ces chapitres sont traduits avec une fonctionnalité de routine où il y a absence presque totale d'images, de procédés de rhétorique et d'indépendance linguistique vis à vis du latin. Mais dans les autres chapitres, Montaigne fait preuve d'une indépendance certaine, et le souci de développer son style se manifeste à plusieurs niveaux. D'abord il y a de la variété dans le choix des mots. Les répétitions constantes de Sebond sont presque toujours supprimées et le traducteur s'efforce de trouver des phrases bien tournées qui coulent d'un trait, par contraste avec le martèlement répété du latin scolastique. L'ordre des mots est souvent modifié, ce qui a pour effet de rendre plus souple et plus élastique la phrase française. Enfin les mots indiquant une certaine vision du monde chez Sebond sont systématiquement remplacés par des mots ayant une tout autre résonance.

Ces changements, la conséquence de la recherche de la *copia verborum*, ne peuvent pas s'effectuer sans influer sur le *signifié* du texte français. Toute traduction implique une nouvelle interprétation, et le contexte philosophique dans lequel Montaigne travaillait était radicalement différent de celui dans lequel Sebond avait construit sa thèse. Exprimer l'essentiel de l'ouvrage du théologien en français était impossible sans modifier la portée de son discours de plusieurs façons. Si le contexte général dans lequel les deux écrivains travaillaient était très différent, il est tout aussi vrai que plusieurs points clefs de la philosophie et de la théologie avaient changé aussi. En schématisant, le monde de la métaphysique avait cédé la place au monde de la psychologie, du moins en ce qui concerne Montaigne. Sebond avait placé l'homme au centre de son univers ; comme l'a constaté Jaume de Puig c'était l'homme qui l'intéressait. Mais l'homme fait partie d'un univers bien ordonné, fixe et rigide, dans lequel les valeurs sont établies une fois pour toutes, et l'homme, pour être heureux, pour être capable de remplir son destin, doit se conformer à des normes bien fixes, suivre des chemins bien tracés par d'autres. Son rôle dans l'univers est toujours clairement défini, et l'homme, tout homme, possède toute l'information qui lui est nécessaire pour connaître Dieu et pour s'efforcer à vivre selon ses lois. L'image de l'homme qui ressort de la traduction de Montaigne est différente à plusieurs égards. D'abord l'univers est moins fixe, et par conséquent il est plus difficile pour l'homme d'y trouver sa place. Il lui est plus difficile de savoir tout ce qu'il lui faut pour arriver vers Dieu, et la possibilité de connaître Dieu est plus réduite que dans le texte latin. L'homme qui vit dans le monde a besoin de s'adapter à des circonstances changeantes, et lui aussi doit changer au cours de sa vie pour satisfaire aux exigences variées de l'univers dans lequel il vit. La manière dont il connaît Dieu et son propre monde est plus expérimentale, et il semblerait que l'homme qui se dégage du texte de Montaigne a besoin de dépendre plus de ses propres ressources que l'homme du texte latin. Il est encore plus responsable de sa propre chute, et il lui incombe davantage d'accepter que c'est à lui seul de prendre des mesures qui lui permettront de sortir de l'état dans lequel il se trouve, par sa propre faute.

Ces différences philosophiques entraînent des différences d'ordre théologique aussi. Les grandes questions de la Foi, de la Justification, de la Chute et de l'existence de Dieu sont au centre de l'ouvrage de Sebond. Montaigne, dans sa traduction, modifie sensiblement l'interprétation que leur avait donnée le théologien. Même s'il ne prétend pas être théologien lui-même, il traduit plusieurs chapitres d'une manière qui indique qu'il ne partage pas l'optique sebondienne dans ces domaines. La Foi, pour Sebond, était l'acceptation inconditionnelle de la doctrine chrétienne enseignée par l'Église, acceptation qui était confirmée par la raison. Dans la traduction française une autre image de la Foi apparaît. Le rôle de la raison y est moindre, mais l'engagement personnel et affectif est accentué. L'interprétation de la Foi qui ressort de la *Théologie* est marquée par les controverses théologiques du seizième siècle, si bien que dans certains passages la prose de Montaigne fait penser à Calvin ou à Luther plutôt qu'à Raimond Sebond. Cela ne veut pas dire, insistons sur ce point, que Montaigne ait voulu suivre la pensée des Réformateurs. Il n'y a aucune justification d'une telle interprétation de son texte. Mais il est clair que sa traduction du latin ne passe pas directement d'un texte à l'autre sans être touchée, influencée par les débats théologiques de son temps. Aucune présentation de la doctrine chrétienne ne peut se faire dans un vide historique, comme si rien ne s'était passé entre 1438 et 1569. Toute théologie, comme toute traduction se rattache au monde dans lequel elle est produite. La théologie qui ressort du texte montaignien est différente de celle qui s'exprime dans le texte de Sebond. Que les différences entre les deux textes soient voulues ou non, leurs messages sont distincts, au point où le lecteur du seizième siècle qui lit la traduction reçoit une image différente, une interprétation différente de la doctrine sur la Foi que celle que reçoit le lecteur du siècle précédent qui lisait le texte de Sebond.

Toutes les différences théologiques entre les deux textes peuvent être rattachées à l'image de l'homme et à l'interprétation de son rôle dans le monde. Pour Montaigne l'homme avait joué un rôle central dans sa propre chute, et s'il veut être sauvé il lui faudra prendre l'initiative, agir, prendre ses responsabilités. L'homme du texte montaignien est actif, libre dans ses choix et surtout responsable dans une plus grande mesure de son propre destin. De même il peut travailler pour obtenir le pardon de ses péchés et pour être dans une situation où il recevra la Grâce divine. Si dans le texte latin c'est la théologie qui détermine le rôle de l'homme dans le monde et qui règle ses décisions et ses actions, dans le texte traduit c'est plutôt l'inverse. Car c'est la vision de l'homme de son rôle qui est à l'origine de la théologie.

Au-delà des interprétations différentes en matière de philosophie et de théologie, la traduction de Montaigne lui a permis de forger son propre style et de s'essayer en écrivant sur un grand nombre de thèmes différents. L'élargissement du champ sémantique du latin lui donne l'occasion de sortir des sentiers étroits et rigidement structurés du texte de Sebond. Tout comme dans les *Essais* il prendra appui sur un mot par-ci par-là, il traduit certains passages en développant l'idée suggérée par un mot auquel il attribue une signification qu'il n'avait pas dans le texte de départ. Nous écartons l'hypothèse que le texte que Montaigne avait sous les yeux était différent de celui des éditions de la *Theologia naturalis* que nous connaissons aujourd'hui. La manière de traduire de Montaigne est constante dans la mesure où il se sert du texte de Sebond pour exprimer sa propre version des faits qu'il contient. Mais il traduit le tout, et il ne sépare pas les idées des mots qui les expriment. Parfois il modifie l'idée tout en donnant l'impression de suivre de près le texte de départ. Parfois, en revanche il se sépare de la lettre du texte pour mieux exprimer, à sa manière, sa vision de la réalité. Dans tous les cas il choisit un élément du texte de Sebond et il cherche à le rendre en français de telle façon que son texte à lui exprimera la synthèse entre ce qu'avait exprimé Sebond et ce qu'il veut exprimer lui-même. Le résultat est une traduction dans laquelle la parole du traducteur se mêle à celle du texte de départ pour aboutir à une version en même temps fidèle et divergente du latin. Le manque de littéralité dans sa traduction est le fruit de son désir de trouver sa propre voie, et dans l'expression et dans sa vision du monde. La traduction de la *Theologia Naturalis* a permis à Montaigne de perfectionner sa maîtrise de l'acte d'écrire et d' aborder un grand nombre de sujets qui reviendront par la suite dans les *Essais*.

BIBLIOGRAPHIE

1. Éditions de Montaigne et de Sebond

Montaigne, *Œuvres Complètes*, t. IX-X, éd. A. Armaingaud, Paris, Conard, 1932, 1935.

Montaigne, *Œuvres Complètes*, éd. Thibaudet et Rat, Bibliothèque de la Pléiade, Paris, Gallimard, 1962.

Montaigne, *Essais*, éd. Villey-Saulnier, Paris, PUF, 1965.

Montaigne, *La Théologie Naturelle de Raymond Sebond*, Paris, chez Michel Sonnius, Guillaume Chaudière et Gilles Gourbin, 1569 et 1581.

Sebond, Raymond (Raymundus de Sabunde), *Theologia naturalis sive Liber creaturarum, specialiter de homine*, Deventer, Richardus Paffroed, 1485.

Sebond, Raymond (Raymundus de Sabunde), *Theologia naturalis sive Liber creaturarum, specialiter de homine*, Strasbourg, Martinus Flach, 1496.

2. Ouvrages et articles sur la Traduction

Amos, Flora Ross, *Early Theories of Translation*, Columbia University Press, New York, 1920.

Ballard, Michel, *De Cicéron à Benjamin, traduction, traductions, réflexions*, Lille, Presses universitaires de l'Université de Lille, 1992.

Bassnett-McGuire, Susan, *Translation Studies*, Londres & New York, Methuen, 1980.

Bellanger, Justin, *Histoire de la traduction en France (auteurs grecs et latins)*, Paris, Thorin, 1892.

Benjamin, Andrew, *Translation and the nature of Philosophy*, Londres, Routledge, 1989.

Benjamin, Walter, "La Tâche du Traducteur", *Œuvres, t. 1, Mythe et Violence*, Paris, Denoël, 1971.

Berman Antoine, et al, *Les tours de Babel, essais sur la traduction*, Mauvezin, Trans-Europ-Repress, 1985.

Blignières, A. de, *Essai sur Amyot et les traducteurs français du XVIe siècle, précédé d'un éloge d'Amyot*, Paris, Durant, 1851.

Bruneau, C., "La phrase des traducteurs au XVIe siècle", *Mélanges Chamard*, Paris, Nizet, 1951, pp. 275-284.

Cary, E, *Comment faut-il traduire ?*, Lille, Presses universitaires de Lille, 1985.

Catford, J. C., *A Linguistic Theory of Translation*, Londres, Oxford University Press, 1965.

Chuquet, H. & Paillard, M., *Approche linguistique de la traduction*, Gap, Ophrys, 1987.

Cicéron (Cicero), *De optimo genere oratorum*, Complete Works, vol. 2, Loeb Classical library, Londres, Heinemann, 1968.

Cicéron (Cicero), *De Oratore*, Complete Works, vol. 3, Loeb Classical Library, Londres, Heinemann, 1967.

Coppin, Joseph, *Montaigne traducteur de Raymond Sebon*, Lille, Morel, 1925.

Derrida, Jacques, "Des Tours de Babel", *Difference in Translation*, éd. Joseph Graham, Ithaca, Cornell University Press, 1985, pp. 209-248.

Dolet, Étienne, *La maniere de bien traduire d'une langue en aultre*, Lyon, Dolet, 1540.

Frawley, William, éd., *Translation : Literary, Linguistic, and Philosophical Perspectives*, Newark, University of Delaware Press, 1984.

Friedrich, Hugo, "Zur Frage der Ubersetzungskunst", *Sitzungsberichte der Heidelberger Akademie der Wissenschaften*, Phil. -hist. Klasse, Heidelberg, Winter, 1965.

Garnier, G. *Linguistique et traduction*, Caen, Paradigme, 1985.

Gentzler, Edwin, *Contemporary Translation theories*, Londres et New York, Routledge, 1993.

Graham, J. éd., *Difference in Translation*, Ithaca, Cornell University Press, 1985.

Guillerm, Luce, "L'auteur, les modèles et le pouvoir ou la topique de la traduction au seizième siècle en France", *Revue des Sciences humaines*, 180, 1980 - 4, pp 5-31.

Guillerm, Luce, *Sujet de l'écriture et traduction autour de 1540*, Paris, Klincksieck, 1988.

Guillerm, Luce, "Quelque langue que parlent mes livres, je leur parle en la mienne", *Montaigne Studies*, vol. V, no. 1-2(1993), pp. 77-96.

Habert, Mireille, "L'inscription du sujet dans la traduction par Montaigne de la *Theologia Naturalis*", *Montaigne Studies*, vol. V, no. 1-2(1993) 27-47.

Hatim, B, Mason, I, *Discourse and the translator*, Londres & New York, Longman, 1990.

Hendrick, Philip, "Traduttore traditore : Montaigne et Sebond", *Montaigne, Apologie de Raimond Sebond, De la Theologia à la Théologie*, éd. C. Blum, Paris, Champion, 1990, pp. 139-165.

Hendrick, Philip, "Montaigne's translation of Sebond : Towards a re-assessment", *Montaigne Studies*, vol. V, no. 1-2(1993) 49-64.

Hennebert, F., *Histoire des traductions françaises d'auteurs grecs et latins pendant le XVIe et le XVIIe siècles*, Annales des Universités de Belgique, 2e série, t. I, 1858-59.

Hermans Theo, éd., *The Manipulation of Literature, Studies in Literary Translation*, Londres & Sydney, Croom Helm, 1985.

Hermans, Theo, "Images of Translation : Metaphor and Imagery in the Renaissance Discourse on Translation", *The Manipulation of Literature : Studies in Literary Translation* éd. Theo Hermans, Londres & Sydney, Croom Helm, 1985, pp. 103-135.

Jacobsen, Eric, *Translation, a traditional Craft*, Copenhague, Nordisk, 1958.

Jakobson, Roman, *Essais de linguistique générale*, traduit de l'anglais par Nicolas Ruwet, Paris, Les Éditions de Minuit, 1963.

Kelly, L. G. *The true interpreter*, Oxford, Blackwell, 1979.

Kirk, R., *Translation Determined*, Oxford, Clarendon, 1986.

Kittel, Harald éd., *Geschichte, System, literarische Ubersetzung - Histories, Systems, literary Translations*, Berlin, Schmidt, 1992.

Ladmiral, J. R., *Traduire : théoremes pour la traduction*, Paris, Payot, 1979.

Larbaud, Valéry, *Sous l'invocation de Saint Jérôme*, Paris, Gallimard, 1946.

Larose, R, *Théories contemporaines de la Traduction*, Québec, Presses Universitaires de l'Université de Québec, 1987.

Larwill Paul Herbert, *La théorie de la traduction au début de la Renaissance*, Münich, Wolf, 1934.

Lorian, Alexandre, "Le Débat sur la Traduction en France à la Renaissance", *Hebrew University Studies in Literature and the Arts*, 1992, t. 19, pp. 7-22.

Luther, Martin, "Epître sur l'art de traduire et sur l'intercession des saints" (1530), : *Martin Luther, Œuvres*, t. IV, traduction de Jean Bosc, Genève, Labor et Fides, 1964, pp. 190-204.

Matthiessen F. -O., *Translation : An Elisabethan Art*, Cambridge Mass., Harvard University Press, 1931.

Meschonnic, Henri, *Pour la Poétique 2*, Paris, Gallimard, 1973.

Mounin, G., *Les Problèmes théoriques de la traduction*, Paris, Gallimard, 1963.

Mounin, G., *Linguistique et traduction*, Bruxelles, Dessart et Mardaga, 1976.

Nais Hélène, "Traduction et imitation chez quelques poètes du XVIe siècle" *Revue des Sciences Humaines*, t. LII, no. 180, oct. -déc. 1980, pp. 33-49.

Newmark, Peter, *Approaches to Translation*, Oxford, Pergamon, 1981.

Nida, Eugene et Taber, Charles, *The Theory and Practice of Translation*, Leyde, Brill, 1969.

Nida, Eugene, *Toward a science of Translating, with special reference to Principles and Procedures involved in Bible translating*, Leyde, Brill, 1964.

Norton, Glyn, *The Ideology and Language of Translation in Renaissance France and their Humanist Antecedents*, Genéve, Droz, 1984.

Pasquier, Estienne, *Lettres familieres*, éd. D. Thickett. TLF v. 203, Genève, Droz, 1974.

Pergnier, M, *Les fondements socio-linguistiques de la traduction*, Lille, Champion, 1978.

Porcher, Jean, "La *Théologie Naturelle* et les théories de la Traduction au XVIe siècle", *Œuvres complètes de Michel de Montaigne*, t. x, Paris, Conard, 1935, pp 447-479.

Quine, Willard, *Word and Object*, Cambridge Mass., MIT Press, 1960.

Quintilien (Quintilian), *Institutio Oratoria*, vol. IV, Loeb Classical Library, Londres, Heinemann, 1968.

Rener, Frederick M., *Language and Translation from Cicero to Tytler*, Amsterdam, Rodopi, 1989.

Schwarz, Werner, "The meaning of *fidus interpres*", *Journal of theological Studies*, 45(1945) 73-78.

Seleskovitch Danica et Lederer, Marianne, *Interpréter pour traduire*, Paris, Didier, 1984.

Steiner, George, *After Babel : Aspects of Language and translation*, 2e édition, Oxford et New York, Oxford University Press, 1992.

Steiner, George, *Après Babel, Une poétique du dire et de la traduction*, traduit de l'anglais par Lucienne Lotringer, Paris, Albin Michel, 1978.

Sturel, René Jacques, *Amyot traducteur des Vies Parallèles de Plutarque*. Bibliothèque de la Renaissance, v. 8, Paris, Champion, 1909.

Van Hoof, Henri, *Histoire de la Traduction en Occident*, Paris, Duculot, 1991.

Vermeer Hans J., "From Cicero to Modern Times - Rhetorics and Translation", *Studia Translatologica, Schriften des Instituto für Ubersetzen und Dolmetschen*, Universität Tampere, Finland, ser. A. vol. 1(1988) 93-128.

Vinay, J. P. & Darbelnet, J., *Stylistique comparée du français et de l'anglais*, Paris, Didier, 1958.

Wells, Margaret B., "What did Du Bellay understand by 'Translation' ? ", *Forum for Modern Language Studies*, XVI/2 (1980) 175-185.

Wilss, W., *The Science of Translation*, Tübingen, Gunter Narr, 1982.

Worth, Valerie, *Practising Translation in Renaissance France The Example of Etienne Dolet*, Oxford, Clarendon Press, 1988.

Worth-Stylianou, Valerie, "'S'il vous plaist de conter avec luy' : les trois personnes dans la traduction de la *Théologie Naturelle*", *Montaigne Studies*, vol. 5 no. 1-2(1993) 65-75.

3. Ouvrages critiques et études générales

Aulotte, R., *Amyot et Plutarque. La tradition des 'moralia' au 16e siècle*, Genève, Droz, 1965.

Bernoulli, René, "De Sebond à Montaigne", *Etudes Montaignistes en hommage à P. Michel*, Paris, Champion, 1984, pp. 31-42.

Bideaux, Michel, "De Sebond à Montaigne : d'une Apologie l'autre", *Nouvelle Revue du Seiième siècle*, no. 12/2(1994) 165-187.

Blum, Claude, "L'*Apologie de Raimond Sebond* et le déplacement de l'apologétique traditionnelle à la fin du XVIe siècle", *Le Signe et le Texte*, éd. L. Kritzman, Lexington Kentucky, French Forum, 1990, pp. 161-173.

Blum, Claude et Moureau, François, éd., *Études montaignistes en hommage à Pierre Michel*, Paris, Champion, 1984.

Bowen, Barbara et Nash, Jerry, éd., *Lapidary Inscriptions : Renaissance Essays for Donald A. Stone, Jr*, Lexington Kentucky, French Forum, 1991.

Brody, Jules, *Lectures de Montaigne*, Lexington, French Forum, 1982

Brody, Jules, *Nouvelles lectures de Montaigne*, Paris, Champion, 1994.

Brunot, Ferdinand. *Histoire de la langue française des origines à 1900*, tome II, Paris, Armand Colin, 1906.

Calvin, Jean, *Institution Chrétienne*, Éditions Kerygma, Éditions Farel, 1978.

Castor, G., et Cave, T., éd., *Neo-Latin and the Vernacular in Renaissance France*, Oxford, Clarendon, 1984.

Cave, Terence, *The Cornucopian text : Problems of writing in the French Renaissance*, Oxford, Clarendon, 1979.

Céard, Jean, "Montaigne traducteur de Raimond Sebond", *Montaigne Studies*, vol. 5, no. 1-2(1993) 3-26.

Coleman, Dorothy Gabe, *The Gallo-Roman Muse : aspects of Roman literary tradition in sixteenth-century France*, Cambridge, Cambridge University Press, 1979.

Compagnon, A., "Montaigne, de la traduction des autres à la traduction de soi." *La farcissure. Intertextualités au XVIe siècle, Littérature*, Paris, no. 55(1984) 37-44.

Comparot, Andrée, *Amour et vérité : Sebond, Vivès et Michel de Montaigne*, Paris, Klincksieck, 1983.

Comparot, Andrée, "La Tradition des Théologies naturelles dans les *Essais* de Montaigne", B. S. A. M., VIIe série, no. 35-36, janvier-juin 1994, pp. 105-121.

Cottrell, Robert, *Sexuality/Textuality. A study of the Fabric of Montaigne's Essais*, Columbus, Ohio State University Press, 1981.

Couroux, Pierre, *Comment le diocèse de Bourges a-t-il reçu le Concile de Trente, 1989*. (dactylographié, sans nom d'éditeur)

Delègue Yves, "Sebond et La Boétie inspirateurs de Montaigne", *Travaux de linguistique et de littérature*, VI, 2, Strasbourg, 1968, pp. 69-79.

Delumeau, Jean, *Naissance et Affirmation de la Réforme*, 4e édition, Paris, PUF, 1983.

Derrida, Jacques, *Marges de la philosophie*, Paris, Les Éditions de Minuit, 1972.

Dréano, M., *La Religion de Montaigne*, 2e édition, Paris, Nizet, 1969.

Dryden, John, *Essays*, éd. W. P. Kerr, Oxford, Clarendon, 1926.

Ferguson, Margaret W., "The Exile's Defense : DuBellay's *La Deffence et illustration de la langue françoyse*", PMLA 93(1978) 275-289

Frame, Donald, *Montaigne, A Biography*, New York, Harcourt, Brace and World, 1965.

Frame, Donald, "Did Montaigne betray Sebond ? ", *Romanic Review*, XXXVIII(1947) 297-329.

Friedrich, Hugo, *Montaigne*, traduit de l'allemand par Robert Rovini, Paris, Gallimard, 1968.

Fumaroli, Marc, *L'âge de l'éloquence*, Paris, Albin Michel, 1994.

Gilson, E, *L'Être et l'Essence*, Paris, Vrin, 1948.

Gray, Floyd, *Montaigne bilingue : le latin des Essais*, Paris, Champion, 1991.

Greene, Thomas M. *The Light in Troy, Imitation and Discovery in Renaissance Poetry*, New Haven, Yale University Press, 1982.

Guy, Alain, "La *Theologia Naturalis* en son temps : structure, portée, origines", *Montaigne, Apologie de Raimond Sebond, De la Theologia à la Théologie*, éd. C. Blum, Paris, Champion, 1990, pp. 13-47.

Heidegger, Martin, *Introduction à la métaphysique*, traduit de l'allemand par Gilbert Kahn, Paris, Gallimard, 1994.

Jedin, Hubert, *A History of the Council of Trent*, traduit de l'allemand par Dom Ernest Graf, tome 2, Londres, Nelson, 1957.

Kahn, Victoria, *Rhetoric, Prudence and Skepticism*, Ithaca, Cornell University Press, 1985.

Lalande, André, *Vocabulaire technique et critique de la Philosophie*, 16e édition, Paris, PUF, 1988.

Lazard, Madeleine, *Michel de Montaigne*, Paris, Fayard, 1992.

Maclean, Ian, "Le païs au delà : Montaigne and philosophical speculation". *Montaigne, Essays in memory of Richard Sayce*, éd. I. D. McFarlane, Ian Maclean, Oxford, Clarendon Press, 1982, pp. 101-132.

Maclean, Ian, "The place of interpretation : Montaigne and humanist jurists on words, intention and meaning", *Neo-Latin and the vernacular in Renaissance France*, éd. G. Castor et T. Cave, pp. 252-272.

Martin, Daniel, *Montaigne et la Fortune*, Genève, Paris, Slatkine, Champion, 1977.

McKinley, Mary, "Traduire, Écrire, Croire : Sebond, les Anciens et Dieu dans le discours des *Essais*", *Montaigne, Apologie de Raimond Sebond, De la Theologia à la Théologie*, éd. C. Blum, Paris, Champion, 1990, pp. 167-186.

Nakam, Géralde, *Montaigne et son temps : les événements et les Essais, L'histoire, la vie, le livre*, Paris, Nizet, 1982.

Pigman, G. W., "Versions of Imitation in the Renaissance." *Renaissance Quarterly*, 33. 1(1980) 1-32.

Plattard, Jean, *Montaigne et son Temps*, Paris, Boivin, 1933.

Puig, Jaume de, *Les Sources de la pensée philosophique de Raimond Sebond (Ramon Sibiuda)*, Paris, Champion, 1994.

Rendall, Steven, *Distinguo - Reading Montaigne differently*, Oxford, Clarendon, 1992.

Rendall, Steven, "Mus in Pice : Montaigne and interpretation", *Modern Language Notes*, xciv(1979) 1056-1071.

Reulet, D., *Un inconnu célèbre. Recherches historiques et critiques sur Raimond de Sabonde*, Paris, E. Palmé, 1875.

Rigolot, François, "La Loi de l'essai et la loi du Pére : Socrate, Erasme, Luther et Montaigne", *Etudes montaignistes en hommage à Pierre Michel*, éd. C. Blum et F. Moureau, Paris, Champion, 1984,

Rigolot, François, *Les métamorphoses de Montaigne*, Paris, PUF, 1988.

Screech, M. A., *Montaigne & Melancholy, The Wisdom of the Essays*, Londres, Duckworth, 1983.

Simonin, Michel, "La préhistoire de l'*Apologie de Raimond Sebond*", *Montaigne, Apologie de Raimond Sebond, De la Theologia à la Théologie*, éd. C. Blum, Paris, Champion, 1990, pp. 85-116.

Smith, Malcolm, *Montaigne and the Roman censors*, Genève, Droz, 1981.

Smith, Malcolm, *Montaigne and Religious Freedom*, Genève, Droz, 1991.

Strowski, Fortunat, *Montaigne*, 2e édition, Paris, Alcan, 1931.

Trinquet, Roger, *La Jeunesse de Montaigne, Ses origines familiales, son enfance et ses études*, Paris, Nizet, 1972.

Zinguer, Ilana (ed), *Le Lecteur, l'auteur et l'écrivain : Montaigne 1492-1592-1992*, Paris, Champion, 1993.

INDEX DES NOMS

Amyot (Jacques) : 9, 14, 30, 32.
Anselme (saint) : 14, 91.
Aristote : 13, 137.
Armaingaud (Dr A.) : 10, 99,
Augustin (saint) : 11, 14, 91, 137.
Aulotte (Robert) : 31.
Ballard (Michel) : 12, 38.
Bauschatz (Cathleen) : 22
Bellanger (Justin) : 13.
Benjamin (Andrew) : 12, 37, 41, 93, 94, 95.
Benjamin (Walter) : 12, 37, 38, 51, 63, 90, 93, 95, 96.
Blignières (A. de) : 32.
Blum (Claude) : 7, 22, 25, 111, 204, 224.
Brody (Jules) : 21.
Bruneau (Charles) : 31.
Brunot (Ferdinand) : 116.
Calvin (Jean) : 14, 138, 151, 227.
Catford (J. C.) : 38.
Cave (Terence) : 22, 29, 34, 201.
Céard (Jean) : 47, 118,
Chamard (Henri) : 31,
Cicéron : 11, 12, 16, 28, 29, 32, 33, 36, 91, 199.
Compagnon (A.) 16.
Comparot (Andrée) : 16.
Coppin (Joseph) : 7, 43, 47, 65, 84, 97, 98, 115, 119, 123, 124, 127, 173, 176, 177, 181, 182, 209, 210, 211, 212, 214, 225.
Descartes : 91.
Delègue (Yves) : 23.
Derrida (Jacques) : 12, 37, 41, 42, 92, 93.
Dolet (Étienne) : 14, 27, 28, 32, 201.
Du Bellay (Joachim) : 15, 28, 29, 201.
Duns Scot : 91.
Flach (Martinus) : 10
Frame (Donald) : 203.
Friedrich (Hugo), 48, 83.
Fumaroli (Marc) : 25.
Garnier (G.) : 42.
Gentzler (Edwin) : 44.
Gilson (Étienne) : 118.
Graf (Ernest) : 138.
Graham (J.) : 12.
Gray (Floyd) : 17.
Guillerm (Luce) : 13, 28.
Guy (Alain) : 25.
Habert (Mireille) : 73, 111.
Hegel : 92.
Heidegger (Martin) : 37, 92, 93, 94, 95.
Hendrick (Philip) : 111.
Hérodote : 32.
Horace : 33, 91, 199.
Huguet : 99, 115.
Jacobsen (Eric) : 27, 29.
Jakobson (Roman) : 8.
Jedin (Hubert) : 138.

Jérôme (saint) : 11, 12, 14.
Kahn (Victoria) : 94.
Kant : 91.
Kelly (L.) : 38.
Kirk (R.) : 93.
Kritzmann (Lawrence) : 21, 204.
La Boétie (Étienne) : 23.
Larbaud (Valéry) : 18.
Larose (Robert) : 43.
Le Bansais (Émile) : 19.
LeRoy (Louis) : 116.
Lorian (Alexandre) : 13, 29, 32.
Lotringer (Lucienne) : 43.
Lucrèce : 91, 201.
Luther (Martin) : 106, 138, 139, 141, 154, 155, 227.
Maclean (Ian) : 101.
McFarlane (I. D.) : 101.
Marot (Clément) : 14.
Martin (Daniel) : 34.
Ménard (Nathan) : 43.
Meschonnic (Henri) : 12, 36, 37, 51, 183, 198.
Mounin (Georges) : 12, 38, 41.
Nakam (Géralde) : 20.
Nida (Eugene) : 12, 38, 39, 55.
Norton (Glyn) : 15, 33.
Ochino (Bernardino) : 98.
Ovide : 13, 19.
Paffroed (Richard) : 10.
Peletier du Mans (Jacques) : 29, 199, 201.
Pigman (G. W.) : 29.
Platon : 36, 91, 93, 94, 137.
Plattard (Jean) : 13.
Pline : 16.
Plutarque : 14, 30, 91.
Porcher (Jean) : 19, 43, 99,
Puig (Jaum de) : 7, 23, 91, 137, 226.
Quine (Willard) : 35, 41, 92, 93.
Quintilien : 11, 16, 29, 199, 200.
Rabelais (François) : 24.
Ramus : 116.
Rat (Maurice) : 214, 215.
Rendall (Steven) : 22.
Rener (Frederick) : 16, 30, 68, 79, 83,
Reulet (D.) : 182.
Rigolot (François) 22.
Rousseau (Jean-Jacques) : 18.
Rovini (Robert) : 48.
Saliat (Pierre) : 32.
Saulnier (Verdun-Louis) : 20.
Saussure (Ferdinand de) : 40, 42, 177.
Sayce (Richard) : 101.
Schopenhauer (Arthur) : 91.
Scipion du Pleix : 116, 117.
Screech (M. A.) : 138.
Sebillet (Thomas) : 28, 29, 201.
Sénèque : 19, 91, 93, 94, 95.
Seyssel (Claude de) : 32.
Simonin (Michel) : 22.
Steiner (George) : 12, 17, 38, 43, 91, 92.
Strowski (Fortunat) : 13, 43.
Tacite : 36.

Thibaudet (Albert) : 214, 215.
Thomas d'Aquin (saint) : 14, 91, 137.
Thucydide : 32.
Trente (Concile de) : 25, 84, 138, 139, 150, 154, 155.
Trinquet (Roger) : 16, 20.
Turnèbe (Adrien) : 16, 20.
Van Hoof (Henri) : 11.
Villey (Pierre) : 13, 20.
Virgile : 13, 19, 36, 91, 201.
Wilss (W.) : 29
Wittgenstein (Ludwig) : 92.
Worth (Valerie) : 13, 28.

INDEX DES THÈMES ET DES MOTS-CLÉS

abaissement : 161, 165, 207.
aemulatio : 28, 29.
ambiguïté : 21, 142, 143, 150, 162.
amour : 76, 132, 133, 166, 187, 192.
amour-propre : 119, 123, 126, 127, 128, 190, 191.
amplification : 50, 52, 61, 64, 83, 120, 134.
anachronisme : 13.
antiféminisme : 134.
apologétique : 204.
Baptême : 133.
Bible : 14, 107, 108, 109, 138.
bilinguisme : 17.
causalité : 54, 65, 77, 111, 112, 114, 150.
censure : 104, 137.
certitude : 66, 99, 100, 101, 103, 104, 106, 107, 109, 110, 205, 223.
champ sémantique : 69, 88, 118, 128, 129, 141, 167, 224, 228.
chute : 71, 72, 74, 137, 158-168, 227, 228.
clarté : 71, 82, 155, 181, 195.
contexte : 40, 41, 42, 43, 45, 97, 129, 131, 138, 139, 142, 155, 165, 179, 199, 204, 224, 226.
connotation : 43, 66, 143, 169, 191.
copia rerum : 16, 17, 44, 219, 225.
copia verborum : 16, 44, 225, 226.
corrélation sémantique : 17.
créativité : 181, 185, 187, 193, 197, 199, 202, 219.
culpabilité : 156, 157, 158, 160, 173
dédoublement : 68, 120, 153, 157, 194
devoir filial : 7.
dialogue : 90, 186, 201, 211, 212214, 217, 218.
dispositio : 76, 200.
elocutio : 202.
énargie : 201, 202.
épistémologie : 66, 96-111, 114, 127.
équivalence : 43, 55.
Essais : 7, 19, 26, 39, 65, 106, 129, 134, 135, 162, 165, 176, 179, 180, 187, 197,
Du Repentir : 63;
De la Vanité : 197;
Sur des vers de Virgile : 201
Apologie deRaimond Sebond : 7, 20, 21, 25, 26, 48, 147, 203-224.
essentia : 92, 94, 95, 115, 116, 117, 118.
éthique : 130.
Eucharistie : 84, 138, 173.

exégèse : 14.
existentia/existence : 92, 115, 117, 118.
existence de Dieu : 116, 137, 140, 227.
facilitas : 16.
fidélité : 9, 47, 86, 129, 144, 175, 183, 185, 191, 229.
foi : 60, 113, 137, 138, 140, 141-153, 173, 204, 227, 228.
gemminatio : 52.
glissement : 58, 165, 178, 223.
glose : 57, 60, 72, 105, 108, 212.
grâce : 138, 158-168, 228.
herméneutique : 14, 30.
honneur : 86, 88, 122, 124, 125, 126, 128, 129, 130, 152, 177, 178.
imitatio/imitation : 28, 29, 30, 32, 49, 186, 199-202.
immortalité de l'âme : 137, 140, 168-172.
Index librorum prohibitorum : 97, 98, 137.
infaillible : 97, 99, 108, 133.
intensification : 50, 70, 121, 128, 195.
interconnectivité : 38.
interpretatio : 28, 29, 30.
intertextualité : 23.
inventio : 49.
justification : 153-158, 227.
langue française : 14, 15, 16, 22, 32, 33, 42, 115, 116, 118, 201.
linguistique : 12, 35.
littéralité : 32, 50, 80, 84, 88, 90, 110, 169, 202, 208, 215, 217.
logique : 54, 57, 76, 104, 111-114, 126, 130, 143, 150, 186, 189, 191, 198.
lyrisme : 66, 67, 129, 188, 189, 190, 193.
mariage : 134.
métaphysique : 94, 114-119, 226.
mimesis : 95.
motivation : 11, 18, 24, 26, 199, 225.
nature : 41, 93, 94, 202, 214, 219.
néologisme : 32, 33, 117.
ordre des mots : 71, 76, 83, 105, 112-114, 123, 126, 149, 150, 153, 157, 179, 226.
originalité : 8, 9.
oxymoron : 68.
paraphrase : 30, 54, 55.
péché originel : 167, 173.
pédagogie : 16.
Pénitence : 153-158, 173.
philosophie : 8, 12, 19, 33, 35, 37, 44, 62, 88, 90, 91-135, 137, 176, 177, 191, 198, 203, 205, 207, 226, 227, 228.
poésie : 15.
psychologie : 119-134, 219, 220.
raison : 59, 60, 97, 98, 108, 112, 147, 150, 152, 205, 206, 208, 227.

réécriture : 54, 74, 77, 121, 175, 196.
Rédemption : 156, 161.
Réforme : 23, 138, 140, 176, 227.
répétition : 19, 51, 52, 55, 64, 65, 76, 79, 82, 111, 127, 142, 172, 181, 209, 216, 220, 226.
res : 34, 63, 177, 178, 179, 180, 181, 186, 200, 223.
responsabilité de l'homme : 66, 67, 127, 128, 148, 150, 156, 158, 161, 164, 165, 166, 173, 228.
rhétorique : 12, 22, 27, 28, 29, 32, 44, 52, 64, 81, 82, 90, 225, 226.
rythme : 8, 47, 194
scepticisme : 106, 108, 182, 203, 220.
signes linguistiques : 8.
signifiant : 40, 95, 177, 180, 185.
signifié : 40, 95, 175, 177, 185, 226.
texte : 40, 41, 45, 227, 228.
théologie : 9, 15, 19, 44, 68, 70, 74, 90, 137-173, 176, 177, 191, 198, 203, 205, 226, 227, 228.
traductologie : 7, 12, 35, 43, 44.
trahison : 9, 203, 208.
transparence : 36, 55, 88.
Trinité : 57, 58, 59.
verba : 34, 63, 177, 178, 179, 180, 181, 223.
visée intentionnelle : 96, 104.
vision du monde : 9, 24, 52, 53, 56, 61, 62, 63, 79, 90, 111, 122, 127, 129, 172, 175, 192, 198, 202, 209, 215, 220, 222, 224, 226, 229.

INDEX DES CHAPITRES DE LA THEOLOGIA/THÉOLOGIE

Prologue : 97-98, 107, 110.
Chapitre 1 : 99-101.
chapitre 3 : 170-172.
chapitre 10 : 112-113.
chapitre 17 : 115-116.
chapitre 23 : 80-84.
chapitre 24 : 50-56.
chapitre 34 : 206-207.
chapitre 53 : 57-60.
chapitre 60 : 101-104.
chapitre 62 : 101, 110.
chapitre 65 : 104-106.
chapitre 67 : 101.
chapitre 72 : 141-142.
chapitre 78 : 142-143.
chapitre 80 : 143, 150.
chapitre 81 : 113-114.
chapitre 82 : 101.
chapitre 89 : 101.
chapitre 92 : 101.
chapitre 93 : 207-208.
chapitre 96 : 210-214.
chapitre 97 : 60-63, 209, 214-218.
chapitre 98 : 218-221.
chapitre 103 : 221-223.
chapitre 109 : 187-189.
chapitre 112 : 101, 106-107.
chapitre 127 : 120.
chapitre 128 : 120-122.
chapitre 135 : 131-132
chapitre 136 : 131, 132-133.
chapitre 142 ; 190-191.
chapitre 152 : 190, 191-193.
chapitre 162 : 193-198.
chapitre 188 : 101.
chapitre 191 : 177-179, 187.
chapitre 193 : 179-180.
chapitre 194 : 63-66.
chapitre 197 : 86-88.
chapitre 198 : 122-123.
chapitre 199 : 122, 123-131.
chapitre 201 : 66-69.
chapitre 208 : 143-148.
chapitre 209 : 143, 148-150.
chapitre 211 : 101, 106-110.
chapitre 215 : 182-187.
chapitre 217 : 168-170.
chapitre 227 : 70-74, 158-162, 187.
chapitre 234 : 158, 162-163.
chapitre 235 : 163-165.
chapitre 236 : 158
chapitre 238 : 133.
chapitre 240 : 158, 165-168.
chapitre 249 : 74-77.
chapitre 271 : 150-153.
chapitre 272 : 77-79.
chapitre 280 : 176-177.
chapitre 283 : 133-134.
chapitre 287 : 84-86.
chapitre 295 : 153-158.

chapitre 315 : 134.
chapitre 316 : 134.
chapitre 317 : 134.
chapitre 318 : 134.
chapitre 327 : 101.

TABLE DES MATIÈRES

REMERCIEMENTS 3

TEXTE DE PRÉSENTATION 5

INTRODUCTION 7

CHAPITRE 1 : Pourquoi Traduire ? Pour Qui Traduire ? Le Sot Projet qu'il a eu de traduire Sebond. 11

Pourquoi traduire ? 13

Pourquoi Sebond ? 18

La Traduction à la Renaissance 27

La Traduction depuis 1569. 35

Linguistique, Sémiologie, Traductologie. 35

Conclusion 44

CHAPITRE 2 : Le Rythme de la Traduction : Imitation et transparence 47

Points forts 50

i) Chapitre 24 50

ii) Chapitre 53 57

iii) Chapitre 97 60

iv) Chapitre 194 63

v) Chapitre 201 66

vi) Chapitre 227 70

vii) Chapitre 249 74

viii) Chapitre 272 77

Points Morts 80

Conclusion 89

CHAPITRE 3 : Philosophie 91

Épistémologie 96

Logique 111

Métaphysique 114

Psychologie 119

Conclusion 134

CHAPITRE 4 : Théologie 137

La Foi 141

La Justification et la Pénitence 153

La Grâce et la Chute 158

L'Immortalité de l'âme 168

L'Existence de Dieu 170

Conclusion 172

CHAPITRE 5 : De la Traduction à l'Écriture 175

CHAPITRE 6 : Traduction, trahison : une question mal posée 203

Conclusion 224

CONCLUSION 225

BIBLIOGRAPHIE 231

INDEX DES NOMS 241

INDEX DES THÈMES ET DES MOTS-CLÉS 245

INDEX DES CHAPITRES DE LA THEOLOGIA/THÉOLOGIE 249

TABLE DES MATIÈRES 251